我
们
一
起
解
决
问
题

企业合规管理实战丛书

企业合规管理

实务手册

（视频讲解＋配套工具）

李素鹏 叶一珺 李昕原 ◎ 著

CORPORATE COMPLIANCE MANAGEMENT
PRACTICE MANUAL

人民邮电出版社
北京

图书在版编目（CIP）数据

企业合规管理实务手册：视频讲解+配套工具 / 李素鹏，叶一珺，李昕原著. -- 北京：人民邮电出版社，2022.7
（企业合规管理实战丛书）
ISBN 978-7-115-59320-7

Ⅰ. ①企… Ⅱ. ①李… ②叶… ③李… Ⅲ. ①企业管理—手册 Ⅳ. ①F272-62

中国版本图书馆CIP数据核字(2022)第086344号

内 容 提 要

　　合规管理贯穿企业经营管理的始终，涉及企业所有业务、所有部门、所有人员，因此，需要企业家、企业管理层、合规管理牵头部门、专项合规管理部门及业务部门分工协作。只有做到"人人合规、事事合规、时时合规"，才能保证企业持续合规，实现可持续发展。本书将为企业构建"全员参与、全过程监控、全领域覆盖"的"三全"合规管理体系提供借鉴，为企业不断提升合规管理能力给予指导。

　　本书立足合规运行维护实务需求，结合合规管理实际工作中所关注的具体事项，以图表、模板、示例为主要形式，全面系统地介绍了合规义务梳理、合规风险识别与评估、合规尽调、合规审查、合规举报与调查、合规绩效考评等工作的方式和方法，同时还补充了合规审计、合规管理评审、合规培训、合规文化建设、合规管理体系认证、合规专业人员认证等方面的操作说明。企业参考使用这些方法和工具，将有助于提升其合规管理的效率和效能。

　　本书适合国有企业、大中型民营企业，尤其是有境外业务的企业、拟申请合规管理体系认证的企业，以及为这些企业提供合规管理咨询、评价和认证服务的中介机构及其员工阅读和使用。

◆ 　著　　　李素鹏　叶一珺　李昕原
　　责任编辑　贾淑艳　陈炜曦
　　责任印制　彭志环
◆ 人民邮电出版社出版发行　　北京市丰台区成寿寺路 11 号
　　邮编 100164　电子邮件 315@ptpress.com.cn
　　网址 https://www.ptpress.com.cn
　　北京天宇星印刷厂印刷
◆ 开本：787×1092　1/16
　　印张：18　　　　　　　　　　　2022 年 7 月第 1 版
　　字数：350 千字　　　　　　　　2025 年 8 月北京第 15 次印刷

定　价：89.00 元
读者服务热线：（010）81055656　印装质量热线：（010）81055316
反盗版热线：（010）81055315

自 序

　　企业依法合规、诚信经营，不仅是为了满足法治要求和监管要求，保护企业和企业家，也是为了提升企业的治理水平和运营管理效率，提高企业的声誉和信誉。

　　2021 年 3 月，《中华人民共和国国民经济和社会发展第十四个五年规划和 2035 年远景目标纲要》（以下简称"十四五"规划纲要）发布，其中有两处明确提到了企业要强化"合规"。

　　第一处在第十三章第二节："引导企业加强合规管理，防范化解境外政治、经济、安全等各类风险。"这与中华人民共和国国家发展和改革委员会（以下简称国家发展改革委）在 2018 年 11 月 26 号发布的《企业境外经营合规管理指引》（发改外资〔2018〕1916 号）一脉相承。

　　第二处在第十九章第五节："推动民营企业守法合规经营，鼓励民营企业积极履行社会责任、参与社会公益和慈善事业。弘扬企业家精神，实施年轻一代民营企业家健康成长促进计划。"这是国家对民营企业和民营企业家在"十四五"期间加强合规管理提出的期望和拟采取的措施。

　　2020 年以来，中华人民共和国最高人民检察院部署启动"企业合规不起诉制度改革"就是检察机关平等保护民营企业的重要改革举措。"企业合规不起诉"对我国司法机关来说，是一场伟大的司法理念革新。"企业合规不起诉制度改革"对加强企业司法保护，推动企业有效治理等都将起到很好的促进作用。检察机关既不能"办一个案件搞垮一家企业"，也不应借"合规不起诉"之名，使"假合规"成为无罪抗辩的事由，实现"假合规出罪"。

　　除上述两处之外，"十四五"规划纲要中还指出，要"加强数据、知识、环境等领域产权制度建设，健全自然资源资产产权制度和法律法规""加大反垄断和反不正当竞争执法司法力度，防止资本无序扩张"。这将在个人数据保护、知识产权保护、环境保护、反垄断与反不正当竞争等多方面推进企业加强合规管理。

　　"十四五"规划纲要作为国家未来五年发展的纲要文件，旨在阐明国家战略意图，明确未来五年政府工作重点，以及引导和规范市场主体行为，其中多处提到"合规"，这无疑对未来五年推进企业加强合规管理有重要的指导作用。

2021年10月，国务院国有资产监督管理委员会（以下简称国务院国资委）根据《法治中国建设规划（2020—2025年）》《法治社会建设实施纲要（2020—2025年）》等文件精神，下发了《关于进一步深化法治央企建设的意见》（国资发法规规〔2021〕80号），要求中央企业到2025年要基本建立全面覆盖、有效运行的合规管理体系。

国务院国资委在《中央企业合规管理指引》里把"合规"定义为：企业及其员工的经营管理行为符合法律法规、监管规定、行业准则和企业章程、规章制度以及国际条约、规则等要求。简言之，就是看"行为"与"规"是否一致。"规"有等级之分，也有好坏和善恶之分，会有漏洞或瑕疵，还会发生变化，所以，企业在开展合规管理工作时，不仅要同时关注"规"和"行为"，还要关注二者之间的关系，以及这种关系对企业经营目标的影响。否则，任何一种违规或不当行为都有可能给企业带来灾难。

依法合规、诚信经营既是利益相关方对企业的要求，也是企业家精神的重要组成部分。对企业和企业家来说，只有牢固树立合规意识，才能保证企业实现可持续经营，才能保证企业家自身安全。但合规管理不是一人之力，而是全员之功；不是一时之策，而是长久之计。合规管理贯穿企业经营管理的始终，涉及企业所有业务、所有部门、所有人员，因此，需要企业家、企业管理层、合规管理牵头部门、专项合规管理部门及业务部门分工协作。只有做到"人人合规、事事合规、时时合规"，才能保证企业持续合规，实现可持续发展。

在大合规时代的驱动下，2021年上半年，我和叶一珺、李昕原两位朋友一起编写了《合规管理体系标准解读及建设指南》一书，拟帮助企业家、企业及其员工理解合规管理理念、标准及其要求，为企业建立全面合规管理体系提供指南和参考。待《合规管理体系标准解读及建设指南》一书面市后，我们收到了不少读者的反馈，他们在理解合规管理标准要求及合规管理相关方法论的基础上，更希望获得合规管理实际工作中所需的各种底稿、表单，以及制度、计划、报告相关的参考模板，于是我们便着手编写了这本《企业合规管理实务手册（视频讲解＋配套工具）》。

企业构建和运行一个严密的、有效的、适合的合规管理体系，需要做很多具体工作，希望本书能够与《合规管理体系标准解读及建设指南》一起为企业构建"全员参与、全过程监控、全领域覆盖"的"三全"合规管理体系提供一些帮助，为企业不断提升合规管理能力发挥一些作用。

李素鹏

2022年3月15日

于北京

前　言

　　本书是《合规管理体系标准解读及建设指南》（人民邮电出版社 2021 年 8 月首版）的姊妹篇。

　　本书基于以下五个基本观点编写而成：

　　1. 合规要求源于利益相关方的要求（包括企业的自我要求），合规义务源于合规要求与业务的结合；

　　2. 合规风险源于合规义务及履行合规义务的行为（包括不履行）；

　　3. 对合规义务的识别必须是动态的，对合规风险的识别和评估也必须是动态的；

　　4. 合规管理是企业管理的一部分，必须与其他管理协同，必须与业务和业务的主体融合；

　　5. 合规有底线，文化无上限。

　　本书适合以下企业及其员工：

　　1. 国有企业及大中型民营企业；

　　2. 有境外业务的企业；

　　3. 拟申请合规管理体系认证的企业；

　　4. 为以上企业提供合规管理咨询、评价和认证服务的中介机构。

　　《合规管理体系标准解读及建设指南》是一本不可多得的合规理论工具书。它基于 ISO 37301:2021（以下简称"ISO 37301"）合规管理国际标准，不仅对合规术语、合规管理体系要素及标准条款进行了详细的解读，而且提出了经过实践检验的合规管理体系建设 12 步法。它面市以来，受到合规从业人员，尤其是广大律师朋友们的青睐。这从一个侧面反映了合规的热度，一个全行业合规的时代已经开启！

　　在我国，金融机构的合规管理工作开展得比较早，2006 年 10 月，中国银监会就发布了《商业银行合规风险管理指引》（银监发〔2006〕76 号）；2007 年 9 月，中国保监会发布了《保险公司合规管理指引》。在中国保监会和中国银监会合并前，中国保监会又于2016 年年底发布了《保险公司合规管理办法》；合并后，中国银保监会继续加强内部控制、合规方面的管理，并于 2021 年 11 月底发布了《中国银保监会办公厅关于持续深入做好银行机构"内控合规管理建设年"有关工作的通知》。

我国非金融企业的合规管理由国务院国资委牵头，国务院国资委在试点的基础上，于2018 年发布了《中央企业合规管理指引（试行）》（国资发法规〔2018〕106 号），国有企业合规管理体系化建设工作自此正式拉开序幕。经过三年多的实践，中央企业集团公司及其二级公司已初步建立了要素完整的合规管理体系，也积累了一些经验，但也面临不少实际问题。比如，合规管理如何与业务紧密结合的问题，合规管理的绩效问题，合规管理与法务、风险管理、内部控制之间协同与整合的问题，以及合规审计、合规管理体系认证等问题。

在我们看来，存在这些问题是合规管理体系化建设过程中的正常现象。企业开展全面合规管理体系建设工作，需要对合规管理有一个认识过程。目前大部分企业都还处在合规管理体系建设的初级阶段，主要侧重理念导入、体系搭建及试运行，对上述问题尚未来得及解决或者尚未找到合适的解决方案。为改变这种现状，国务院国资委于 2021 年 10 月印发了《关于进一步深化法治央企建设的意见》，里面专门提到要"着力健全合规管理体系"，同时，把 2022 年定为中央企业的"合规管理强化年"。随着企业合规管理实践的深入，相信上述问题都将迎刃而解。

在合规管理体系建设阶段，企业应侧重对体系的初始策划和设计。在体系运行维护阶段，企业要使前期设计的合规管理要素和机制有机地、动态地运行起来，具体表现为：动态（实时）地监测和识别合规义务与合规风险，然后对它们进行评估和预警，之后再根据评估结果和预警情况及时选择合规风险应对策略，制定应对方案，最后付诸实践，在实践中履行合规义务，保证企业持续诚信合规发展。

作为《合规管理体系标准解读及建设指南》一书的应用补充，本书立足合规运行维护实务需求，结合合规管理实际工作中所关注的具体事项，以图表、模板、示例为主要形式，全面系统地介绍了合规义务梳理、合规风险识别与评估、合规尽调、合规审查、合规举报与调查、合规绩效考评等工作的方式和方法，同时还补充了合规审计、合规管理评审、合规培训、合规文化建设、合规管理体系认证、合规专业人员认证等方面的操作说明。企业参考使用这些方法和工具，将有助于提升其合规管理的效率和效能。

本书主要基于 ISO 37301、《中央企业合规管理指引（试行）》《企业境外经营合规管理指引》，以及《关于进一步深化法治央企建设的意见》四份文件编写，书中的概念或术语也主要源于这些文件。为帮助大家准确理解书中内容，我们先对几个意思相近的概念（术语）进行以下比较和说明。

概念（术语）	含义和应用场景示例
合规审查	指对决策和合同等事项的合规性进行审查，是一种前置行为，一般由法务或合规人员实施。详见本书第 6 章
尽职调查	简称"尽调"，指事前背景调查，包括业务尽调、财务尽调和合规尽调等。详见本书第 6 章
合规调查	在实务中，合规调查特指针对举报或其他线索开展的调查活动，一般由举报受理部门负责组织实施。详见本书第 8 章
合规检查	指对企业或相关单位及其人员的合规情况进行检查，一般由合规管理牵头部门负责组织实施。详见本书第 9 章
合规审核	审核（audit）是 ISO 管理体系标准的基本术语，有第一方审核、第二方审核、第三方审核之分。企业自己审核自己的合规管理体系，称为内部合规审核，简称"内审"（不是内部审计的内审），一般由合规管理牵头部门负责组织实施。详见本书第 10 章
合规评审	评审（review）也是 ISO 管理体系标准的基本术语。合规评审是一项特别指定的管理活动，必须由最高管理者或者合规管理者代表组织实施。如果企业采用 ISO 37301，那么一年至少要开展一次合规评审。详见本书第 10 章
合规审计	合规审计和合规审核的英文相同，但中文含义区别较大。合规审计一般由企业内部审计部门组织实施。详见本书第 10 章

本书于 2022 年春节前后编写，书中难免有不妥之处，敬请读者朋友通过邮件或微信反馈，我们将及时答复、更正。

联系 E-mail：cro2008@126.com

联系微信：RM-IC-audit

最后，对您购买本书我们表示诚挚的感谢！希望本书给您的工作带来一些帮助。

李素鹏、叶一珺、李昕原

2022 年 3 月 12 日

于北京

目　录

图表目录

第 1 章 合规管理基础知识

1.1　合规管理术语

虽然各个标准或文件对合规和合规管理的定义大同小异，但我们也应搞清楚它们的细微差异，因为这也关乎"合规"。采用一个标准，首先就要遵循其对相关术语的定义。

1.1.1　合规

一、ISO 37301 对合规的定义

ISO 37301 对合规的定义很简单：合规（compliance）就是履行组织的全部合规义务。（Meeting all the organization's compliance obligations.）

要想明白这个定义，必须先搞清楚"合规义务"是什么，以及"全部合规义务"包含哪些内容。这些问题的答案详见 1.1.2 节"合规义务"部分的描述。

我们可以把"合规"看成一个动宾词组，即"合"＋"规"＝符合规定。合规的前提是先有"规"，没有"规"，就谈不上合规，有了"规"，接下来才是"合"的问题。"合"是符合、匹配，是个动词，反映合规需要靠行动措施和具体行为来实现。在实践中，企业可以通过内部控制措施来保证相关行为（业务活动或业务操作）合规。

合规具有嵌入性，企业可以将合规融入企业文化及其员工的行为和态度中，使合规保持可操作性和有效性。

二、国务院国资委对合规的定义

国务院国资委在《中央企业合规管理指引（试行）》（国资发法规〔2018〕106 号）中对合规的定义是：中央企业及其员工的经营管理行为符合法律法规、监管规定、行业准则和企业章程、规章制度以及国际条约、规则等要求。

该定义比 ISO 37301 对合规的定义要明确一些，既对"规"的内容做了具体说明，也对"合"做了形象的解释，强调了合规就是"行为符合要求"。由此定义可知，企业在梳理合规风险时，不仅要梳理"规"和"行为"，还要梳理二者之间的关系，以及这种关系对企业经营目标的影响。

该定义同时指出，合规的主体既包括企业法人的行为，也包括其员工的行为。这就带来两个问题：一个是员工不合规算不算企业不合规；另一个是企业不合规，应该让哪些员工来承担责任。将这两个问题与近期比较热门的话题"合规不起诉"相关联，会产生新的问题：到底是不起诉企业，还是不起诉企业的员工？抑或二者都可以免于被起诉？要想准确回答这些问题，则要基于实际情况而定，不能一概而论。

三、其他机构对合规的定义

中国银监会在《商业银行合规风险管理指引》（银监发〔2006〕76 号）中对合规的定义是：使商业银行的经营活动与法律、规则和准则相一致。

国家发改委在《企业境外经营合规管理指引》（发改外资〔2018〕1916 号）中对合规的定义是：企业及其员工的经营管理行为符合有关法律法规、国际条约、监管规定、行业准则、商业惯例、道德规范和企业依法制定的章程及规章制度等要求。

对比国务院国资委对合规的定义，国家发改委扩展了"规"的范围，增加了"商业惯例""道德规范"，这离 ISO 37301 描述的"全部合规义务"又近了一步。

综合上述合规的定义，risk-doctor[①]认为合规具有三要素：主体、义务和行为。合规即主体的行为符合其合规义务，或者说，主体履行其全部合规义务。企业的合规管理可以从这三个维度展开。

1.1.2　合规义务

合规义务，对应的英文是 compliance obligations。

在 ISO 37301 中，合规义务被定义为：组织必须遵守的强制性要求，以及组织自愿选择遵守的要求。（Requirements that an organization mandatorily has to comply with as well as those that an organization voluntarily chooses to comply with.）

在 ISO 19600:2014 中，合规义务被定义为：合规要求或合规承诺。（Compliance requirement or compliance commitment.）其中，合规要求指组织有义务遵守的要求，合规承诺指组织选择遵守的要求。

这两个定义本质上没太大区别，前者把后者的"合规承诺"描述成"组织自愿选择遵守的要求"，从定义的角度来看，更为严谨，可以有效遏制滥用合规承诺的倾向。

为了解释合规义务到底是什么，ISO 37301 根据对合规义务的定义，列举了以下事项做补充说明。

组织必须遵守的强制性要求包括：

1.法律法规；

2.许可、执照或其他形式的授权；

3.监管机构发布的命令、条例或指南；

4.法院判决或行政决定；

---

① 本书作者之一李素鹏的笔名。

5. 条约、公约和协议。

组织自愿选择遵守的要求包括：

1. 与公共权力机构、社会团体或非政府组织签订的合同或协议；

2. 与客户、合作伙伴等签订的合同或协议；

3. 组织的要求，如方针和程序；

4. 自愿的原则或规程；

5. 自愿性标志或环境承诺；

6. 与组织签署合同产生的义务；

7. 相关组织和产业的标准。

同时，ISO 37301 还明确指出：组织应将合规义务作为确立、制定、实施、评价、维护和改进其合规管理体系的基础。这足以显示合规义务在合规管理中的重要性。我们将在本书第 4 章进一步介绍如何梳理企业的合规义务。

《中央企业合规管理指引（试行）》《企业境外经营合规管理指引》中都没有出现"合规义务"这个词。这不是说它们对合规义务不重视，而是它们在对合规的定义中已列举了企业应履行的合规义务。

在实际工作中，为方便理解，可以把企业的合规义务分成三大类：强制性要求，自愿性承诺，商业道德及公序良俗。同时，还要特别注意区分企业合规义务的主体是法人还是员工。

1.1.3 合规风险

一、风险的定义

关于风险的定义，一直处于争论不休的状态：有的定义侧重可能性，有的定义则侧重负面影响；有的定义视风险为机遇，有的定义则视风险为机遇和威胁的结合体。

2006 年以前，认为风险是负面影响可能性的占主流；经过全球 20 余年的风险管理实践，现在认可风险具有二重性的占主流，即风险是不确定性对目标的影响，其影响可能是正面的（机会），也可能是负面的（威胁）。

国务院国资委在《中央企业全面风险管理指引》中，对企业风险的定义为"未来的不确定性对企业实现其经营目标的影响"；并把企业风险分为五大类——战略风险、财务风险、市场风险、运营风险和法律风险；同时，也以能否为企业带来盈利等机会为标志，将风险分为纯粹风险（只有带来损失一种可能性）和机会风险（带来损失和盈利的可能性并存）。

国际标准化组织（ISO）继 ISO Guide 73:2009 之后，也沿用"不确定性对目标的影响"作为风险的定义，并把它引入其他管理体系标准之中，如 ISO 9001:2015、ISO 14001:2015、ISO 31000:2018、ISO 37301 等标准中。这些定义和应用都视风险为中性的，其结果包含正负两方面的影响。

二、合规风险的定义

在 ISO 19600:2014 中，合规风险被定义为：不确定性对合规目标的影响。(effect of uncertainty on compliance objectives.) 该标准同时指出：合规风险以组织合规义务的不合规发生的可能性和后果表述。该定义的合规风险是中性的，但其描述却是负面的。

在 ISO 37301 中，为纠正 ISO 19600:2014 对合规风险定义的矛盾之处，直接将合规风险定义为：因不符合组织合规义务而发生不合规的可能性及其后果。(likelihood of occurrence and the consequences of noncompliance with the organization's compliance obligations.) ISO 37301 明确指出合规风险的负面性。这说明，针对合规风险，不能采用"放大"策略，只能采取"降低、控制、规避、接受"这些策略来应对。

在我国，原中国银监会在《商业银行合规风险管理指引》中对合规风险的定义是：商业银行因没有遵循法律、规则和准则可能遭受法律制裁、监管处罚、重大财务损失和声誉损失的风险。在商业银行，与合规风险密切相关的是操作风险及内部控制风险。感兴趣的朋友，可以私下找寻它们的联系与不同。

国务院国资委在《中央企业合规管理指引（试行）》中对合规风险的定义是：中央企业及其员工因不合规行为，引发法律责任、受到相关处罚、造成经济或声誉损失以及其他负面影响的可能性。国务院国资委政策法规局明确指出，合规风险是相关负面影响的可能性，即合规是底线，合规风险不是机会风险。这与 ISO 37301 对合规风险的定义基本一致。

在实践中，建议国有企业优先遵循国务院国资委对合规风险的定义，建议非国有企业采纳 ISO 37301 对合规风险的定义。同时，还要特别注意区分：企业的合规风险到底是企业法人的合规风险，还是员工个人的合规风险。风险与目标相关，目标与主体相关，不同主体有不同的合规风险。

1.1.4　合规管理

ISO 在 ISO 31000:2015 中把风险管理（risk management）定义为"指导和控制组织与风险相关的协调活动"，但没有在 ISO 37301 中把合规管理作为术语来定义。基于 ISO 对相关术语的定义，risk-doctor 把合规管理定义为"指导和控制组织与合规相关的协调活动"。这样的定义虽然很抽象，但突出了三点：指导、控制、协调。这些正是合规管理第二道防线的基本职责。

国务院国资委在《中央企业合规管理指引（试行）》中对合规管理的定义是"以有效防控合规风险为目的，以企业和员工经营管理行为为对象，开展包括制度制定、风险识别、合规审查、风险应对、责任追究、考核评价、合规培训等有组织、有计划的管理活动"。该定义明确了合规管理的目的、对象及具体工作内容，具有较强的指导性和可操作性。

前文讲合规的概念时，把合规二字拆开来讲，这对研究合规管理非常有益。在 risk-doctor 看来，合规管理就是要管"合"和理"规"，尤其是管"合"。针对不合规行为，企业应及时发现、及时制止、及时改正，确保企业"事事合规、时时合规"。

合规管理是企业管理的一个子集，一个基本方面。在实践中，合规管理经常与风险管理、内部控制、法务，乃至审计、纪检监察等职能相联系，企业需要厘清它们之间的分工及联系，避免不必要的重复管理，从而提升管理效能。

1.1.5　合规管理体系

尽管 ISO 和国务院国资委都明确提出了"合规管理体系"的概念，但它们都没有对合规管理体系下定义。

国务院国资委在《中央企业合规管理指引（试行）》里有三个地方提及合规管理体系。

第四条　中央企业应当按照以下原则加快**建立健全合规管理体系**。

第五条　董事会的合规管理职责主要包括：

（一）批准企业合规管理战略规划、基本制度和年度报告；

（二）**推动完善合规管理体系**。

第二十二条　开展合规管理评估，**定期对合规管理体系的有效性进行分析**。

依据 ISO 对相关术语的定义，risk-doctor 对合规管理体系（compliance management system）的定义如下。

组织为确立合规方针和目标，以及实现这些目标的过程所形成的相互关联或相互作用的一组要件。这些要件包括合规管理的组织结构、岗位和职责及运作机制，具体包括组织环境、策划、支持、运行绩效评价和改进等内容。

自 ISO 9000:1987 以来，ISO 发布了很多管理体系，并从 2012 年开始对管理体系的结构进行规范化管理，即采用高级结构（HLS）来编制或更新相关管理体系标准。截至 2021 年年底，ISO 37301:2021、ISO 37001:2021、ISO 9001:2015、ISO 14001:2015、ISO 45001:2018 等标准都已采用 HLS 来编写。这样，企业在选择使用这些标准时，就可以用一个统一的 HLS 来整合多个主题，即用一个管理体系结构来整合质量管理、环境管理、合规管理、反贿赂管理、举报管理等主题，从而提升企业的管理效能。

1.1.6　合规文化

在 ISO 37301 中，合规文化（compliance culture）被定义为"贯穿整个组织的价值观、道德规范、信仰和行为，并与组织结构和控制系统相互作用，产生有利于合规的行为规范"。

国务院国资委在很多文件里提及合规文化，但没有对合规文化做出定义。

risk-doctor 认为，合规文化是企业文化的一部分；合规文化不是"写"出来的，而是"表现"出来的，是通过普通员工、管理层、决策层等平常的行为表现出来的。没有好的企业行为和好的员工行为，就不可能有好的企业文化。所以，若不抓合规行为管理，合规文化将是空谈。企业开展合规管理工作，就是要鼓励支持合规的行为，打击危害合规的行为。

在合规管理体系建设初期，可能会有一些员工（包括管理层）不理解、不支持，但经过不断培训和沟通后，当多数员工的心理和行为发生改变时，就会形成企业的合规文化；合规文化一旦形成，就会反过来影响员工的心理和行为。所以，在培育和发展合规文化时，董事会和管理层成员要以身作则，要对企业在各个领域所要求的共同的、已发布的行为标准，做出积极的、可见的、一致的和持久的承诺，并落实到具体行动中。领导的表率作用对企业合规文化的建设有重要作用。

合规文化建设是企业合规管理的重要内容，本书将在第 11 章给予进一步描述。

1.2 合规管理标准和规范

合规管理标准和规范是企业建立合规管理体系的主要参考依据之一。常见的合规管理标准和规范在《合规管理体系标准解读及建设指南》一书中有比较全面的介绍，这里仅简单介绍 ISO 37301、《中央企业合规管理指引（试行）》和《企业境外经营合规管理指引》。

1.2.1 ISO 37301 简介

一、开发背景

ISO 37301 的全称是 ISO 37301:2021《合规管理体系 要求及使用指南》，它是 ISO 19600:2014 的升级版，用于替换 ISO 19600:2014，是 ISO 的 A 类标准，像 ISO 9001:2015《质量管理体系 要求及使用指南》一样，可用于认证。ISO 之所以改变标准号来重新发布合规管理体系，其主要目的之一，就是用于认证。这一改变顺应了国际社会的监管要求，也顺应了市场发展的需要。

ISO 37301 是 ISO 37000 标准族的一员。ISO 37000 标准族的部分成员如表 1-1 所示。

表 1-1　ISO 37000 标准族的部分成员

标准号	标准名称	初版发布时间	当前版本
ISO 37000	组织治理 指南	2021 年	2021 版
ISO 37001	反贿赂管理体系 要求及使用指南	2016 年	2021 版
ISO 37002	举报管理体系 指南	2021 年	2021 版
ISO 37301	合规管理体系 要求及使用指南	2021 年	2021 版
……			

二、体系架构

ISO 37301 正文包括七个基本组成部分：组织环境、领导作用、策划、支持、运行、绩效评价和改进，具体如表 1-2 所示。为了帮助使用者理解该标准的要求，准确使用该标准，在标准正文后面，还特别增加了附录 A。

表 1-2　ISO 37301 内容框架

前　言
引　言
1 范围
2 规范性引用文件
3 术语和定义
4 组织环境
　4.1 理解组织及其环境
　4.2 理解利益相关方的需要和期望
　4.3 确定合规管理体系的范围
　4.4 合规管理体系
　4.5 合规义务
　4.6 合规风险评估
5 领导作用
　5.1 领导作用和承诺
　5.2 合规方针
　5.3 岗位、职责和权限
6 策划
　6.1 风险与机会的应对措施
　6.2 合规目标和达到目标的策划
　6.3 针对变更的策划
7 支持
　7.1 资源
　7.2 能力
　7.3 意识
　7.4 沟通
　7.5 文件化信息
8 运行
　8.1 运行的策划和控制
　8.2 建立控制和程序
　8.3 报告疑虑
　8.4 调查过程
9 绩效评价
　9.1 监视、测量、分析和评价
　9.2 内部审核
　9.3 管理评审
10 改进
　10.1 持续改进
　10.2 不符合与纠正措施
附录 A（资料性）本文件使用指南

ISO 37301 运用 PDCA 方法论，采用 HLS 编写，其体系结构如图 1-1 所示（图中的数字对应 ISO 37301 的章号）。关于 ISO 37301 更多详细的说明，请参阅人民邮电出版社于 2021 年出版的《合规管理体系标准解读及建设指南》一书。

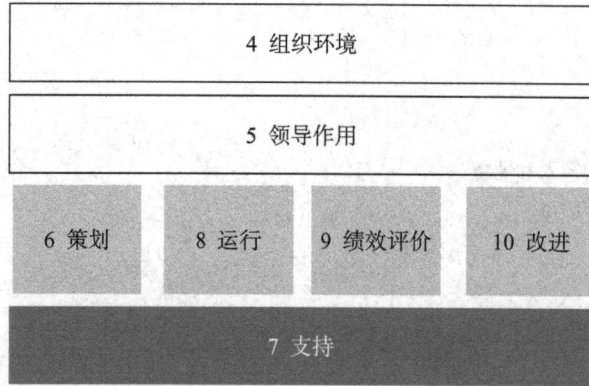

图 1-1　ISO 37301 合规管理体系结构

1.2.2　《中央企业合规管理指引（试行）》简介

为推动中央企业全面加强合规管理，加快提升依法合规经营管理水平，着力打造法治央企，保障企业持续健康发展，国务院国资委于 2018 年 11 月印发了《中央企业合规管理指引（试行）》，文号是"国资发法规〔2018〕106 号"。该指引的上位法是《中华人民共和国公司法》《中华人民共和国企业国有资产法》等有关法律法规，其体系框架如图 1-2 所示，内容框架如表 1-3 所示。

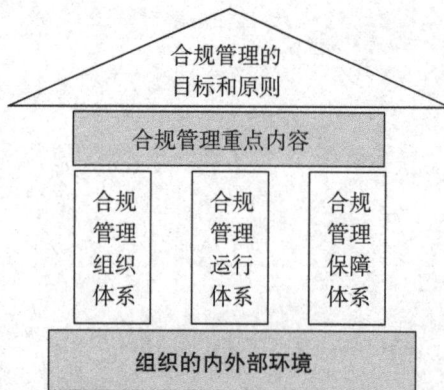

图 1-2　《中央企业合规管理指引（试行）》的体系框架

表 1-3　《中央企业合规管理指引（试行）》的内容框架

章	条款	主要内容
第一章 总则	第一条　目的及依据	（一）目的：推动中央企业全面加强合规管理，加快提升依法合规经营管理水平，着力打造法治央企，保障企业持续健康发展 （二）依据：《中华人民共和国公司法》《中华人民共和国企业国有资产法》等
	第二条　基本概念定义	（一）中央企业 （二）合规 （三）合规风险 （四）合规管理
	第三条　国资委的责任	指导、监督
	第四条　合规管理原则	（一）全面覆盖 （二）强化责任 （三）协同联动 （四）客观独立
第二章 合规管理职责	第五条　董事会的合规管理职责	（略）
	第六条　监事会的合规管理职责	（略）
	第七条　经理层的合规管理职责	（略）
	第八条　合规委员会的合规管理职责	可与企业法治建设领导小组或风险控制委员会等合署
	第九条　合规管理负责人的合规管理职责	合规管理负责人可以是总法律顾问，也可以是中央企业相关负责人
	第十条　合规管理牵头部门的合规管理职责	（略）
	第十一条　其他部门的合规管理职责	（略）
第三章 合规管理重点	第十二条　重点内容	重点领域；重点环节；重点人员
	第十三条　重点领域	（一）市场交易 （二）安全环保 （三）产品质量 （四）劳动用工 （五）财务税收 （六）知识产权 （七）商业伙伴 （八）其他需要重点关注的领域
	第十四条　重点环节	（一）制度制定环节 （二）经营决策环节 （三）生产运营环节 （四）其他需要重点关注的环节

（续表）

章	条款	主要内容
第三章 合规管理重点	第十五条　重点人员	（一）管理人员 （二）重要风险岗位人员 （三）海外人员 （四）其他需要重点关注的人员
	第十六条　海外投资经营行为的合规管理	强化海外投资经营行为的合规管理
第四章 合规管理运行	第十七条　建立健全合规管理制度	制定全员普遍遵守的合规行为规范；针对重点领域制定专项合规管理制度；建立动态的外规内化机制
	第十八条　建立合规风险识别预警机制	梳理合规风险；评估合规风险；发布预警
	第十九条　加强合规风险应对	制定风险应对预案；对于重大合规风险事件，由合规委员会统筹领导，合规管理负责人牵头
	第二十条　建立健全合规审查机制	将合规审查作为规章制度制定、重大事项决策、重要合同签订、重大项目运营等经营管理行为的必经程序；未经合规审查不得实施
	第二十一条　强化违规问责，完善违规行为处罚机制	明晰违规责任范围，细化惩处标准；畅通举报渠道；针对反映的问题和线索，及时开展调查；严肃追究违规人员责任
	第二十二条　开展合规管理评估	定期对合规管理体系的有效性进行分析（对应 ISO 37301 的管理评审）
第五章 合规管理保障	第二十三条　加强合规考核评价	把合规经营管理情况纳入对各部门和所属企业负责人的年度综合考核，细化评价指标；对所属单位和员工合规职责履行情况进行评价；并将结果作为员工考核、干部任用、评先选优等工作的重要依据
	第二十四条　强化合规管理信息化建设	通过信息化手段优化管理流程，记录和保存相关信息；运用大数据等工具，加强对经营管理行为依法合规情况的实时在线监控和风险分析，实现信息集成与共享
	第二十五条　建立专业化、高素质的合规管理队伍	持续加强业务培训；海外经营重要地区、重点项目应当明确合规管理机构或配备专职人员
	第二十六条　重视合规培训	加强法治宣传教育；建立制度化、常态化培训机制
	第二十七条　积极培育合规文化	制定发放合规手册；签订合规承诺书
	第二十八条　建立合规报告制度	发生较大合规风险事件，合规管理牵头部门和相关部门应当及时向合规管理负责人、分管领导报告；重大合规风险事件应当向国资委和有关部门报告；合规管理牵头部门于每年年底起草年度报告，经董事会审议通过后及时报送国资委
第六章 附则	第二十九条　本指引的使用说明	中央企业根据本指引，结合实际制定合规管理实施细则；地方国有资产监督管理机构可以参照本指引，积极推进所出资企业合规管理工作
	第三十条	本指引由国资委负责解释
	第三十一条	本指引自公布之日起施行

1.2.3 《企业境外经营合规管理指引》简介

为更好地服务企业开展境外经营业务，推动企业持续加强合规管理，国家发改委、国务院国资委等七部委于 2018 年 12 月联合发布了《企业境外经营合规管理指引》，文号是 "发改外资〔2018〕1916 号"。该指引根据国家有关法律法规和政策规定，参考 GB/T 35770-2017《合规管理体系指南》及有关国际合规规则制定，内容框架如表 1-4 所示。

表 1-4　《企业境外经营合规管理指引》的内容框架

章	条款	主要内容
第一章 总则	第一条　目的及依据	（一）目的：服务企业开展境外经营业务，推动企业持续加强合规管理 （二）依据：国家有关法律法规和政策规定；GB/T 35770-2017《合规管理体系指南》；有关国际合规规则
	第二条　适用范围	（一）业务范围：对外贸易、境外投资、对外承包工程等 "走出去" 相关业务 （二）机构范围：有对外业务的中国境内企业及其境外子公司、分公司、代表机构等境外分支机构
	第三条　基本概念	合规
	第四条　合规管理框架	以倡导合规经营价值观为导向，明确合规管理工作内容，健全合规管理架构，制定合规管理制度，完善合规运行机制，加强合规风险识别、评估与处置，开展合规评审与改进，培育合规文化，形成重视合规经营的企业氛围
	第五条　合规管理原则	（一）独立性原则 （二）适用性原则 （三）全面性原则
第二章 合规管理 要求	第六条　对外贸易中的合规要求	关于贸易管制、质量安全与技术标准、知识产权保护等方面的具体要求，关注业务所涉国家（地区）开展的贸易救济调查，包括反倾销、反补贴、保障措施调查等
	第七条　境外投资中的合规要求	关于市场准入、贸易管制、国家安全审查、行业监管、外汇管理、反垄断、反洗钱、反恐怖融资等方面的具体要求
	第八条　对外承包工程中的合规要求	关于投标管理、合同管理、项目履约、劳工权利保护、环境保护、连带风险管理、债务管理、捐赠与赞助、反腐败、反贿赂等方面的具体要求
	第九条　境外日常经营中的合规要求	关于劳工权利保护、环境保护、数据和隐私保护、知识产权保护、反腐败、反贿赂、反垄断、反洗钱、反恐怖融资、贸易管制、财务税收等方面的具体要求
第三章 合规管理 架构	第十条　合规治理结构	（一）企业的决策层的合规管理责任 （二）企业的高级管理层的合规管理责任 （三）企业的各执行部门及境外分支机构的合规管理责任

（续表）

章	条款	主要内容
第三章 合规管理 架构	第十一条　合规管理机构	（一）合规委员会的合规职责 （二）合规负责人的合规职责 （三）合规管理部门的合规职责
	第十二条　合规管理协调	（一）合规管理部门与业务部门分工协作 （二）合规管理部门与其他监督部门分工协作 （三）企业与外部监管机构沟通协调 （四）企业与第三方沟通协调
第四章 合规管理 制度	第十三条　合规行为准则	合规行为准则应规定境外经营活动中必须遵守的基本原则和标准，包括但不限于企业核心价值观、合规目标、合规的内涵、行为准则的适用范围和地位、企业及员工适用的合规行事标准、违规的应对方式和后果等
	第十四条　合规管理办法	企业应在合规行为准则的基础上，针对特定主题或特定风险领域制定具体的合规管理办法，包括但不限于礼品及招待、赞助及捐赠、利益冲突管理、举报管理和内部调查、人力资源管理、税务管理、商业伙伴合规管理等内容
	第十五条　合规操作流程	依据合规行为准则和管理办法制定相应的合规操作流程，进一步细化标准和要求
第五章 合规管理 运行机制	第十六条　合规培训	（略）
	第十七条　合规汇报	（一）合规汇报渠道 （二）合规汇报内容
	第十八条　合规考核	考核内容包括但不限于按时参加合规培训，严格执行合规管理制度，积极支持和配合合规管理机构工作，及时汇报合规风险等。
	第十九条　合规咨询与审核	（一）合规咨询 （二）合规审核
	第二十条　合规信息举报与调查	（一）合规信息举报 （二）合规调查
	第二十一条　合规问责	（略）
第六章 合规风险 识别、评 估与处置	第二十二条　合规风险	（略）
	第二十三条　合规风险识别	（略）
	第二十四条　合规风险评估	（一）分析风险原因 （二）评估风险后果 （三）确定优先级 （四）形成评估报告
	第二十五条　合规风险处置	（略）

（续表）

章	条款	主要内容
第七章 合规评审 与改进	第二十六条　合规审计	由企业审计部门负责实施
	第二十七条　合规管理体系评价	（略）
	第二十八条　持续改进	（略）
第八章 合规文化 建设	第二十九条　合规文化培育	（一）合规文化 （二）合规培训
	第三十条　合规文化推广	合规宣传

从表 1-4 可以看出，《企业境外经营合规管理指引》共三十个条款，每个条款不是对合规相关概念的说明，就是对一项重要合规管理活动的说明。risk-doctor 认为，该指引形式简洁明了，内容丰富完整，是企业制定境外经营合规管理制度的良好参考指南；企业进行境内经营合规管理也可参考该指引。

本书在内容安排上也参考了该指引的框架结构。为帮助读者朋友对《企业境外经营合规管理指引》的体系框架有整体印象，我们把表 1-4 的内容图形化，具体如图 1-3 所示。该图展示了企业境外经营合规管理体系的构成要素及其之间的关系，具体内容本书就不赘述了。

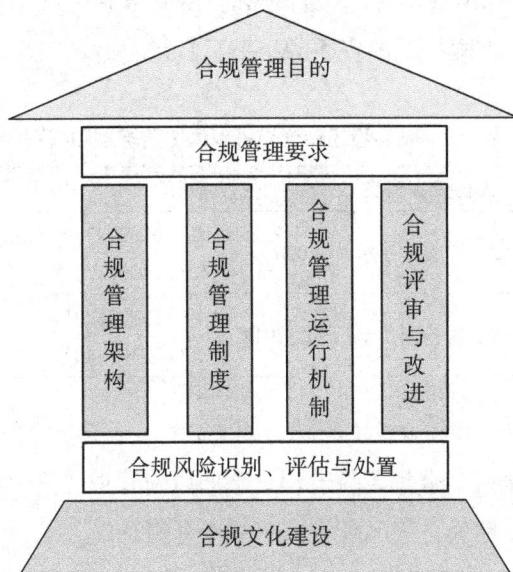

图 1-3　《企业境外经营合规管理指引》的体系框架

1.3 如何定位企业合规管理

企业在开展合规管理工作时，会不可避免地遇到以下问题。

1. 合规管理与风险管理是什么关系？

2. 合规管理与内部控制是什么关系？

3. 合规管理与法务管理是什么关系？

4. 合规管理体系与其他管理体系是什么关系？

针对上述问题，理论界和实务界的专家和同人们一直各持己见，争论不休。risk-doctor 认为：在谈关系时，一定要明确前提和基准，离开前提和基准谈关系是没有意义的。这一点就像物理学中的速度，离开参照物谈速度，那与盲人摸象没什么区别。

下面 risk-doctor 将针对上述问题谈谈自己的观点，供读者朋友参考。

1.3.1 合规管理与其他方面的管理之间的关系

一、合规管理与风险管理之间的关系

中央企业从 2006 年开始启动风险管理工作，以《中央企业全面风险管理指引》的发布为标志；合规管理工作则启动于 2015 年，正式推广于 2018 年，以《中央企业合规管理指引（试行）》为标志。在国内，与风险管理和合规管理相关的知名度较高的标准和指引如表 1-5 所示。在实践中，国务院国资委的指引更具影响力。

表 1-5　风险管理和合规管理的主要标准和指引

类别	国务院国资委	ISO
风险管理	《中央企业全面风险管理指引》（2006）	ISO 31000：2009（已废止） ISO 31000：2018
合规管理	《中央企业合规管理指引（试行）》（2018）	ISO 19600：2014（已废止） ISO 37301：2021

关于二者之间的关系，risk-doctor 的观点如下。

1. 从不确定性角度来讲，合规风险管理是全面风险管理的一个子集，但不能由此得出风险管理包含合规管理，因为合规风险管理不等于合规管理。

2. 从确定性角度来讲，因为"规"是确定的、明确的，先有"规"，才能"合规"；而风险与目标相关，是关乎未来的、不确定的，目标因风险的存在而不一定能够达成。所以从这个角度来看，二者是没有直接关系的。如果说有一点关系，那就是"合"的过程因操作而产生的不确定性，即合规操作风险管理。

二、合规管理与内部控制之间的关系

现在谈论的和采用的内部控制（简称"内控"）概念源于 1992 年美国科索委员会（COSO）发布的《内部控制——整合框架》，该框架于 2013 年被 COSO 修订完善。我国企业的内部控制始于 2002 年美国《萨班斯法案》的发布（注：金融机构，尤其是商业银行，则主要参考巴塞尔委员会的相关协议和规则），因为部分企业在美国上市。大部分企业是在 2008 年财政部等五部委联合发布《企业内部控制基本规范》后才陆续着手进行内部控制建设的。中央企业则在 2012 年才正式启动内控体系建设。

与内部控制相关的知名度较高的标准和规范如表 1-6 所示。

表 1-6　内部控制的主要标准和规范

	COSO	国务院相关部委
内部控制	COSO《内部控制——整合框架》（1992）（已废止）	财政部《企业内部控制基本规范》（2008）
		国务院国资委《关于加快构建中央企业内部控制体系有关事项的通知》（国资发评价〔2012〕68 号）
	COSO《内部控制——整合框架》（2013）	证监会《公开发行证券的公司信息披露编报规则第 21 号——年度内部控制评价报告的一般规定》（中国证券监督管理委员会公告〔2014〕1 号）
		国务院国资委《关于加强中央企业内部控制体系建设与监督工作的实施意见》（国资发监督规〔2019〕101 号）

在我国，主要是国有企业和上市公司关注内部控制，它们大都是为了满足监管要求才做的。国有企业是为了满足国资委的监管要求，上市公司是为了满足证监会和交易所的监管要求。按照监管要求，上市公司每年必须披露《内部控制评价报告》《内部控制审计报告》；国有企业则每年向国资委提交《企业内部控制工作报告》（2019 年之后，该报告已整合为《企业全面风险管理报告》）。

我国的内部控制规范基于 COSO 的《内部控制——整合框架》，也把报告的真实性、完整性，以及对法律法规的遵循性作为内部控制的主要目标。所以，一部分专家就认为：内部控制包含合规。

而另一部分专家认为：合规除了"符合"内部的规章制度，还要遵从外部的法律法规，以及商业合同、社会责任、道德规范、宗教习俗等要求，所以合规包含内部控制。

risk-doctor 的观点如下。

1. 合规强调企业和员工的行为，关注自然人和法人；内部控制强调制度和流程，关注事和活动。

2.内部控制以流程为载体，以制度为形式，强调的是企业为达成内部控制目标所采用的内部控制措施，内部控制的目的之一是合规。

3.合规需要内控。对企业而言，合规通常通过内部控制实现。企业只有把规则变成制度和控制措施，并把它们融入业务活动过程之中，它们才能被执行。

4.内部控制制度也必须合规，不合规的制度没有法律效力。

三、合规管理与法务管理之间的关系

在企业里，传统的法务工作通常包括法律诉讼和合同管理，对企业业务和企业内部管理较少涉及。现在国务院国资委希望企业的总法律顾问牵头合规管理工作，企业的法律部或法务部顺理成章地成为合规管理的牵头部门。这对法务人员来说是一个不小的挑战。

企业合规除了涉及法律诉讼和合同管理外，还涉及很多工作，比如，比较成熟的劳动用工、反商业贿赂、知识产权保护等方面的管理，还有反不正当竞争、环境保护、产品质量、信息安全等级保护、个人信息保护等方面的管理。为了较好地完成这些工作，人力资源社会保障部于2021年3月发布了企业合规师这个新职业。企业合规师不仅要懂法务，还要懂风险管理、内部控制等专业知识，否则将无法有效地开展工作。关于企业合规师的能力及认证，详见本书第12章。

1.3.2　企业各种管理体系及其之间的关系

企业建立合规管理体系，除了上面介绍的几种关系外，还需要清楚合规管理体系与质量管理（ISO 9001：2015）、环境管理（ISO 14001：2015）、职业健康安全管理（ISO 45001：2018）等体系之间的关系。

其实，各种管理体系都只是企业管理的一部分，都是从不同角度去看待和描述企业管理；各种管理为了凸显自己的重要性，把自己的职能扩大，于是出现了全面质量管理、全面风险管理、全面合规管理等概念。细想一下，企业做什么没有风险？理论上，企业无论做什么都有风险（包括什么都不做），那能因此让风险管理部负责管理企业的所有不确定性事项吗？显然不能。一名员工到底该不该晋升？一份销售合同到底该不该签订？一个投资项目到底该不该立项、该不该投资？风险管理部能完全说了算吗？合规管理部能完全说了算吗？质量管理部能完全说了算吗？显然，都不能。但是如果没有这些部门（或职能）的参与或建议，企业领导者的决策可能就会有遗憾或失误。这就是各管理体系之间协同关系的一种具体表现。

对企业来说，业务永远都是第一位的。做业务需要一系列的活动，需要显性或隐性的流程。其中，显性的流程指有明确清晰的流程图（或制度要求）的流程，隐性的流程则指

约定俗成的或者自己想当然的做事流程。上面所说的各种管理体系都是从不同角度为这些显性或隐性的流程服务的。业务流程是各种管理体系的载体，离开业务流程（或业务活动）谈管理是没有意义的。

正因为各种管理体系都是企业管理的一部分，都以流程为载体，所以各种管理体系是可以整合的。在大数据、云计算等技术被广泛使用的信息化和数字化时代，这种整合在技术上已没有难度，难的是复合型人才太少。随着 AI 等智能技术的发展，将来或许可以整合各领域专家的特长于企业综合管理体系之中，打造真正的统一的企业标准管理体系（或者叫作企业综合管理平台）。

1.3.3　合规管理与企业发展之间的关系

发展业务、创造利润是企业的根本使命。也就是说，发展是硬道理，发展具有不可替代的优先权。在实践中，合规管理会对业务开展形成一定的制约，就像内部控制、风险管理、质量管理、环保管理工作一样。但是，合规管理也好，其他管理也好，它们是为业务发展服务的，而不是为了制约发展。如果合规、内控严重制约业务的发展，那么其将失去生命力。

risk-doctor 认为，合规、内控与业务发展之间是辩证的关系，业务发展需要管控，合规、内控为业务发展提供基本保障。企业在经营管理过程中坚持合规优先的原则，就是为了保证业务的合规性和可持续性。当合规管理目标与其他管理目标冲突时，合规优先。通过合规管理，保障和维护国有资本安全，保障企业运营安全和员工履职从业安全。

1.4 我国企业合规管理现状

1.4.1 国务院国资委对合规管理的推进情况

一、合规管理入法

2020 年 10 月《中华人民共和国出口管制法》（以下简称《出口管制法》）被通过。在《出口管制法》中，其核心是要求出口经营者建立内部合规制度，具体体现在第五条和第十四条中。

> 第五条　国家出口管制管理部门适时发布有关行业出口管制指南，引导出口经营者建立健全出口管制**内部合规制度**，规范经营。
>
> 第十四条　出口经营者建立出口管制**内部合规制度**，且运行情况良好的，国家出口管制管理部门可以对其出口有关管制物项给予通用许可等便利措施。具体办法由国家出口管制管理部门规定。

继《出口管制法》把"合规"写入其中之后，2021 年 8 月通过的《中华人民共和国个人信息保护法》（以下简称《个人信息保护法》）也把"合规"写入其中。该法中"合规"出现了三次，分别在以下三条中出现。

> 第五十四条　个人信息处理者应当定期对其处理个人信息遵守法律、行政法规的情况进行**合规审计**。
>
> 第五十八条　提供重要互联网平台服务、用户数量巨大、业务类型复杂的个人信息处理者，应当履行下列义务：
>
> （一）按照国家规定建立健全**个人信息保护合规制度体系**，成立主要由外部成员组成的独立机构对个人信息保护情况进行监督；
>
> （二）遵循公开、公平、公正的原则，制定平台规则，明确平台内产品或者服务提供者处理个人信息的规范和保护个人信息的义务；
>
> （三）对严重违反法律、行政法规处理个人信息的平台内的产品或者服务提供者，停止提供服务；
>
> （四）定期发布个人信息保护社会责任报告，接受社会监督。
>
> 第六十四条　履行个人信息保护职责的部门在履行职责中，发现个人信息处理

活动存在较大风险或者发生个人信息安全事件的，……要求个人信息处理者委托专业机构对其个人信息处理活动进行**合规审计**。

"合规"开创性地被写入国家法律文件，将促使立法机关加快推进针对组织建立有效的合规管理体系的立法进程。

二、国务院国资委对国有企业的合规要求

我们可以从近些年国务院国资委发布的合规管理文件来看其对国有企业的合规要求。从 2018 年至今，国务院国资委每年都会在依法治企和合规管理方面推出新的指引和意见，足见其力度之大。下面简单罗列几个有代表性的文件供大家参考。

2018 年 11 月，国务院国资委发布了《中央企业合规管理指引（试行）》，指导中央企业全面开启合规管理工作。

2018 年 12 月，国务院国资委、国家发改委等七部委共同发布了《企业境外经营合规管理指引》，以帮助"走出去"的企业加强在境外经营的合规管理。

2019 年 9 月，国务院国资委、商务部等十九个部门联合发布了《关于促进对外承包工程高质量发展的指导意见》，以此推动对外承包工程类中央企业加强合规管理。

2021 年 3 月，国务院国资委发布了《国资监管责任约谈工作规则》，该文件明确指出，中央企业在合规管理、内部控制、风险管控等 21 个方面存在突出问题时，国务院国资委将依法依规对企业有关人员进行告诫谈话，提出监管意见建议、责令整改追责的监管措施。

2021 年 6 月，国务院国资委、最高检等九部门联合发布了《关于印发〈关于建立涉案企业合规第三方监督评估机制的指导意见（试行）〉的通知》，以有效惩治预防企业违法犯罪，服务保障经济社会高质量发展，助力推进国家治理体系和治理能力现代化。

2021 年 10 月，国务院国资委在总结过去几年法制央企建设经验的基础上，又印发了《关于进一步深化法治央企建设的意见》（国资发法规规〔2021〕80 号），并把 2022 年定为"合规管理强化年"。

2021 年 12 月 3 日，国务院国资委召开中央企业"合规管理强化年"工作部署会。

三、"十四五"时期中央企业合规管理的目标

（一）总体目标

在《关于进一步深化法治央企建设的意见》中，国务院国资委明确提出了中央企业合规管理的"十四五"总体目标。

> "十四五"时期，中央企业法治理念更加强化、治理机制更加完善、制度体系更加优化、组织机构更加健全、管理方式更加科学、作用发挥更加有效，法治建设取得更大进展，部分企业率先达到世界一流水平，为企业深化改革、高质量发展提供更加有力的支撑保障。

（二）具体目标

在上述总体目标下，国务院国资委又明确提出了以下具体目标。

1. 推动合规要求向各级子企业延伸，加大基层单位特别是涉外机构合规管理力度，到2025年中央企业基本建立全面覆盖、有效运行的合规管理体系。

2. 持续完善总法律顾问制度，2022年中央企业及其重要子企业全面写入章程，明确高级管理人员定位，由董事会聘任，领导法务管理机构开展工作。坚持总法律顾问专职化、专业化方向，直接向企业主要负责人负责，2025年中央企业及其重要子企业全面配备到位，具有法律教育背景或法律职业资格的比例达到80%。

3. 持续巩固规章制度、经济合同、重要决策法律审核制度，在确保100%审核率的同时，通过跟进采纳情况、完善后评估机制，反向查找工作不足，持续提升审核质量。

4. 加强积案清理，健全激励机制，力争2025年中央企业历史遗留重大法律纠纷案件得到妥善解决。

5. 推动法务管理系统向各级子企业和重要项目延伸，2025年实现上下贯通、全面覆盖。推动法务管理系统与财务、产权、投资等系统的互联互通，做好与国资国企在线监管系统的对接，促进业务数据相互融合、风险防范共同响应。

基于上述五个具体目标，国务院国资委要求各中央企业加强组织领导，充分发挥法治建设领导机构作用，将法治工作纳入中央企业"十四五"发展规划和年度计划统筹谋划、同步推进，加强部门协同，强化人员、资金等保障，形成工作合力。制定本企业未来五年法治建设实施方案，并与"十四五"规划相衔接，提出具体目标任务，明确责任分工，细化工作措施。

1.4.2　企业的合规管理状况

我国金融机构的合规工作开展得比较早，2006年中国银监会就发布了《商业银行合规管理指引》。非金融企业正式大规模启动合规工作应该是在2018年，且以中央企业为主。从整体来看，经过3年多企业合规建设的热潮，大部分中央企业已经在集团层面初步建立了合规管理体系，现在这些企业的痛点是厚厚的合规体系文件无法落地；排在第二阵营的是中央企业的二级单位和地方大中型国有企业，截至 2021 年年底，这些企业也都陆陆续续启动了合规管理体系建设工作；排在第三阵营的是中央企业的三级以下机构及地方中小型国有企业，估计在未来 3 年也会着手建立合规管理体系。

一、中央企业合规管理现状

国务院国资委党委认真落实习近平法治思想，明确提出打造治理完善、经营合规、管理规范、守法诚信的法治央企目标，把强化合规管理作为重要内容，2016 年在中国石油等 5 家企业开展试点，2018 年在前期试点的基础上印发了《中央企业合规管理指引（试行）》，此后陆续出台四批 14 个系列指南，以全面推进合规管理工作。中央企业认真落实国务院国资委的有关要求，从局部试点到全面推进，有力保障了国有企业改革发展各项工作在法治轨道上的稳步推进。

（一）工作基础逐步夯实

从 2019 年以来，经过 3 年多的集中建设，中央企业在总部层面都已经搭建了较为完善的合规管理组织架构，建立了合规管理组织体系，明确了合规管理负责人和牵头部门。截至 2021 年上半年，已有 70 多家企业在业务部门和一线项目设立合规联络员，中央企业全系统专兼职合规管理人员已超过 3 万人。

（二）组织领导持续加强

中央企业总部全部成立由主要负责人牵头的合规委员会，并且将合规管理工作纳入了"十四五"规划进行统筹推进。合规制度体系不断健全，普遍制定了独立的合规管理制度，截至 2021 年上半年，已有 88 家中央企业针对重点领域出台了专项指引，90% 的企业及时按照合规要求优化了制度体系。

（三）运行机制加快完善

绝大部分中央企业已逐步建立了业务部门、牵头部门和监督部门组成的合规管理"三道防线"，并定期开展合规风险排查和预警，及时处置合规风险。

（四）合规文化初步形成

许多中央企业主要负责人带头签订合规承诺书，参加合规宣誓。截至 2021 年上半年，已有 68 家企业制定了合规手册，开展全员培训，持续强化合规意识，努力培育合规文化。

（五）面临的问题

中央企业当前面临的主要问题是：如何让合规管理体系"活"起来，真正发挥作用，实现合规管理规划之初设定的目标。现在，合规管理体系已经建立，合规管理人员也基本配置到位，但在让合规管理体系有效运转起来，以及开展合规管理有效性评价等方面还缺乏有效的手段和机制。

二、其他企业合规管理现状

（一）地方国有企业合规管理现状

各地国资委积极推动监管企业加强合规管理，从 2019 年开始陆续启动合规管理体系建设试点工作，通过试点不断积累经验，已取得初步成效。地市一级的国有企业大都尚未真正启动合规管理体系建设工作。

（二）民营企业合规管理现状

大部分民营企业规模小、合规意识薄弱，在合规方面投入不多，也没有太多动力去建设合规管理体系。很多中小民营企业不仅没有专门的风控、合规、审计等部门，有的甚至连相关岗位都没有。但是，以华为、京东等为代表的大型民营企业，都建立了全面有效的合规管理体系。其中，不少企业还在全面合规管理体系的基础上，不断深化专项合规管理建设。比如，华为在信息安全、数据保护合规方面走在行业前列。

（三）上市公司合规管理现状

上市公司是资本市场的关键与主体，证券监管部门应该抓住上市公司这个关键，全面推动上市公司强化合规经营，建立有效的合规管理体系，完善合规内部控制机制，促进上市公司对违法违规行为进行自我监督与管理，落实上市公司在市场上的主体责任。

上市公司在建立合规管理体系之后，会将合规要求向其合作的机构传递，对其进行约束，比如，加强对商业伙伴的合规培训、实施合规准入政策等。这样一来，将大大增强其商业伙伴的合规经营意识，从而促进资本市场形成合规生态文化。

三、国内企业合规管理的总体情况小结

在国务院国资委和其他机构的大力推动下，国内企业已从前期的合规管理体系基本架构建设，向合规管理体系全面覆盖及有效运行转变；从独立的合规管理体系建设，向探索构建法律、合规、内控、风险管理协同运作转变；从突出管控，向加强统筹协调、提升管理效能转变。

第 2 章　合规管理体系建设与运行

2.1 合规管理体系建设与运行概述

上一章介绍了与合规管理相关的概念，以及相关概念之间的关系。企业要建立和运行一个体系，关键是要清楚该体系的定位是什么，用于解决什么核心问题，构成要素有哪些。只有搞清楚了这些基本问题，才能有效地开展相关工作。

2.1.1 合规管理体系的构成要素

一、基于 ISO 37301 的合规管理体系构成要素

在《合规管理体系标准解读及建设指南》一书中，我们对 ISO 37301 合规管理体系从结构，到要素，再到过程，逐模块、逐条款做了比较详细的介绍。从 ISO 37301 合规管理体系的结构来看，其构成要素包括组织环境、领导作用、策划、支持、运行、绩效评价和改进七大模块，具体如图 2-1 所示。其中，策划、运行、绩效评价和改进构成了合规管理的 PDCA 循环，为合规管理体系的持续改进提供了保证。

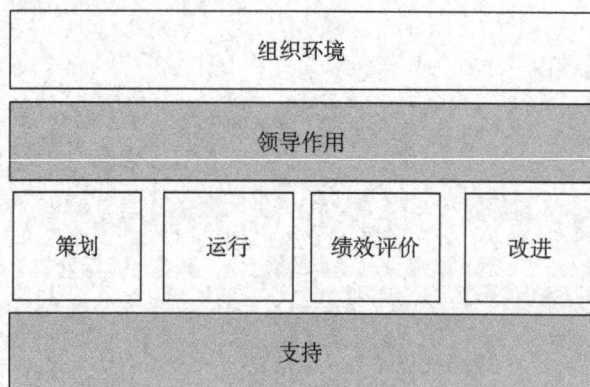

图 2-1　ISO 37301 合规管理体系结构

图 2-1 只展示了 ISO 37301 合规管理体系的结构，严格来讲，这些模块并不能称为要素。图 2-2 弥补了图 2-1 的不足，全面展示了一个合规管理体系所需要的各个要素，以及各要素之间的关系。ISO 37301 合规管理体系的基本要素包括合规管理的目标、原则、领导力、合规治理、合规文化、组织及其环境。

目标
诚信、文化、符合、声誉、价值、道德

原则
诚信、良好治理、四配、透明、问责、可持续

各层级的承诺
合规范围
合规方针
角色和职责
义务和风险

管理不合规
持续改进

改进　　改进　　建立　　制定　　策划

检查　　评价　　实施　　执行

维护

内部审核
管理评审
监视和测量
提出合规疑虑
调查流程

支持
能力和意识
沟通和培训
运行
控制和程序
文件化

组织及其环境
法律、社会、文化、数字化、金融，结构、环境、利益相关方

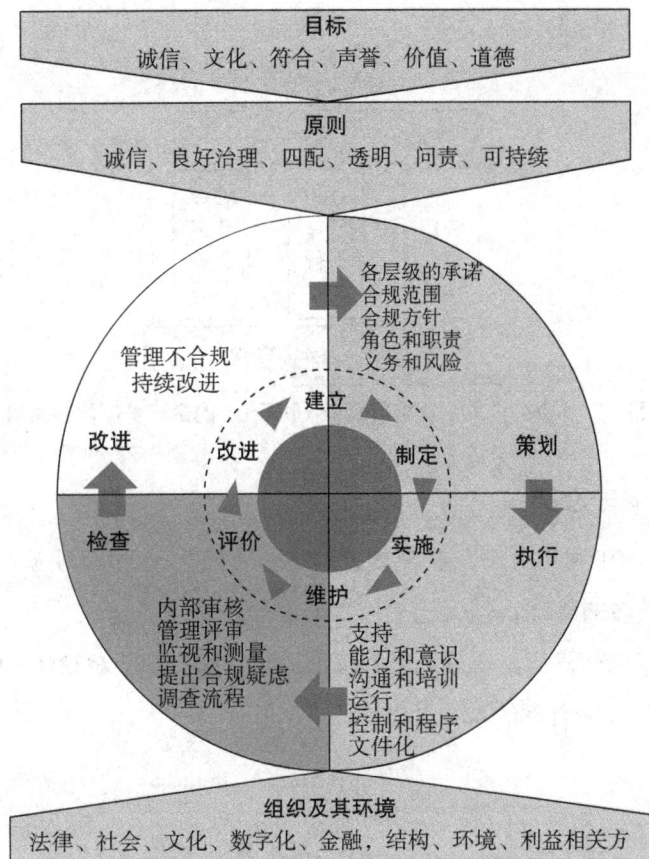

图 2-2　ISO 37301 合规管理体系要素

二、基于《中央企业合规管理指引（试行）》的合规管理体系构成要素

在国内，《中央企业合规管理指引（试行）》在非金融企业里有最强的影响力。国务院国资委于 2018 年发布《中央企业合规管理指引（试行）》后，中央和地方国有企业都陆续基于该指引开始搭建自己的合规管理体系。

《中央企业合规管理指引（试行）》推荐的合规管理体系不是基于要素，而是基于子体系，即找出合规重点内容，然后用三个子体系去搭建。重点内容包括重点领域、重点环节和重点人员三大类。三个子体系分别为合规管理组织体系、合规管理运行体系和合规管理保障体系，具体如图 2-3 所示。

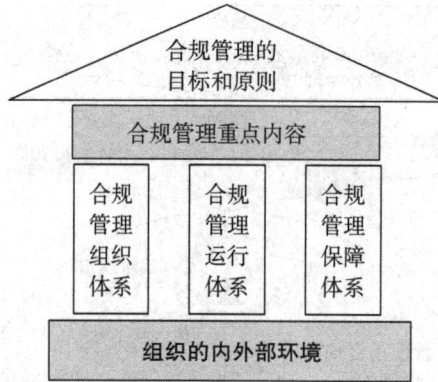

图 2-3　《中央企业合规管理指引（试行）》的合规管理体系架构

三、合规风险管理过程

虽然在 ISO 37301 和《中央企业合规管理指引（试行）》里都明确指出合规管理的关键内容是对合规风险的管理，但无论是在 ISO 37301 里，还是在《中央企业合规管理指引（试行）》中，都未明确指出合规风险管理的运行过程。基于对 ISO 31000：2018 的理解，risk-doctor 认为合规风险管理的基本过程如图 2-4 所示。

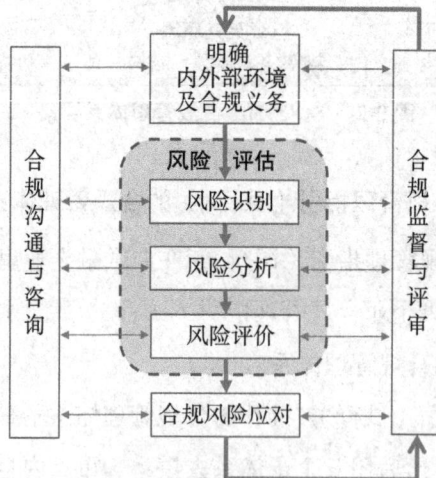

图 2-4　合规风险管理的基本过程

如果把该过程放在企业的合规管理体系里来看，合规管理体系动态运行过程如图 2-5 所示。

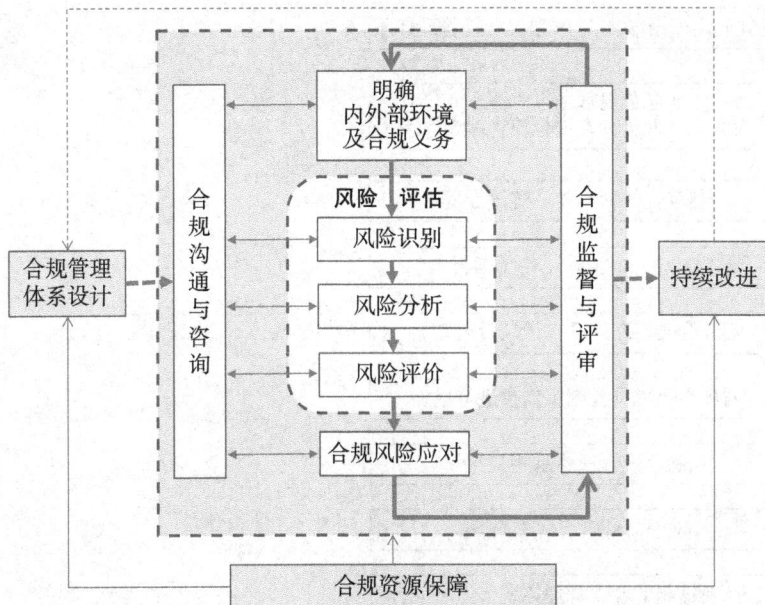

图 2-5　合规管理体系动态运行过程

看完上图，把眼睛闭上，脑子里的合规管理和合规管理体系是不是能动起来？

risk-doctor 认为，如果设计的合规管理体系不能在脑子里转动，那么它在实际应用时也很难运行起来。合规管理不仅是检查和写报告，而是一个动态的、连续的运行过程，只有其连续地运转起来，才能保证企业持续合规。

2.1.2　建立合规管理体系的基本步骤

一、合规管理体系建设的五个阶段

从体系建设全生命周期来看，可以把整个建设过程分成五个阶段：准备阶段、体系设计阶段、体系宣贯阶段、体系试运行阶段和体系监督改进阶段，具体如图 2-6 所示。

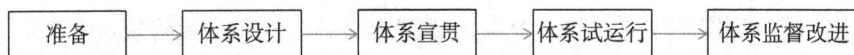

图 2-6　合规管理体系建设过程

如果觉得图 2-6 太粗略，想进一步理解各阶段的工作内容，那么可以进一步细化，把每个阶段的主要环节（或重点工作）也描述出来，具体如图 2-7 所示。图 2-7 中有底色的图框代表各阶段的起点。

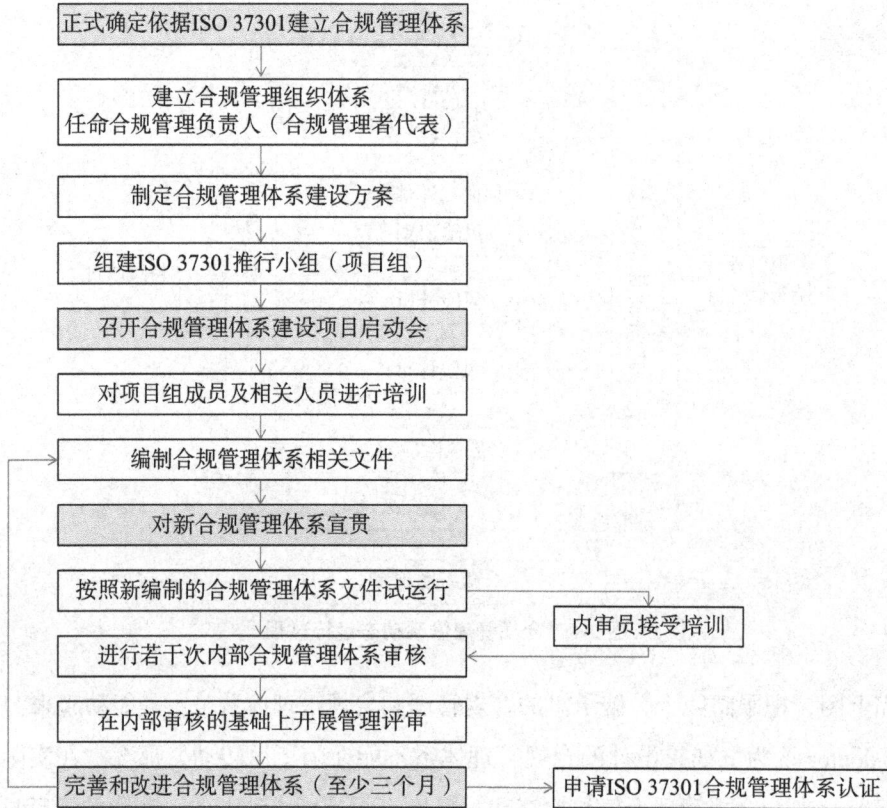

图 2-7　合规管理体系建设全流程示意

如果觉得图 2-7 还不够明晰，那么可以再展开对每个阶段进行说明。

（一）准备阶段

在准备阶段，需要开展教育培训，统一认识；进行现状调查和分析；确定合规方针，制定合规目标；组织落实，拟定方案；必要时，还要调整组织结构，为合规管理体系配备相关资源。具体工作如下：

1. 召开会议，正式确定启动合规管理体系建设项目；

2. 建立合规管理组织体系，如设立合规管理委员会、任命合规管理负责人或首席合规官等；

3. 制定合规管理体系建设方案，确定合规管理体系的方针、目标、范围、依据、建设方式和建设周期等；

4. 组建合规管理体系建设项目组，可以与合规管理体系推行小组或推行办公室合署；

5. 开展相关调研等。

（二）体系设计阶段

在合规管理体系设计阶段，至少要完成的工作包括：

1. 召开合规管理体系建设项目启动会；

2. 对项目人员进行培训；

3. 基于现有业务、制度、流程，梳理合规义务；

4. 识别合规风险，并评估合规风险的大小；

5. 制定合规风险的应对策略和防控措施；

6. 把合规风险防控措施嵌入业务流程和规章制度；

7. 编制合规管理体系相关文件；

8. 对编制的合规管理体系文件进行评审、完善。

（三）体系宣贯阶段

在体系宣贯阶段，至少要完成的工作包括：

1. 企业整体宣贯；

2. 按业务类别或业务单元宣贯；

3. 按部门宣贯；

4. 按专项合规宣贯。

（四）体系试运行阶段

在体系试运行阶段，至少要完成的工作包括：

1. 按照体系要求各自履行相应的合规义务；

2. 做好相关运行记录；

3. 如果考虑取得合规管理体系认证，就要按认证标准进行运维；

4. 管理体系审核与认证。

（五）体系监督改进阶段

体系监督改进阶段其实不是一个独立存在的阶段，它通常与体系试运行阶段并存，因为监督离不开监督的对象。改进是对监督的结果进行整改，比如，对发现的缺陷或不符合项进行整改。在特殊情况下，比如，体系换标（合规管理体系从 ISO 19600：2014 升级到 ISO 37301 等）、多标整合时，会有一段明显的调整期。

二、合规管理体系建设 12 步法

在《合规管理体系标准解读及建设指南》一书里，risk-doctor 把合规管理体系建设分为 12 个步骤，取名"合规管理体系建设 12 步法"，具体如图 2-8 所示。该方法尤其适合企业以项目形式从无到有建立企业合规管理体系，也适合企业在合规管理体系的基础上，建立专项合规管理体系，比如，环境保护合规管理体系、数据保护合规管理体系等。

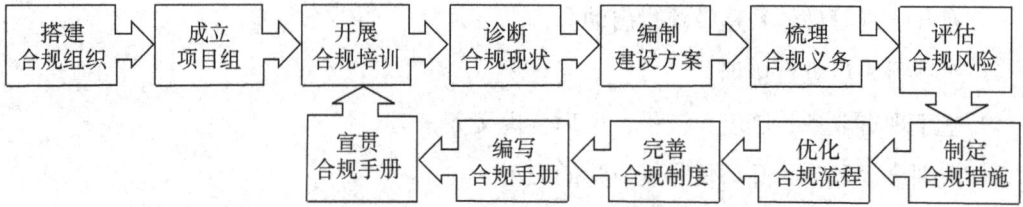

图 2-8　合规管理体系建设 12 步法

合规管理体系建设 12 步法中每一步的主要工作内容如下。

第 1 步：搭建合规组织。企业要完成从治理层到一线员工的合规职责分配及授权，要明确每个层级、每个职能部门在合规管理中该做什么。

第 2 步：成立项目组。合规管理体系建设一般以项目的形式进行，所以仅有常态的合规管理组织体系是不够的。在短时间内建立企业的合规管理体系，需要一批有经验的专业人员相助。

第 3 步：开展合规培训。这是普及合规文化和传授合规知识的重要方式，通过培训，让企业全体成员知道合规管理的重要性和必要性，知道违规的代价，以此增强全员的合规意识。合规管理体系建设项目启动会是合规培训的一部分，需要认真对待。

第 4 步：诊断合规现状。企业开展合规管理体系建设，首先要搞清楚自己现在处于什么阶段，当下的合规管理水平如何，有哪些短板。只有充分了解这些情况，在策划和设计合规管理体系时，才能有针对性，才能有的放矢。

第 5 步：编制建设方案。根据外部要求和前一步的诊断报告，编制合规管理体系建设方案，明确合规管理的目标、方针、范围、总体规划、详细计划等内容。

第 6 步：梳理合规义务。只有明确了合规义务，才知道应该遵循什么、承担什么。

第 7 步：评估合规风险。这个环节需要基于合规义务及员工的行为来全面识别合规风险，然后加以分析、评价，确定哪些风险是重大或重要的合规风险。在评估合规风险时，可基于业务流程及其活动环节，也可基于岗位职责，二者都离不开业务活动。

第 8 步：制定合规措施。根据风险评估结果，对相关合规风险制定应对措施，加以预防和控制。

第 9 步：优化合规流程。这里所说的合规流程不是狭义的合规管理流程，而是所有业务和管理的流程。优化流程本身也是一种风险应对措施。在优化流程的过程中，需要整合上一步的合规措施。

第 10 步：完善合规制度。待合规措施在业务和管理流程中正常发挥作用后，可以把它固化为制度。如果之前已有配套制度，那么要看看是否需要调整现有制度。

第 11 步：编写合规手册。《合规管理手册》是合规管理体系建设集大成的代表性成果，类似企业内部控制体系建设中的《内部控制手册》。

第 12 步：宣贯合规手册。这一步非常关键！很多合规项目都虎头蛇尾，忽视宣贯，导致《合规管理手册》被束之高阁。合规管理体系不是建在纸上和计算机里的，而是建在全员的脑海里、意识里的，最好建在潜意识里。

关于该 12 步法的详细描述，可以参阅人民邮电出版社于 2021 年出版的《合规管理体系标准解读及建设指南》一书。

合规管理体系建设 12 步法是从合规管理体系建设项目的角度出发，围绕合规管理体系的设计来谈的。在实际操作中，企业可以参照图 2-9 来建设合规管理体系。

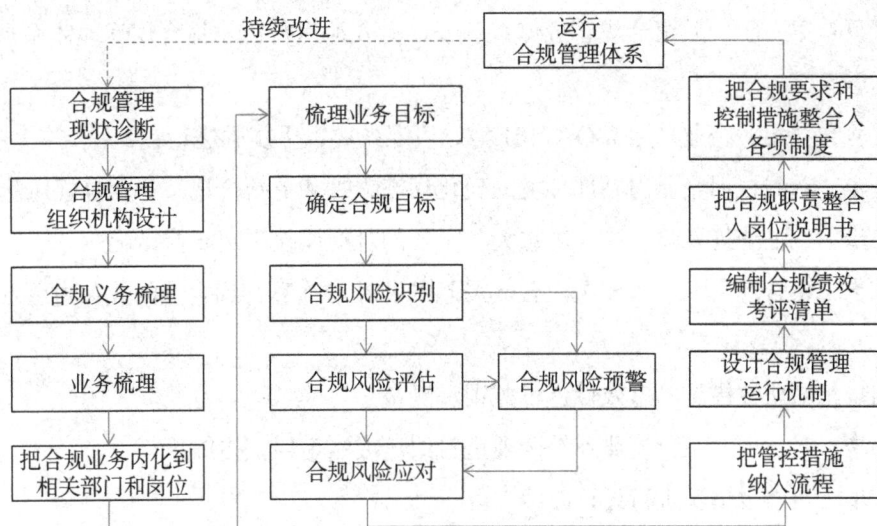

图 2-9　合规管理体系建设的核心技术环节示意

图 2-8 和图 2-9 都在讲合规管理体系建设，都是从项目的角度谈合规管理体系从无到有的建设过程。对企业而言，这个过程只是合规管理体系建设与运行的一个特殊阶段，而不是全部。从长远来看，合规管理体系的运行维护才是重点。

用图 2-6 至图 2-9 来描述合规管理体系建设的过程，目的就是希望能帮助读者朋友从**不同视角来看合规管理体系建设：从局部到整体，从技术到管理，从短期到长期。**读者朋友可以各取所需。

企业对新建立的合规管理体系进行若干次内部审核（简称"内审"，详见本书第 10 章）并逐步纠正不符合项后，若认为所建立的合规管理体系已符合所选标准（如 ISO 37301）的要求，且试运行满三个月，便可以申请外部认证（即图 2-7 的最后一步）。关于认证的内容，详见本书第 12 章。

2.1.3 合规管理体系的运行和保障机制

一、合规管理体系运行概述

合规管理体系由若干要素构成，要想使这些要素协调地运行，还需要建立配套机制。

那么，机制是什么？简单来讲，机制就是指各要素之间的结构关系和运行方式。

合规管理体系一般以项目的形式设计和建设。企业调集人力、物力、资金，花费几个月甚至一两年的时间来设计和建设自己的合规管理体系，并不意味着《合规管理手册》一发布，合规管理体系建设就万事大吉了。以项目形式开展的合规管理体系建设，其成果往往是静态的。体系好不好、适不适用，只有在企业内部运行起来才知道。所以，搭建合规管理体系只是第一步，后续合规管理体系顺畅、有效地运行，才是合规管理体系真正建立起来的标志。

根据前文介绍，企业采用 ISO 37301 时，可以按照以下步骤进行：

第一步，首先根据企业内外部环境的变化动态识别和更新合规义务和合规风险；

第二步，评估合规风险，并针对重大和重要的合规风险制定防控措施；

第三步，将合规义务要求和重大合规风险的防控措施整合到企业的业务过程和外包过程中；

第四步，对防控措施的有效性进行监视和测量；

第五步，对发现的不合规或不符合项进行纠正或制定纠正措施；

第六步，对整改情况进行评价；

第七步，重新进行企业内外部环境分析，开始新一轮合规管理。

该过程遵循 ISO 的 PDCA 管理思想。企业在建立合规管理体系时，需要拥有一个动态的自我发现、自我完善的持续改进机制。

合规管理体系运行效果如何，取决于三方面因素：一是建设合规管理体系时的设计水平；二是合规管理体系所包含的制度和机制的落实程度；三是是否根据企业内外部环境变化适时更新合规管理体系相关的内容，确保合规管理体系持续有效运行。

企业合规管理的运行机制通常包括合规检查机制、合规尽职调查机制、合规风险评估机制、合规风险监测机制、合规风险预警机制、合规报告机制、合规问责机制、合规有效性评价机制、合规审计机制、合规联席会议机制和合规体系改进机制等。这些机制一旦成熟，就可以形成一个书面的管理制度，抑或用工作表单、工作报告的方式来实现。

二、合规管理体系运行机制分类

为方便理解和应用，可以把合规管理体系运行的配套机制按事前、事中和事后三个阶段来划分，表明在不同阶段该应用什么机制，具体如表 2-1 所示。

表 2-1　按事前、事中和事后三个阶段划分合规管理体系的运行机制

事前	事中	事后
合规培训机制	合规风险监测机制	合规报告（名词）机制
合规咨询服务机制	合规风险预警机制	合规举报机制
合规审查机制	合规联席会议机制	合规绩效考核机制
合规风险评估机制	合规检查机制	合规有效性评价机制
合规提示机制	合规报告（动词）机制	合规问责机制
合规尽职调查机制	……	合规体系改进机制
……		……

企业在建设合规管理体系时，可以按表 2-1 来逐步建立和完善相关的配套机制，以保障合规管理体系的有效运行，保障企业持续合规。

三、国务院国资委对合规管理体系运行的要求

在《中央企业合规管理指引（试行）》中，国务院国资委也对合规管理的运行和保障独立成章地进行了说明。具体要求如下。

1. 要建立健全合规管理制度，制定全员普遍遵守的合规行为规范（即行为守则或合规手册）；针对重点领域要制定专项合规管理制度，如采购合规管理指引、数据保护合规管理指引等。

2. 要根据法律法规变化和监管动态，及时将外部有关合规要求转化为内部规章制度。

3. 要建立合规风险识别预警机制，全面系统地梳理经营管理活动中存在的合规风险，对风险发生的可能性、影响程度、潜在后果等进行系统分析，对于典型性、普遍性和可能产生较严重后果的风险及时发布预警。

4. 要加强合规风险应对，针对发现的合规风险制定预案，采取有效措施，及时应对处置。对于重大合规风险事件，合规委员会统筹领导，合规管理负责人牵头，相关部门协同配合，最大限度化解风险、降低损失。

5. 要建立健全合规审查机制，将合规审查作为规章制度制定、重大事项决策、重要合同签订、重大项目运营等经营管理行为的必经程序，及时对不合规的内容提出修改建议，未经合规审查不得实施。

6. 要强化违规问责，完善违规行为处罚机制，明晰违规责任范围，细化惩处标准。畅通举报渠道，针对反映的问题和线索，及时开展调查，严肃追究违规人员责任。

7. 要开展合规管理评估，定期对合规管理体系的有效性进行分析，对重大或反复出现的合规风险和违规问题，深入查找根源，完善相关制度，堵塞管理漏洞，强化过程管控，持续改进提升。

8. 要加强合规考核评价，把合规经营管理情况纳入对各部门和所属企业负责人的年度综合考核，细化评价指标。对所属单位和员工合规职责履行情况进行评价，并将结果作为员工考核、干部任用、评先选优等工作的重要依据。

9. 要重视合规培训，结合法治宣传教育，建立制度化、常态化培训机制，确保员工理解、遵循企业的合规目标和要求。

10. 要积极培育合规文化，通过制定发放合规手册、签订合规承诺书等方式，强化全员安全、质量、诚信和廉洁等意识，树立依法合规、守法诚信的价值观，筑牢合规经营的思想基础。

11. 要建立合规报告制度，发生较大合规风险事件，合规管理牵头部门和相关部门应当及时向合规管理负责人、分管领导报告。重大合规风险事件应当向国资委和有关部门报告。

12. 合规管理牵头部门要于每年年底全面总结合规管理工作情况，起草年度报告，经董事会审议通过后及时报送国资委。

以上 12 条是国务院国资委对合规管理的运行及保障提出的基本要求，详见《中央企业合规管理指引（试行）》第四章和第五章。国有企业在建立和运行合规管理体系时，需要认真落实相关制度规范的具体要求。

为方便大家阅读，下面用图来展示企业在运行合规管理体系时需要的相关基本机制，具体如图 2-10 所示。

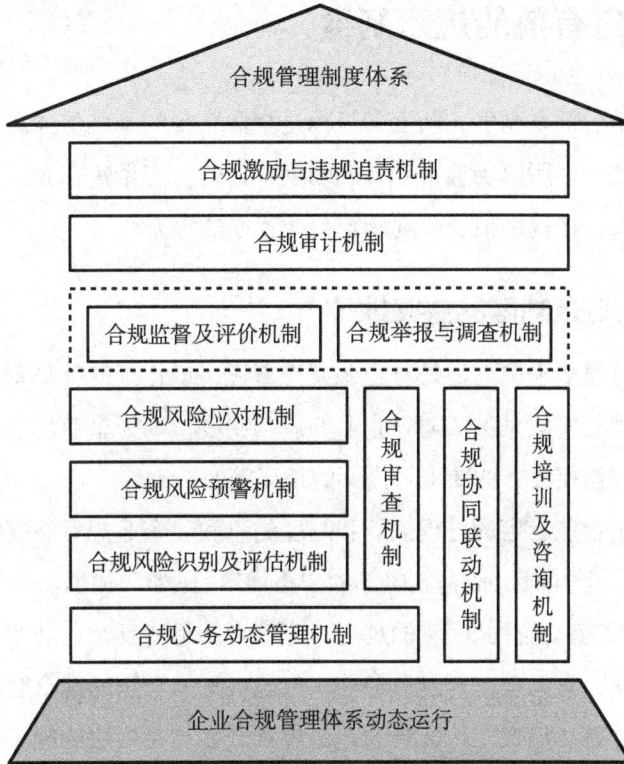

图 2-10　企业合规管理体系运行的配套机制

2.2　如何制定有效的规章制度

每家企业都有不少规章制度，制度和流程是企业合规的基础保障。企业规章制度本来就是合规的"规"之一，所以当你听到合规制度一词时，应聚焦在企业行为准则、反腐败政策、合规审查程序、违规举报、合规调查与处置办法等方面。

2.2.1　企业规章制度的法律地位

虽然合规要求有很多来源，但是对企业员工来说，最直接的就是企业的规章制度。从狭义来看，员工合规其实就是员工遵守企业的规章制度，因为企业规章制度包含了外部的法律法规的要求、利益相关方的要求及内部的承诺等。

企业规章制度是企业制定的管理规则和制度的总和。企业规章制度的内容广泛，包括了企业经营管理的各个方面，是企业内部的"法律"。比如，根据《中华人民共和国劳动合同法》（以下简称《劳动合同法》）的规定，劳动者严重违反企业规章制度的，企业可以单方面解除劳动合同，且无须支付经济补偿。由此可见，合法的规章制度对企业的全体劳动者均具有强制约束力。那么，什么样的企业规章制度算是合法的呢？根据《中华人民共和国劳动法》（以下简称《劳动法》）的规定，企业制定规章制度必须具备"实体合法、程序合法、公示"三要素。

2.2.2　规章制度的制定程序

员工参与规章制度的制定，参与企业民主管理，可以有效地杜绝企业领导者独断专行，防止企业利用规章制度侵害劳动者的合法权益。

根据《劳动法》《劳动合同法》的相关要求，企业可以参照以下步骤制定规章制度。

第一步，拟定规章制度草案。

根据企业的实际情况，拟定规章制度草案。规章制度草案可以由企业业务部门、人力资源部门或法律合规部门拟定；可以邀请企业工会、职工代表就一些涉及劳动者重大利益的条款共同商议讨论，并根据商议结果拟定；可以委托专业的劳动法律师拟定，或自行拟定后委托专业劳动法律师对内容进行合法性审查。

第二步，就规章制度草案向员工征求意见。

企业可以通过张贴告示、邮件、办公自动化平台、微信群、钉钉平台等向员工公示规章制度草案，征求员工的意见和建议，然后参考员工提出的意见和建议斟酌修改规章制度草案。

第三步，召开正式会议讨论并通过制度内容。

根据规章制度的内容不同，召开不同的会议，如总经理办公会、职工代表大会或职工大会等，讨论并通过制度内容。

这个环节是制定规章制度的重要环节，需要正式留痕。召开规章制度审议会议的基本程序如表 2-2 所示。

表 2-2　召开规章制度审议会议的基本程序

步骤	工作内容
第一步	确定会议时间，确定会议议程，准备会议材料
第二步	通知与会人员
第三步	如期召开会议，全体与会人员均需在签到表上签到
第四步	会议中，企业负责人与工会代表（如有工会）、广大职工（或职工代表）就规章制度草案内容进行充分磋商讨论，工会代表、职工或职工代表认为不适当的，有权向企业提出，通过协商予以修改与完善。会议中，安排记录人员对会议内容进行记录
第五步	给与会人员发放会议记录及规章制度的修改稿（如果有）
第六步	与会人员回复会议记录的收阅情况

第四步，收集整理反馈意见后定稿并公示。

关于公示的内容请参见 2.2.3 节。

2.2.3　规章制度的公示

一、规章制度公示后才产生约束力

企业规章制度公示就是把规章制度的内容通过一种或多种方式告知员工，让全体员工知晓。

《劳动合同法》规定，规章制度只有公示后才能产生约束力。所以，企业规章制度只有向员工公示后才对员工产生约束力。换句话说，若未向员工公示规章制度，即使员工行为构成严重违反规章制度，原则上企业也不得将其作为解除劳动合同的依据，否则可能会被认定为违法解除劳动合同。

二、公示的时间

公示规章制度的时间有两个：一是在第一次制定规章制度时，与职工代表或全体职工讨论制度内容，这一互动讨论的过程，属于事实公示；二是在修改规章制度重要条款时，即"涉及员工切身利益""重大事项决定"时，需另外向员工公示。

三、公示的方式

规章制度的公示方式有很多种。在实务中，常用的公示方式有：

1. 把规章制度列为员工入职培训的内容之一，对新入职的员工进行培训，并保留受训人员签到的相关培训记录；

2. 将规章制度做成员工手册，发给员工阅读，并制作相关的签收表单，必要时，让员工写上类似"本人已阅读，知晓全部内容，承诺遵守"的语句；

3. 将规章制度张榜公布，公布的地方可以在用人单位的宣传栏、员工宿舍、员工食堂和工作场所等；

4. 将规章制度作为劳动合同附件，在签订劳动合同时随合同文本一并给员工，并保留签收记录。

在上述公示方式中，企业可以采用一种方式公示，也可以采用多种方式相结合进行公示，但无论采用一种还是多种公示方式，均需确保能够有效地传递给员工，让员工能够完全知晓所公示的内容。

在实践中，企业应当尽量避免使用一些不能确保员工知晓的公示方式，以至于公示无效导致规章制度失去约束力。比如，打电话告知，企业官方网站或第三方网站公示，企业内网或办公自动化平台公示，钉钉或微信群公示，发送电子邮件告知，在员工不容易看见的地方张贴告示等。这不是说企业不可以采用这些公示方式，这些公示方式如果跟前述常用公示方式一起使用，那当然是没问题的。

2.2.4 规章制度的其他合规要求

在规章制度合法三要素中，"实体合法""公示"是必须具备的，而"民主程序"的必要性相对弱一些。如果企业规章制度或者重大事项的内容未违反法律、行政法规及政策规定，不存在明显不合理的情形，并已向员工公示或告知，且员工没有异议的，即便没有履行"民主程序"，在司法实践中也可以作为劳动仲裁和人民法院裁判的依据。

除了上述三要素外，还有其他影响规章制度法律效力的要素。比如，某公司规定男女同事确定恋爱关系后，公司强制要求其中一人离职；又比如，某公司要求员工每天上厕所的次数不能多于三次，员工上班必须穿名牌西装（非公司发放的工装）、皮鞋等。这些规章制度合理吗？应该无条件遵守吗？答案是否定的。

企业制定规章制度除了要具备上述的三要素外，还要满足以下三个方面的要求。

一、规章制度不可违反法律法规

企业必须在法律法规规定的框架内制定规章制度，所有条款不得与法律法规相抵触、相违背，否则无效。这里所说的法律法规是指广义的法律概念，即宪法、法律、行政法规、地方性法规、政府规章、部门规章，以及各地区、各民族自治地方的单行条例、自治条例等。

二、规章制度需公平、合理

企业规章制度内容除合法以外，还应当公平、合理。

规章制度是否公平、合理，应结合企业的经营方式、生产方式、人事管理现状、劳动者岗位职责等具体情况综合分析。通常来说，以符合社会的一般认知和大多数劳动者的认同作为判断是否公平、合理的标准。

三、规章制度不得违反公序良俗

公序良俗原则是民法的一个基本原则，指的是公共秩序和善良习俗。《中华人民共和国民法典》（以下简称《民法典》）对公序良俗原则做了大量的规定，比如，《民法典》第八条规定，"民事主体从事民事活动，不得违反法律，不得违背公序良俗"；第十条规定，"处理民事纠纷，应当依照法律；法律没有规定的，可以适用习惯，但是不得违背公序良俗"。公序良俗原则在企业制定规章制度时，同样适用。

2.2.5　如何实现外规内化

企业的规章制度是外规内化的结果。"外规内化"就是将外部有关合规要求转化为企业内部规章制度。有的外规有明确具体的要求，有的则只有笼统的、原则性的说明。企业在外规内化时，要区别对待这两种情况。有人说，除了外规，企业还可以制定内规。risk-doctor 认为，内规从属于外规，否则将失去法律效力；也就是说，不存在独立于外规的内规。本小节先通过实际例子讲述企业依据"原则性说明"制定内部规章制度的情况。

一、准确理解外规要求

例如，《企业境外经营合规管理指引》第七条对企业开展境外投资的合规要求如下。

> 第七条　境外投资中的合规要求
>
> 企业开展境外投资，应确保经营活动全流程、全方位合规，全面掌握关于市场准入、贸易管制、国家安全审查、行业监管、外汇管理、反垄断、反洗钱、反恐怖融资等方面的具体要求。

本条款的核心要求是：企业开展境外投资，应确保经营活动全流程、全方位合规。

同时，本条款也指出了企业在开展境外投资时，应全面掌握市场准入、贸易管制、国家安全审查、行业监管、外汇管理、反垄断、反洗钱和反恐怖融资等方面的具体要求。

二、制定内部规章制度

企业在制定内部规章制度时，基本原则是：上述"核心要求"必须满足，"具体要求"需要重点关注和对待，尤其是与本企业境外投资业务密切相关的具体要求。基于此，SPRING 公司（以下简称"SP公司"）对境外投资项目的立项制定了以下管理办法，具体如表 2-3 所示。

表 2-3　SP 公司境外投资项目立项管理办法

境外投资项目立项管理办法
为保证公司境外投资项目投资的可行性，提高境外投资项目的成功率，根据国家发改委《企业境外经营合规管理指引》（发改外资〔2018〕1916号）的要求，特制定本管理办法。本办法适用公司所有境外投资项目。
第一条　各项目应按规定履行完成内部立项工作评审或决策程序。
第二条　提交的立项申请及相关项目支持性文件应齐全完整。
第三条　项目应符合国家宏观政策、符合相关部委备案或核准要求、与公司主业范围相符并符合公司区域化要求。
第四条　项目开发方案应符合所在国（地区）政策法律规定，符合国际惯例。
第五条　应完成负面清单符合性审核。
第六条　项目立项前应该对项目所在国（地区）政治、文化、法律体系、市场准入、行业监管等进行充分研究。
第七条　项目的法律合规意见应全面，对项目的风险（尤其是项目国别风险、市场风险、法律风险等）评估应充分，并且应制定相应的风险应对措施。
第八条　被投资方及合作伙伴的主体资格和资信能力应满足项目需求。
第九条　项目应符合公司财务资金管控标准，满足公司资产负债率管控要求。
第十条　投资经济效益指标合理，并且能满足公司有关要求。
第十一条　资金来源和落实情况符合项目资金需求。
第十二条　具有满足投资项目实施所需的专业化建设和管理运营团队。
第十三条　相关部门应该对项目进行审核并提出意见。
第十四条　需外部专家进行评审的，应组织专家进行评审。
第十五条　通过立项评审的项目，申请单位方可开展可行性研究等实质性工作。
第十六条　通过立项评审的项目，出现境外投资立项管理办法所规定重大变更情况的，申请单位需及时书面上报股份公司。
第十七条　本办法由 SP 公司投资管理部负责解释和修订。
第十八条　本办法自发布之日起实施。

2.2.6　外规内化应用举例

本小节将以 2021 年 8 月 20 日发布的《中华人民共和国个人信息保护法》（以下简称《个人信息保护法》）为例，来讲解外规内化的应用。

一、法律条款解读

第一步，准确理解《个人信息保护法》的每个条款。

第二步，确定个人信息处理中需要获取同意的场景。经分析与整理，个人信息处理中需要获取同意的场景如表 2-4 所示。

表 2-4　个人信息处理中需要获取同意的场景

获取同意的方式	需获取同意的场景
同意	处理不满十四周岁未成年人个人信息（纳入敏感个人信息，取得未成年人的父母或其他监护人的同意，第三十一条）
	处理已公开的个人信息对个人权益有重大影响（第二十七条）
单独同意	向其他个人信息处理者提供个人信息（第二十三条）
	公开个人信息（第二十五条）
	在公共场所采集个人信息用于非维护公共安全的目的（第二十六条）
	处理敏感个人信息（第二十九条）
	向境外提供个人信息（第三十九条）

第三步，判断有没有特殊情形。

由《个人信息保护法》可知：处理个人信息应当取得个人同意。但该法第十三条规定：除取得个人同意外，企业还可以通过履约、履责等合法依据对个人信息进行处理。也就是说，如果满足表 2-5 中规定的情形之一，企业在处理个人信息时就不需取得个人同意。

表 2-5　处理个人信息的合法依据

序号	合法依据	合法依据说明
1	履约	为履行个人作为一方当事人的合同或者依法实施人力资源管理所必需
2	履责	为履行法定职责或者法定义务所必需
3	应对突发事件	为应对突发公共卫生事件或者紧急情况下为保护自然人的生命健康和财产安全所必需
4	合理处理公开信息	依照《个人信息保护法》规定在合理的范围内处理个人自行公开或者其他已经合法公开的个人信息
5	实现公共利益	为公共利益实施新闻报道、舆论监督等行为，在合理的范围内处理个人信息
6	法律法规要求	法律、行政法规规定的其他情形

二、操作示例

（一）法条

《个人信息保护法》第二十六条的内容如下。

> 第二十六条　在公共场所安装图像采集、个人身份识别设备，应当为维护公共安全所必需，遵守国家有关规定，并设置显著的提示标识。所收集的个人图像、身份识别信息只能用于维护公共安全的目的，不得用于其他目的；取得个人单独同意的除外。

（二）解读

对企业来说，应特别注意避免将个人信息主体置于"被动""无感知"的情形，并且要注意使用目的的限制。如果要将基于合同目的收集的个人信息用于"其他目的"，就应寻求"其他的合法依据"，即遵循《个人信息保护法》第二十六条规定。

（三）应用

1. 企业可以做的：出于维护公共安全目的，企业在公共场所安装图像采集、个人身份识别设备时，应显著标识以进行告知；收集的个人图像、身份识别信息不能用于除维护公共安全以外的目的，除非取得个人的单独同意。

2. 企业不能做的：如果企业收集人脸信息用于商业营销目的，仅在门店区域进行显著标识已无法满足收集个人信息的合法性。在这种情况下，企业只有获得个人的单独同意，才能将个人信息用于商业营销目的。

小提示：

《个人信息保护法》已于 2021 年 11 月 1 日正式施行。你所在的企业对此有研究吗，进行了相关合规义务的识别和相关规章制度的制定（或修订）吗？

2.3　企业《合规管理手册》和《诚信合规手册》

2.3.1　《合规管理手册》简介

《合规管理手册》是证实或描述文件化合规管理体系的主要文件，是企业合规管理体系建设的主要成果之一。《合规管理手册》可粗可细，"粗的"可以演变成《诚信合规手册》或《合规手册》（有的企业称之为《合规守则》），"细的"可以涵盖合规管理方针、合规管理基本制度、专项合规管理指南等。由于《合规管理手册》规定了合规管理体系的基本结构，是实施和保持合规管理体系应长期遵循的文件，因此本小节将予以较详细的介绍。

一、编制《合规管理手册》的目的

1.明确企业的合规方针、程序和要求。

2.为合规管理体系有效运行提供指南。

3.规定合规管理改进的控制方法。

4.按合规管理体系要求及相应方法培训相关人员。

5.为合规管理体系审核提供依据。

6.当企业内外部情况改变时，保持合规管理体系及其要求的连续性。

7.对外展示企业的合规管理体系，证明企业的合规管理体系与认证机构或监管机构所要求的合规管理体系标准相符合。

二、《合规管理手册》的作用

1.《合规管理手册》可作为企业合规管理体系存在的主要证据。

2.《合规管理手册》可作为企业合规管理的依据。

3.《合规管理手册》可作为合规管理体系审核或评价的依据。

三、《合规管理手册》的基本内容

《合规管理手册》至少应包含或涉及以下内容：

1.企业的合规方针与合规目标；

2.对所采用的合规管理体系标准的全部适用要素的描述；

3.对企业合规管理决策、计划、执行、验证或评审等相关人员的职责与权限进行明确；

4.合规管理通用程序及其说明，如合规培训、合规检查、合规风险评估等；

5.关于《合规管理手册》评审、修改和控制的规定等。

四、《合规管理手册》的体现形式

在实践中，根据《合规管理手册》出现的场所不同，其内容可以是：

1. 多份文件或多层次的文件；

2. 合规管理体系程序文件或制度的直接汇编；

3. 一组或一部分合规管理体系程序文件；

4. 针对特定职能、过程或合同要求所选择的一系列程序文件；

5. 可独立应用的或是其他形式的合规文件；

6. 基于组织所需的其他可能的派生文件。

注意：无论《合规管理手册》以何种形式出现，在论述同一家企业的《合规管理手册》与《诚信合规手册》（或称《合规守则》）时，在核心理念、核心原则、合规方针、基本内容等方面都不应有矛盾。

2.3.2 《合规管理手册》的结构形式

一、《合规管理手册》的基本结构

《合规管理手册》的结构，通常是根据使用者的需要确定的。虽然 ISO 37301 或国务院国资委等监管机构没有对《合规管理手册》的结构和内容做具体明确的规定，但企业编制的《合规管理手册》不能没有结构。企业可以参照以下结构来编制《合规管理手册》。

1. 封面。

2. 批准页。

3. 手册说明。

4. 手册目录。

5. 制定或修订说明。

6. 发放控制页。

7. 阅读指南。

8. 术语定义部分。

9. 企业概况。

10. 企业的合规方针和目标。

11. 企业的组织机构。

12. 企业的合规管理组织机构及各角色的责任和权限。

13. 合规管理体系要素的描述。

14. 各专项合规管理指南。

15. 支持性资料附录（与合规相关的文件和制度）。

二、SP 公司的合规管理手册

基于上述《合规管理手册》的基本结构，SP 公司编制了自己的《合规管理手册》，其目录如表 2-6 所示。

表 2-6　《合规管理手册》的目录

SP 公司合规管理手册
批准页
（本手册的制定、修订、审核、批准等信息）
修订页
（修改内容简介）
目录
一、前言
（一）SP 公司介绍
（二）应用范围
（三）应用领域
二、定义
（相关概念和术语的定义及解释）
三、合规方针和目标
（一）合规方针
（二）合规目标
四、组织结构、职责权限的说明
（一）合规管理组织结构
（二）相关角色的职责权限说明
五、合规体系要素
六、文件化的合规管理体系程序的描述
七、专项合规指南
八、合规管理手册使用指南
九、支持性信息附录

注：《合规管理手册》的详细示例见附录 1。

2.3.3 《合规管理手册》的编制步骤

企业编制《合规管理手册》可按以下步骤进行。

1. 梳理企业现行适用的合规方针、合规目标、合规程序或合规计划（如企业合规管理计划、合规培训年度计划等）。

2. 依据所选用的合规管理体系标准确定合规管理体系要素。

3. 确定《合规管理手册》的格式和结构，并根据该格式和结构将相关文件分类，包括对合规管理制度、专项合规指引等文件的分类。

4. 采用多种方法，从企业内部和外部各个方面收集与合规管理相关的资料。必要时，从业务部门收集补充相关原始文件或参考资料。

5. 使用适合本企业的方法，完成《合规管理手册》草案的编写。

6. 与业务部门、管理层沟通《合规管理手册》草案。必要时，可以与其他利益相关方（如供应商和分销商等）沟通该草案。

7. 对《合规管理手册》草案进行正式评审。

8. 定稿，发布《合规管理手册》。

为方便大家理解，下面用流程图来简要描述上述步骤，具体如图 2-11 所示。

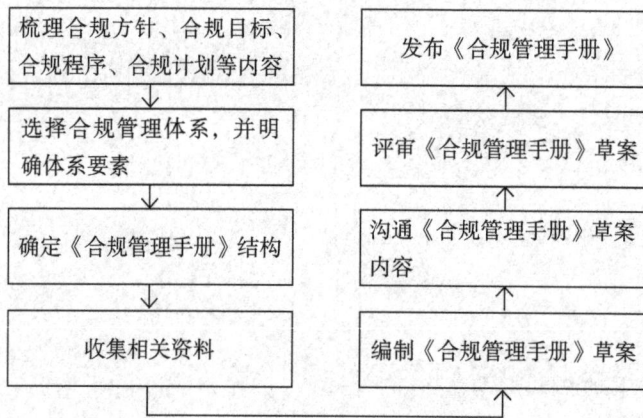

图 2-11　《合规管理手册》的编制流程

2.3.4　《诚信合规手册》

一、《诚信合规手册》简介

《诚信合规手册》在有的企业叫作《合规守则》或者简称《合规手册》，相当于企业《合规管理手册》的浓缩版。在企业内部，《诚信合规手册》一般人手一册。

不同企业的《诚信合规手册》在格式和内容上都会有所不同，但都包含企业的合规理念及重要事项的合规要求。

二、《诚信合规手册》的内容框架

表 2-7 是 SP 公司的《诚信合规手册》的内容框架，供大家参考。

表 2-7　《诚信合规手册》框架

SP 公司诚信合规手册

（2022 版）

公司介绍

目录

一、使用说明

二、合规理念

三、合规誓词

四、合规管理架构

五、合规管理内容

（一）合规部门管理模式

（二）合规风险管理机制

（三）合规联席会议机制

（四）合规联络员会议制度

（五）合规管理流程

六、合规管理的重点领域

（一）公司治理

（二）招标、投标与采购

（三）质量、安全与环境保护

（四）财务与税收

（五）劳动用工

（六）知识产权

（七）商业合作伙伴

（八）反腐败与反商业贿赂

（九）业务招待和礼品赠送

（十）社会捐赠与赞助

（十一）国际经营

七、合规承诺书

注：详细的《诚信合规手册》示例见附录 2。

　　本小节描述了《诚信合规手册》的基本格式和主要内容，目的是给大家提供参考。《诚信合规手册》的编写重在内容，而不是形式。在实践中，企业可以按自己的需要编写《诚信合规手册》。

第 **3** 章　合规管理组织体系及岗位职责

　　合规管理组织体系是企业合规的组织保障。大型跨国企业、中央企业及其他大中型企业一般会建立比较完善的合规管理组织体系；中小企业可以根据实际情况建立自己的合规管理组织体系，而不必纠结于形式上的合规管理"三道防线"。但无论建立多么简单的合规管理组织体系，合规培训和合规宣传相关的职能必须明确，合规管理的相对独立性必须要保障。

3.1 企业合规管理组织体系框架

3.1.1 合规管理的"三道防线"模型

合规管理组织体系是企业合规管理体系的重要组成部分。企业可以基于监管要求，结合企业的业务类型、业务模式、管理模式等实际情况，来确定合规管理的组织架构。

国务院国资委在《中央企业合规管理指引（试行）》里虽未明确提出"三道防线"，但在其他场合都多次要求"有条件的企业应建立合规管理'三道防线'"。合规管理"三道防线"来源于风险管理的"三道防线"。因为在《中央企业合规管理指引（试行）》里明确指出"合规管理以有效防控合规风险为目的"，所以在合规管理中就引入了"三道防线"的概念。企业合规管理"三道防线"的示意如图 3-1 所示。关于"三道防线"的描述，在《企业风控体系建设全流程操作指南》一书中有详细说明，这里不赘述。

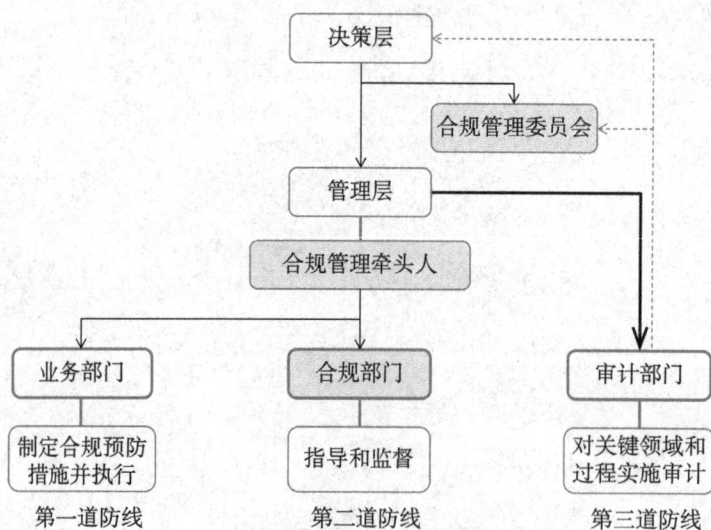

图 3-1　企业合规管理"三道防线"示意

3.1.2 大中型企业合规管理的"三道防线"

图 3-1 是个理论模型，适合大中型企业。在实践中，不同企业有不同的合规管理组织体系和防线设计。"三道防线"在大中型企业合规管理中的应用如图 3-2 所示。

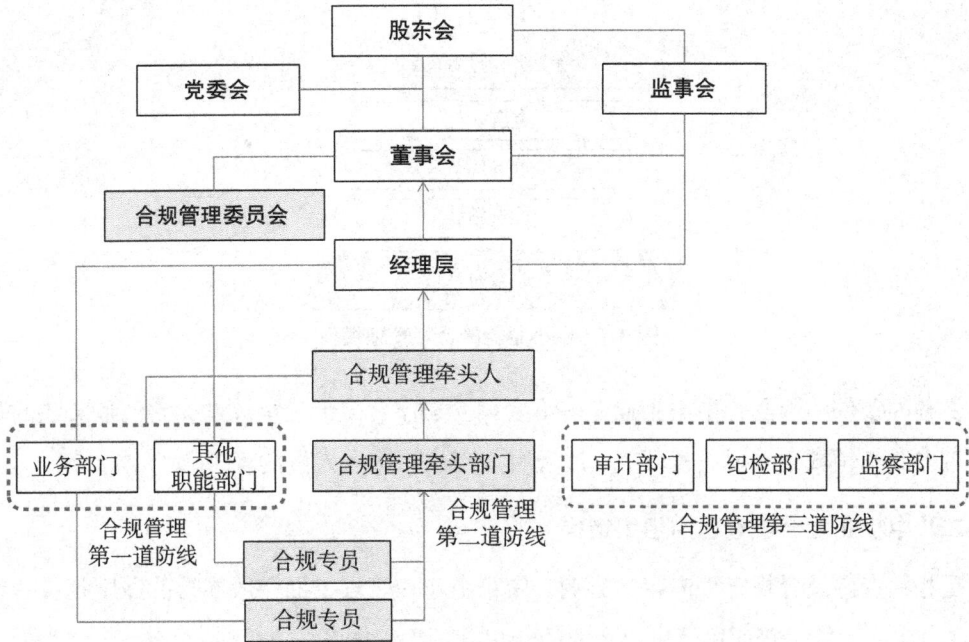

图 3-2　"三道防线"在大中型企业合规管理中的应用

在图 3-2 中，有底色的图框代表合规条线的主要资源，被视为第二道防线；审计部门、纪检部门和监察部门代表第三道防线；其余部门为第一道防线。

在图 3-2 中，没有标出第三道防线的管理路线和报告路线。因为在实践中，审计部门在行政划分上与其他部门平行，一般归经理层管理；也有个别企业把审计部门划归董事会或监事会管理。每家企业都有自己的历史，都有自己独特的人力资源，第三道防线具体如何管理，只能因企业而异。未来，第三道防线有可能由企业党委会直接管理。

3.1.3　中小企业如何设计合规管理"三道防线"

合规管理的"三道防线"是企业对合规风险防控的一种部署，它适合大中型企业；中小企业，尤其是小微企业，不必纠结于形式上的"三道防线"。

一、中小企业合规管理的重点内容

对中小企业而言，国有中小企业受编制限制，民营中小企业受成本限制，它们都不大可能照搬"三道防线"模型来建立自己的合规管理组织体系或风险管理体系。合规意识强的中小企业能做到对重点领域、重点环节、重点人员的合规管理即可。中小企业的合规管理模型如图 3-3 所示。

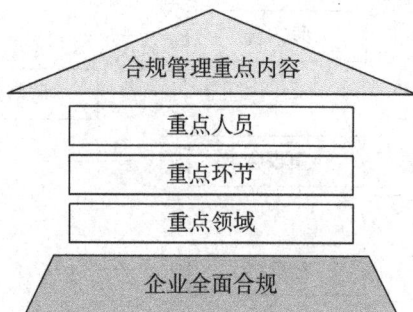

图 3-3　中小企业的合规管理模型

受各种条件的限制，中小企业大多不会设立法律合规部或审计部，它们最关注的是对企业重点业务领域、重要业务环节，以及重点岗位、重点人员的管理。

二、中小企业合规管理的组织结构

受相关资源及合规管理内容的影响，中小企业在管理方面一般奉行的原则是：一切从简。图 3-4 展示的是普通民营中小企业的合规管理组织体系。

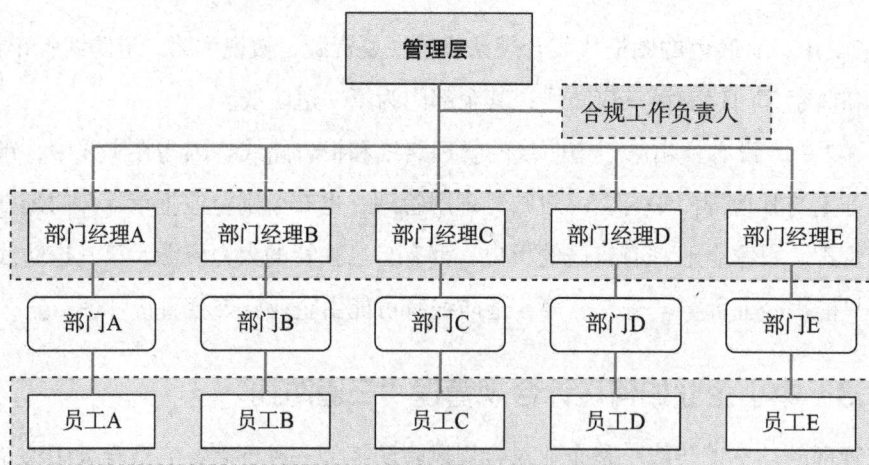

图 3-4　普通民营中小企业的合规管理组织体系

中小企业往往没有专门的法务部或法律合规部，合规管理牵头部门的职责可能由综合部、行政部或企业管理部来承担，合规管理负责人可能由公司某位副总或综合部的部门负责人兼任。

3.2　国有企业合规管理职责分工

企业合规不是靠一个人或一个部门来实现的。合规是企业全员的义务和责任,需要人人合规。

国务院国资委要求中央企业建立总法律顾问制度,并且明确指出由中央企业相关负责人或总法律顾问作为企业的合规管理负责人。大中型国有企业可以参照《中央企业合规管理指引(试行)》,按表 3-1 来分配合规管理职责。

表 3-1　大中型国有企业的合规管理职责分配

角色	合规管理职责
董事会	(1)批准企业合规管理战略规划、基本制度和年度报告 (2)推动完善合规管理体系 (3)决定合规管理负责人的任免 (4)决定合规管理牵头部门的设置和职能 (5)研究决定合规管理有关重大事项 (6)按照权限决定有关违规人员的处理事项
监事会	(1)监督董事会的决策与流程是否合规 (2)监督董事和高级管理人员合规管理职责履行情况 (3)对引发重大合规风险负有主要责任的董事和高级管理人员提出罢免建议 (4)向董事会提出撤换公司合规管理负责人的建议
经理层	(1)根据董事会决定,建立健全合规管理组织架构 (2)批准合规管理具体制度规定 (3)批准合规管理计划,采取措施确保合规制度得到有效执行 (4)明确合规管理流程,确保合规要求融入业务领域 (5)及时制止并纠正不合规的经营行为,按照权限对违规人员进行责任追究或提出处理建议 (6)经董事会授权的其他事项
合规管理委员会	(1)承担合规管理的组织领导和统筹协调工作 (2)定期召开会议,研究决定合规管理重大事项或提出意见和建议 (3)指导、监督和评价合规管理工作
合规管理负责人 (国有企业相关负责人或总法律顾问)	(1)组织制定合规管理战略规划 (2)参与企业重大决策并提出合规意见 (3)领导合规管理牵头部门开展工作 (4)向董事会和总经理汇报合规管理重大事项 (5)组织起草合规管理年度报告

（续表）

角色	合规管理职责
合规管理牵头部门（法律合规部）	（1）组织、协调和监督合规管理工作，为其他部门提供合规支持 （2）研究起草合规管理计划、基本制度和具体制度规定 （3）持续关注法律法规等的变化，组织开展合规风险识别和预警，参与企业重大事项合规审查和风险应对 （4）组织开展合规检查与考核，对制度和流程进行合规性评价，督促违规整改和持续改进 （5）指导所属单位合规管理工作 （6）受理职责范围内的违规举报，组织或参与对违规事件的调查，并提出处理建议 （7）指导业务部门、人事部门开展合规培训
业务部门	（1）负责本领域的日常合规管理工作 （2）按照合规要求完善业务管理制度和流程 （3）主动开展合规风险识别和隐患排查 （4）发布合规预警 （5）组织合规审查 （6）及时向合规管理牵头部门通报风险事项 （7）妥善应对合规风险事件 （8）做好本领域合规培训 （9）做好本领域商业伙伴合规调查 （10）组织或配合进行违规问题调查 （11）落实违规问题整改等
其他部门	监察、审计、法律、内控、风险管理、安全生产、质量环保等相关部门，在职权范围内履行合规管理职责

3.3　非国有企业合规管理职责分工

非国有企业，如民营企业或外资企业等，可以参考 ISO 37301 的要求来分配企业的合规管理职责，当然也可以参考《中央企业合规管理指引（试行）》。如果企业拟实施合规管理体系认证，建议参考 ISO 37301，并认真落实 ISO 37301 各条款的要求。

ISO 37301 在其第 4 章专门介绍了组织合规管理的职责分配，具体内容如下。

3.3.1　最高管理者的合规职责

一、最高管理者合规职责的具体内容

最高管理者在合规管理中至少应承担以下职责：

1.分配充足和适当的资源以建立、制定、实施、评价、维护和改进合规管理体系及绩效成果；

2.确保企业分配和传达相关角色的职责和权限（不限于合规职责和权限）；

3.确保建立高效及时的合规报告系统；

4.对合规关键绩效指标、措施或结果进行考核；

5.分配向治理机构和最高管理者报告合规管理体系绩效的职责。

上述职责要求最高管理者应确保以下事项：

1.对合规的承诺与企业的价值观、目标和战略一致，以便适当地定位合规工作；

2.创造一种鼓励报告不合规行为并使报告的员工不会受到报复的环境；

3.保证经营目标和指标不会影响合规行为；

4.鼓励所有员工承诺并实现合规目标；

5.识别不合规行为并及时采取行动予以纠正或处理；

6.将合规纳入更广泛的企业文化和文化变革举措，使企业保持持续合规。

二、最高管理者在落实合规职责中的注意事项

1.最高管理者不能高高在上，要了解合规管理体系的内容和运行情况，并确保企业拥有足够的制度和流程来保证合规管理体系运行的有效性。

2.最高管理者对合规的承诺不能仅是口头承诺，而是要通过制定合规标准和实施合理监督来做出承诺，并且要以身作则。

3.最高管理者应参考关键绩效指标（KPI）和其他关键信息并按计划的时间间隔（如每季度或每月）检查合规管理体系的绩效，以确保合规管理体系实现其目标。

三、如何检验最高管理者对合规的承诺

在实践中，可以通过以下方面来检验最高管理者对合规的承诺及实现程度：

1. 治理机构和所有管理层是否通过自己的行动和决定，积极证明其承诺确立、制定、实施、评价、维护和改进的是一个有效且及时响应的合规管理体系；

2. 合规方针是否由治理机构正式批准；

3. 最高管理者是否对确保企业充分实现关于合规的承诺承担责任；

4. 所有管理层是否一致向全员传达企业和最高管理者会履行其合规义务；

5. 最高管理者是否能保证合规职能部门配有具备适当能力、身份权限和独立性的人员，并且这些人员可以直接向治理层报告；

6. 最高管理者是否对所有员工和利益相关方开展意识提升活动和培训，为确立、制定、实施、评价、维护和改进合规文化提供适宜的资源；

7. 合规管理方针、过程和程序不仅反映法律要求，还反映自愿性准则和组织的核心价值观；

8. 组织向其所有管理层分配合规责任并要求他们负责；

9. 最高管理者是否定期评审合规管理体系（建议至少每年一次）；

10. 最高管理者是否对企业的合规绩效持续改进；

11. 最高管理者是否对不合规／不合格事项及时采取纠正措施。

3.3.2 管理层的合规职责

一、管理层合规职责的具体内容

管理层应承担的合规职责至少应包括以下内容：

1. 配合和支持合规职能，并鼓励员工共同参与；

2. 确保管理范围内的所有员工都遵守组织的合规方针和程序；

3. 识别运行中的合规风险并进行沟通；

4. 在职责范围内将合规义务融入现有的商业惯例和程序；

5. 参加并协助开展合规培训活动；

6. 培养员工的合规意识，指导他们满足培训和能力要求；

7. 鼓励并支持员工提出合规疑虑，并防止任何形式的报复；

8. 根据要求积极参与合规相关事件和问题的管理、解决过程；

9. 确保一经确定需要采取纠正措施时，适当的纠正措施能够得到推荐并实施。

二、管理层在落实合规职责中的注意事项

1. 合规人人有责，所有管理者都必须在合规管理体系方面发挥作用，不能因最高管理者的职责而忽视或弱化其他各级管理者的合规职责。

2. 除通用的合规职责外，根据企业的性质和规模，管理者的合规职责会根据其级别、权力、影响力和其他因素而有所不同。

3. 需明确设定各级管理者各自的合规职责，并把相关职责纳入其岗位描述。

3.3.3　合规职能团队的合规职责

一、合规职能团队合规职责的具体内容

合规职能团队应与管理层合作，负责合规管理体系的运行，具体职责包括：

1. 向相关人员提供与合规方针、过程和程序有关的资源；

2. 就合规相关事宜向组织提供建议；

3. 促进识别合规义务；

4. 记录对合规风险的评估；

5. 使合规管理体系与合规目标保持一致；

6. 监视和测量合规绩效；

7. 分析和评估合规管理体系的绩效，以决定是否需要采取纠正措施；

8. 建立合规报告和记录制度；

9. 确保按计划的时间间隔对合规管理体系进行评审；

10. 建立提出疑虑及确保疑虑得到解决的机制。

同时，合规职能团队还应负责以下监督工作：

1. 监督已识别的合规义务及其履行职责在整个企业内得到有效分配；

2. 监督合规义务已纳入企业的方针、过程和程序；

3. 监督所有相关人员按要求接受合规培训等。

二、合规职能团队在落实合规职责中的注意事项

在分配合规管理职责时，一方面，企业应保证合规职能团队具备以下素质和能力：

1. 诚信和对合规的承诺；

2. 有效的沟通；

3. 有能力接受建议和指导；

4. 具备设计、实施和维护合规管理体系的相关能力；

5. 具备业务知识和经验；

6. 具备面对挑战的信心；

7. 能够以战略性、积极的方式对待合规；

8. 有足够的时间来满足合规岗位的需求。

另一方面，企业应确保合规职能团队能够：

1. 接触高级决策者，并在早期决策过程中有提出建议的机会；

2. 接触组织的所有层级；

3. 接触所有需要的人员、文件化信息和数据；

4. 就相关法律、法规、规范和组织标准收集专家意见。

在合规管理实践中，企业的合规职能团队应拥有一定的权限、地位和独立性。权限意味着合规职能团队被治理机构和最高管理者授予足够的权力；地位意味着其他人员很可能倾听和尊重其意见；独立性则意味着合规职能团队人员履行其岗位职能时不应存在利益冲突，也尽可能地不参与可能暴露在合规风险之下的活动。

现在，许多中央企业都由专门人员（如合规官或合规专员）负责日常合规管理，有些企业还设立了跨职能的合规管理委员会来协调整个组织的合规工作。

但并非所有企业（尤其是规模不大的企业）都会组建独立的合规职能团队（如合规管理委员会、合规管理部等），有些企业会将此职能分配给现有岗位或外包。当企业考虑把合规职能外包时，不应把全部合规职能分配给第三方，业务合规责任是无法外包的。所以，当企业把部分合规职能外包时，应考虑保持企业对这些职能的职权并对外包过程进行监督。

最后特别强调一点：不能因合规职能团队的具体职责而免除其他人员的合规责任。

3.3.4　员工的合规职责

一、员工合规职责的具体内容

在企业合规管理工作中，包括管理者在内的所有员工应承担以下职责：

1. 坚持履行与其职位和职务有关的组织合规义务；

2. 按照合规管理体系要求参与培训；

3. 使用作为合规管理体系一部分的、可获得的合规资源；

4. 报告合规疑虑、问题和缺陷。

二、员工在落实合规职责中的注意事项

1. 所有人员都应履行合规义务，包括最高管理者和所有管理层人员。

2. 员工应确保了解自己的合规职责并有效地履行这些职责。对此，企业可以通过合规管理体系的要素对其予以支持，如通过培训、方针和程序，以及行为准则对其予以支持。

3. 员工应积极主动地洞察不足与改进，以促进合规管理体系的绩效提升。

4. 在企业工作的非正式员工也应承担企业正式员工的合规职责。

3.4　企业合规管理职责分配实例

3.4.1　SP 公司合规管理职能分配概述

一、SP 公司组织结构图

为方便大家理解 SP 公司的合规管理职能分配，我们先把 SP 公司的组织结构图（见图 3-5）展示给大家。

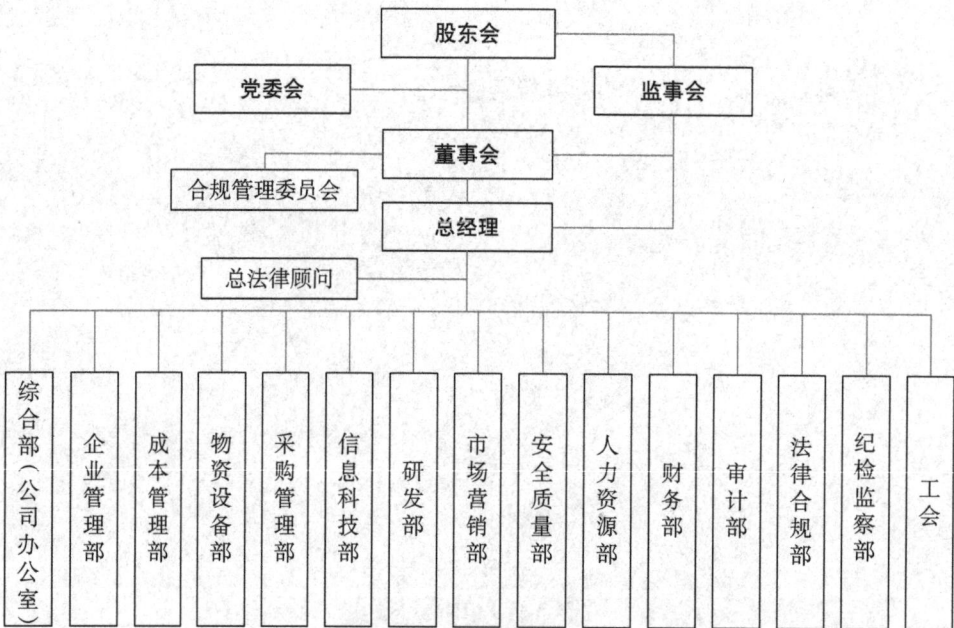

图 3-5　SP 公司组织结构图

二、SP 公司对合规管理职能分配的概述

SP 公司为加强合规管理工作，按照国务院国资委的相关规定，对公司合规管理工作做出如下部署。

1.新成立合规管理委员会，与已有的风险管理委员会合署。

2.新任命首席合规官，由公司总法律顾问兼任。

3.指定法律合规部为公司合规管理牵头部门。

4.合规专项管理部门包括以下部门：企业管理部、人力资源部、财务部、审计部、纪检监察部、安全质量部、成本管理部、物资设备部、综合部和工会。

5.合规管理参与部门包括市场营销部、采购管理部、研发部和信息科技部等。

6.继续保持企业管理部负责风险管理工作，审计部负责内部控制工作。

3.4.2 SP 公司合规管理职责分配具体说明

下面介绍 SP 公司合规管理职责的具体分配情况。

一、董事会（或执行董事）的主要合规管理职责

1.负责审查、监督、评价公司合规管理体系的建设、推进及实施情况。

2.审议并批准合规工作报告。

3.引领合规文化。

4.听取首席合规官的工作报告，决定处理公司重大合规风险事项。

5.公司章程赋予的其他合规管理职能。

二、监事会（或监事）的主要合规管理职责

1.监督董事和高级管理人员履行合规管理职责。

2.监督执行董事的决策及决策流程的合规性。

3.法律法规或公司章程规定的其他合规管理职责。

三、总经理的主要合规管理职责

1.组织拟订合规管理基本制度和合规管理手册。

2.决定合规管理机构、定员、岗位设置方案。

3.制定合规管理具体制度。

4.审核公司年度合规管理报告。

5.组织执行合规管理制度，为首席合规官和合规管理部门履行职责提供充分条件。

6.维护公司合规文化。

7.法律法规或公司章程规定的其他合规管理职责。

四、首席合规官（总法律顾问）的主要合规管理职责

1.领导开展公司合规管理工作，听取合规管理部门工作报告。

2.组织拟订合规管理制度和合规手册。

3.组织撰写公司年度合规管理报告并履行相应审核、批准程序。

4.组织合规风险评估、应对工作，审核重大事项合规审核意见等合规文件。

5.组织或者协调合规检查、合规评价工作。

6.受总经理委托召集、主持合规联席会议。

7.向董事会报告重大违规事项。

8. 培育合规文化。

9. 法律法规或者公司章程规定的其他合规管理职责。

五、法律合规部（合规综合管理部门、合规管理牵头部门）的主要合规管理职责

1. 负责拟定并持续更新公司合规管理制度和合规管理手册，并推动其贯彻落实。

2. 通过合规审核、合规检查、合规风险提示和报告等方式识别、分析、防范和应对合规风险。

3. 负责公司决策会议议题、规章制度、合同、重要经济活动等事项的合规审核工作。

4. 负责合规联席会议日常工作，形成合规联席会议纪要，组织召集合规联络员会议。

5. 通过组织合规培训、宣传等活动培育合规文化。

6. 为公司管理层、合规管理部门和全体员工提供合规咨询和支持。

7. 建立合规信息库。

8. 组织或者参与合规考核工作，协同审计部组织开展内控合规评价相关问题的整改工作。

9. 协助首席合规官组织撰写公司年度合规管理报告。

10. 协助首席合规官组织协调合规检查工作。

11. 协助纪检监察部查处违规行为。

12. 协同人力资源部做好合规管理队伍建设。

13. 指导公司所属单位制定（修订）合规管理制度。

14. 其他合规管理职责。

六、合规专项管理部门的合规管理职责

合规专项管理部门包括以下部门：企业管理部、人力资源部、财务部、审计部、纪检监察部、安全质量部、成本管理部、物资设备部、综合部和工会。其合规管理职责分别如下。

（一）企业管理部的主要合规管理职责

1. 参与制定企业合规管理制度，负责规章制度的立项、评审、定期梳理更新等合规管理工作。

2. 负责全面风险管理、贯标认证、内控体系相关的合规管理工作。

3. 将合规管理纳入企业战略规划。

4. 负责向法律合规部提交合规有关资料，包括但不限于全面风险管理、体系认证、内控等方面的资料。

5.参加合规联席会议。

（二）人力资源部的主要合规管理职责

1.参与制定企业合规管理制度。

2.负责劳动用工领域的合规管理，将合规管理人员纳入人才招聘计划，选聘、培养合规管理队伍。

3.负责合规管理组织体系建设。

4.负责将合规管理培训纳入公司培训计划。

5.运用合规评价结果。

6.负责向法律合规部提交合规有关资料。

7.参加合规联席会议。

（三）财务部的主要合规管理职责

1.参与制定企业合规管理制度。

2.负责将合规考核评价情况纳入对下属各单位的绩效考核。

3.负责公司本部社会捐赠与赞助的合规管理。

4.负责向法律合规部提供合规有关资料（下属各单位绩效考核结果和相关资料，以及违规捐助处理结果和相关资料）。

5.参加合规联席会议。

（四）审计部的主要合规管理职责

1.参与制定企业合规管理制度。

2.负责内控领域的合规管理。

3.负责向法律合规部提供合规有关资料（如内控评价报告及审计发现的违规行为相关资料）。

4.参加合规联席会议。

（五）纪检监察部的主要合规管理职责

1.参与制定企业合规管理制度。

2.负责违规举报受理、调查，对违反政纪行为进行处理，组织合规管理部门查处重大违纪违规行为。

3.负责向法律合规部提供合规有关资料（如违规处理结果等）。

4.协同法律合规部开展合规文化培育工作。

5.参加合规联席会议。

（六）安全质量部的合规管理职责

1.参与制定企业合规管理制度。

2.负责安全、质量、环保及职业健康违规事件的查处。

3.负责向法律合规部提供合规有关资料（如安全生产事故调查、处理结果等）。

4.参加合规联席会议。

（七）成本管理部（分包方管理部）的合规管理职责

1.参与制定企业合规管理制度。

2.负责合格分包方登记注册。

3.负责对公司各项目分包方的尽职调查、分包合同审批、分包廉洁协议签订等分包方合规管理工作。

4.参加合规联席会议。

（八）物资设备部的合规管理职责

1.参与制定企业合规管理制度。

2.负责合格物资设备供应商登记注册。

3.负责对公司各项目物资设备供应商的尽职调查、分供合同审批、分供廉洁协议签订等分供方合规管理工作。

4.参加合规联席会议。

（九）综合部（公司办公室）的合规管理职责

1.参与制定企业合规管理制度。

2.负责公司本部礼品收受、业务招待等专项合规管理工作。

3.向法律合规部提供违反礼品收受、业务招待制度处理资料及其他有关资料。

4.参加合规联席会议。

（十）工会的合规管理职责

1.参与制定企业合规管理制度。

2.负责职工民主管理、员工权益维护相关的合规管理工作。

3.负责将直接涉及劳动者切身利益的规章制度或者重大事项提交公司职工代表大会讨论，提出方案和意见。

4.参加合规联席会议。

七、其他参与合规管理的部门的合规管理职责

除上述部门外，其他皆为参与合规管理的部门，具体包括市场营销部、采购管理部、研发部和信息科技部等。其合规管理职责如下。

1. 贯彻企业合规管理规划，执行合规管理制度，确保本部门全员合规履职。

2. 按照全面风险管理工作要求，组织识别、分析、评价和应对本业务系统涉及的合规风险，向法律合规部提交本部门合规风险管理报告。

3. 负责本部门业务范围内的合规审核工作，管理本部门审批、批准、审核、备案等合规审核事项。

4. 组织本业务系统员工开展合规培训。

5. 组织或者接受合规检查，协助或者配合违规查处。

6. 组织或者监督本业务系统不合规行为的整改。

7. 参加合规联席会议和合规联络员会议，指定或者更换合规联络员，并报法律合规部备案。

8. 按要求提交合规管理相关信息、资料。

第 **4** 章 合规义务识别

合规义务是企业开展各项合规管理工作的基础，企业应将合规义务作为确立、制定、实施、评价、维护和改进其合规管理体系的基础。

4.1 获取合规义务信息

4.1.1 合规义务的来源和分类

分类是一种管理思维。对合规义务分类对企业开展合规管理工作非常重要，可以说，"明确合规义务""建立合规义务分类目录"是企业合规管理工作的起点。合理地对合规义务分类，不仅有利于企业对合规义务溯源，也有利于企业对合规风险进行识别和评估。

一、ISO 对合规义务的分类

在 ISO 37301 中，ISO 把合规义务分成两大类：组织必须遵守的强制性要求和组织自愿选择遵守的要求。它们各自包括的内容如表 4-1 所示。

表 4-1　ISO 37301 对合规义务的分类

组织必须遵守的强制性要求	组织自愿选择遵守的要求
法律法规	与社会团体或非政府组织签订的协议
许可、执照或其他形式的授权	与公共权力机构和客户签订的协议
监管机构发布的命令、条例或指南	组织的要求，如方针和程序
法院判决或行政决定	自愿的原则或规程
条约、公约和协议	自愿性标志或环境承诺
—	与组织签署合同产生的义务
—	相关组织的和产业的标准

在 ISO 19600:2014 中，ISO 把合规义务分成合规要求和合规承诺，前者来自外部，后者来自企业自身。在实践中，因合规要求具有刚性，合规承诺具有选择性，结果导致一些企业重视"外规"，而轻视或忽视"内规"。这显然不是 ISO 的初衷。所以，新版的合规管理体系标准 ISO 37301 完善了"合规义务"的定义，即不管是外部的法律法规，还是内部的规章制度，抑或是企业与客户、合作伙伴签订的合同或协议，一旦确立，它们都是对企业的要求，不再有选择性（除非得到利益相关方的认同），必须被遵从执行。比如，表 4-2 所示的中兴通讯股份有限公司自愿性公告，公告了就必须遵从。

表 4-2　中兴通讯股份有限公司自愿性公告

本公司及董事会全体成员保证信息披露内容的真实、准确和完整，没有虚假记载、误导性陈述或重大遗漏。

（续表）

2016 年 4 月以来，中兴通讯股份有限公司（以下简称"中兴通讯""本公司"或"公司"）吸取过去在出口管制合规方面的教训，高度重视出口管制合规工作，把合规视为公司战略的基石和经营的前提及底线。

中兴通讯成立了总裁直接领导的合规管理委员会；组建了覆盖全球的资深出口管制合规专家团队；引入多家顾问单位提供专业指导，构建和优化中兴通讯出口管制合规管理架构、制度和流程；引入和实施 SAP 贸易合规管控工具（GTS）；组织员工进行合规培训；配合独立合规监察官开展的各项监管工作，并对出口管制合规工作进行持续投入。

美国商务部工业与安全局激活拒绝令，具体内容详见公司于 2018 年 4 月 20 日发布的《关于重大事项进展及继续停牌的公告》。公司已经且正在采取措施以遵守该拒绝令。

本公司积极与相关方沟通以及寻求解决方案。

特此公告。

中兴通讯股份有限公司
董事会
2018 年 4 月 22 日

二、国务院国资委对合规义务的分类

从《中央企业合规管理指引（试行）》中合规的定义可以看出，国务院国资委对合规义务的分类。

第二条　本指引所称合规，是指中央企业及其员工的经营管理行为符合法律法规、监管规定、行业准则和企业章程、规章制度以及国际条约、规则等要求。

国务院国资委对合规义务的分类包括以下五类：

（1）法律法规的要求；

（2）监管规定的要求；

（3）行业准则的要求；

（4）企业章程、规章制度的要求；

（5）国际条约、规则的要求。

与 ISO 对合规义务的描述相比，国务院国资委没有明确指出"法院判决或行政决定"及"企业与相关方签订的合同或协议"这二者也属于合规义务的范畴。

三、risk-doctor 对合规义务的分类

结合 ISO、国务院国资委、国家发改委、银保监会等机构对合规义务的定义和分类，以及企业合规管理实践，risk-doctor 把企业的合规义务按强制性的程度依次分成七类，具

体如图 4-1 所示。

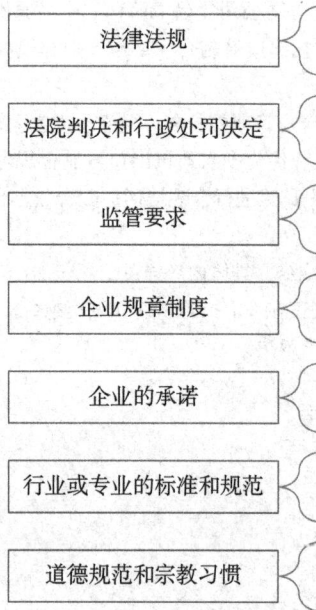

图 4-1　risk-doctor 对合规义务的分类

在实践中，企业可以遵循《中央企业合规管理指引（试行）》的监管要求，结合自己的实际情况对合规义务另行分类。比如，按部门、职能、岗位等来梳理合规义务，以便确定"谁"来履行相应的合规义务。

4.1.2　合规义务信息的获取方式

ISO 对合规义务非常重视，为了帮助企业及时获取合规义务信息，在 ISO 37301 中，ISO 列出了以下八种非常实用的获取方式：

1. 被列入相关监管部门收件人名单；

2. 成为专业团体的会员；

3. 订阅相关信息服务；

4. 参加行业论坛和研讨会；

5. 关注监管部门网站；

6. 与监管机构会面；

7. 与法律顾问交流；

8. 关注合规义务信息来源（如监管机构的公告和法院判决等）。

以上这些方式，在实践中都可以使用。

4.2　合规义务的梳理方法

"规"并不必然成为企业的合规义务，也就是说，并非所有的"规"都与企业相关。因此，企业才需要把"规"和自己的业务联系起来，来甄别和筛选真正属于自己的合规义务。

梳理合规义务的方法有多种，基于实践，这里介绍常用的四种方法：

1. 基于合规义务的来源进行梳理；

2. 基于业务流程进行梳理；

3. 基于组织结构进行梳理；

4. 基于专项合规进行梳理。

下面分别予以介绍。

4.2.1　基于合规义务的来源梳理合规义务

前文讲了合规义务的来源和分类，可以基于此来梳理合规义务，其原理如图4-2所示。把图 4-1 整合入图 4-2，便可得到图 4-3 所示的合规义务梳理模型。

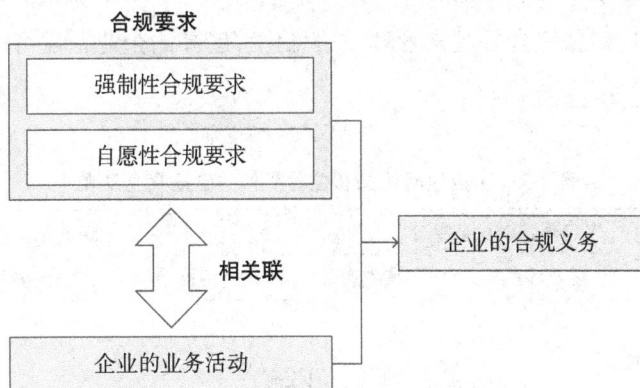

图 4-2　合规义务梳理模型（一）

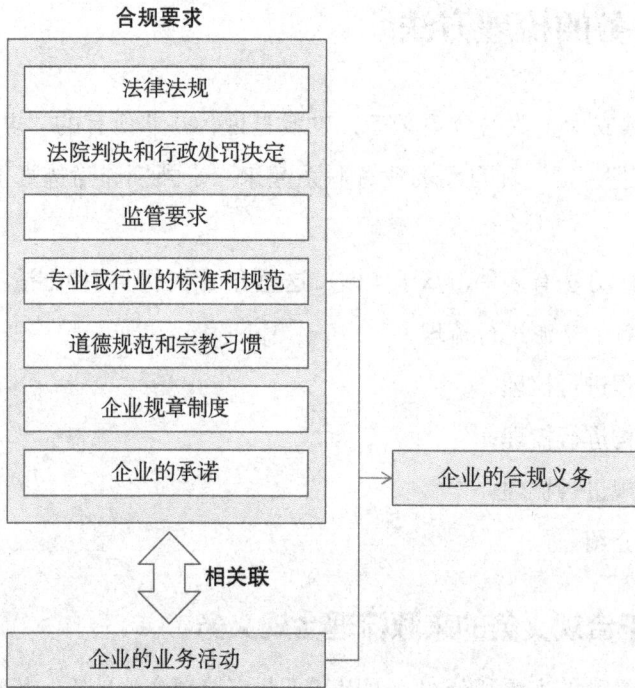

图 4-3　合规义务梳理模型（二）

如果对图 4-3 进行细化，可以用表 4-3、表 4-4 和表 4-5 来描述企业的合规义务。在实践中，企业可以把这三张表合并起来管理；信息化程度高的企业，还可以依此建立更详细的合规义务库。

表 4-3　来自政府机关和监管机构的合规义务清单

序号	来自外部的合规要求			企业的业务活动		
	文件	生效日期	具体条款	业务名称	业务行为	是否遵从
1	国务院国资委《关于做好 2022 年中央企业内部控制体系建设与监督工作有关事项的通知》	2022 年 1 月 1 日	加强对子企业内控有效性的监督评价，在 2022 年年底前完成第一轮集团监督评价"三年全覆盖"	内部控制体系建设与监督	年度内控评价	是
2						
3						
……						

表 4-4　来自客户和合作伙伴的合规义务清单

序号	来自外部合同或协议的合规要求			企业的业务活动		
	文件	生效日期	具体条款	业务名称	业务行为	是否遵从
1	合规管理体系建设培训服务合同	2022 年 2 月 7 日	a）为保证培训质量，课前需进行培训需求调研 b）（略） c）（略）	合规管理体系建设培训	课前调研	是
2						
3						
……						

表 4-5　来自企业内部的合规义务清单

序号	企业内部的规章制度			企业的业务活动		
	文件	生效日期	具体条款	业务名称	业务行为	是否遵从
1	公司章程	2016 年 3 月 1 日	（略）	董事会议事规则	召开会议	是
2	客户服务管理制度	2018 年 4 月 1 日	（略）	客户投诉管理	受理投诉	是
3	员工守则	2020 年 8 月 1 日	（略）	产品销售	邀请客户考察	是
……						

4.2.2　基于业务流程梳理合规义务

不同企业有不同的合规义务。对于一个短视频平台及其所属企业来说，它至少必须遵守以下要求：在法律方面，遵守《中华人民共和国网络安全法》；在行政法规方面，遵守《中华人民共和国电信条例》《信息网络传播权保护条例》《互联网信息服务管理办法》；在部门规章方面，遵守《互联网视听节目服务管理规定》《互联网新闻信息服务管理规定》《互联网直播服务管理规定》《电信和互联网用户个人信息保护规定》等。对于一家房地产企业而言，虽然也需要遵循这些法律法规，但因为其主营业务是房地产，所以可能就不会花太多时间在这些法律法规上面。

基于业务流程梳理合规义务，首先要梳理企业的各项业务及其流程，如研发流程、销售流程、投资流程、人力资源管理流程、财务管理流程、税务管理流程等，然后根据业务类别和业务活动去梳理它们各自所应遵守的主要法律法规、监管规定、国际规则等，进而形成企业的合规义务清单，具体如表 4-6 所示。例如，在营销环节，企业要遵守《中华人民共和国反不正当竞争法》规定的禁止混淆概念、不得实施商业贿赂、禁止虚假宣传等，以及遵守《中华人民共和国广告法》规定的不得使用"国家级""最高级""最佳"等用语，不得发布虚假广告等，还要遵守《中华人民共和国价格法》规定的不得有不正当价格行为等。

表 4-6　基于业务流程的合规义务识别清单

业务流程	法律法规	具体要求	合规义务识别
营销流程	《中华人民共和国反不正当竞争法》	不得实施商业贿赂	√
		禁止虚假宣传	√
		……	
	《中华人民共和国广告法》	……	
	……		
投资流程			
财务管理流程			
税务管理流程			
……			

表 4-6 属于合规义务清单的汇总统计表。在实践中，该表还需要细化，需要其他底稿做支撑。

4.2.3　基于组织结构梳理合规义务

企业的组织结构可以概括为三个层级：岗位层面、部门层面和企业层面。基于这种金字塔式的管理结构，我们可以通过梳理岗位的合规义务来建立部门或企业的合规义务清单。

一、基于岗位梳理合规义务

岗位合规义务清单如表 4-7 所示，该清单用于指导具体岗位员工进行合规操作，一般与《作业指导书》配合使用，或集成于《作业指导书》中。这里的《作业指导书》对应制度体系的第三层文件，也称《标准作业程序》或《标准操作程序》，其英文是 SOP（Standard Operating Procedure）。

表 4-7 岗位合规义务清单

部门名称：　　　　　　　　　　　　　　　　　　　　　制表人：
岗位名称：　　　　　　　　　　　　　　　　　　　制表时间：　　年　月　日

序号	岗位职责	合规义务描述	在岗人员姓名	员工号	到岗时间	岗位合规培训	对应的业务流程	备注
1	职责 1							
2	职责 2							
3	职责 3							
......	......							

注：本表适用于一岗一责或一岗多责。

二、基于部门梳理合规义务

基于部门梳理合规义务，是对基于岗位梳理合规义务的汇总和综合。要基于部门梳理合规义务，必须先把部门内的各个岗位梳理清楚，然后依据岗位职责和合规义务进行梳理；也可以把两项工作合二为一。部门岗位合规义务清单如表 4-8 所示。

表 4-8 部门岗位合规义务清单

部门名称：　　　　　　　　　　　　　　　　　　　制表时间：　　年　月　日

序号	编号	岗位名称	岗位职责	合规义务	业务流程名称	在岗人员姓名	到岗时间	岗位合规培训	备注
1									
2									
3									
......									

表 4-8 的填写说明如下。

1.序号列，填写流水号，用于统计部门的岗位数量和合规义务数量。

2.编号列，用于计算机信息系统编号。该编号有一定的规则，可与岗位职责对应，也可通过与信息办公自动化（OA）系统或人力资源（HR）系统互联，实现与员工号、在岗人员姓名关联。

3.岗位名称列，填写岗位名称，该名称与 HR 管理信息系统中的名称一致。

4.岗位职责列，填写指定岗位的具体职责，一项职责为一条记录（一行）。岗位职责与岗位名称对应，一个岗位名称可对应多个岗位职责。

5.合规义务列，填写岗位职责对应的合规义务，应与外部法律法规、监管要求相对应。

6. 业务流程名称列，填写该岗位职责所在的业务流程名称，一般对应三级流程或四级流程。

7. 到岗时间列，填写该岗位员工的具体到岗日期。

8. 岗位合规培训列，填写该员工到该岗位是否已接受并通过该岗位的合规培训。

9. 备注列，填写其他需要说明的事项。

如果企业信息化程度不高，在合规管理初级阶段，可以对表 4-8 进行简化，重点关注合规要求，具体如表 4-9 所示。

表 4-9　部门合规义务识别工作表

部门名称：　　　　　　　　　　　　　　　　　　　　　　　　部门负责人：

填报人：　　　　　　　　　　　　　　　　　　　　　　　填报日期：　　年　月　日

编号	合规要求	对企业的影响	是否遵循	应对建议
G-01	（略）	（略）	是	增加
G-02	（略）	（略）	是	调整
G-03	（略）	（略）	否	删除
G-04	（略）	（略）	是	保持
……				

三、建立企业级合规义务库

基于表 4-9，可以建立企业关键岗位或所有岗位的合规义务清单，具体如表 4-10 所示。具体操作为各部门填报表 4-9 后由法律合规部汇总。如果企业已着手建立合规管理信息系统，那么可以把合规义务清单升级为合规义务库。

在建立企业合规义务库时，企业各项合规义务应该对应相关的业务流程和具体岗位，最后与具体的员工对应，**确保各项合规义务在各项业务活动过程中都有人承担和履行**，或者说**每位员工应该知道其所在岗位应该承担和履行什么合规义务**。

表 4-10　企业关键岗位合规义务清单

序号	编号	岗位职责	合规义务	岗位名称	部门名称	业务流程名称	备注
1							
2							
3							
……							

4.2.4　基于专项合规梳理合规义务

从专项合规入手梳理合规义务，适用于建立小合规体系或专项合规管理体系的企业，或者先通过专项合规积累经验的企业。专项合规通常是指反贿赂、反腐败、反洗钱、反垄断、反不正当竞争，数据与网络安全、环境保护、知识产权保护、劳动用工等单一领域的合规。这些单一领域的合规要求和合规承诺作用于企业的业务和管理，就形成企业需要承担的某一领域的专项合规义务。基于专项合规梳理合规义务的模型如表 4-11 所示。

表 4-11　基于专项合规梳理合规义务的模型

活动类别	活动	反贿赂	反舞弊	反不正当竞争	反垄断	知识产权保护	环境保护	安全生产	数据保护	……
资产类业务	市场									
	研发									
	采购									
	生产									
	销售									
	物流									
	客服									
	……									
资本类业务	投资									
	融资									
	并购									
	重组									
	……									
支撑	HR									
	财务									
	行政									
	……									
监督	审计									
	……									

下面对表 4-11 进行简单说明。

1. 表头对应的各个专项合规，可随企业实际需要进行增减。

2. 第一列填写企业的主要业务活动类别。在实际操作中，可以只分成三大类：业务、支撑和监督。其原理大致遵循合规管理的"三道防线"。表中的资产类业务适合普通的实业类企业，资本类业务适合投融资类企业。

3. 第二列是企业具体的各项活动，包括前、中、后台及"三道防线"的各项活动。在实践中，可以再增加一列，对第二列各项活动进行细化。比如，采购可以细分为采购申请、采购申请审批、采购招投标、采购合同和采购验收等。

4. 表中空白的地方，填写对应的合规义务。

4.2.5 梳理合规义务的注意事项

一、合规要求和合规承诺不是一成不变的

外部要求和内部需求处于不断变化之中，因此，企业需要时刻关注并将新的要求或新的承诺纳入企业的合规义务范围。在实践中，企业应依据内外部环境的变化，不断更新和维护合规义务清单或合规义务库。

二、合规承诺与合规风险成正相关关系

合规义务里包含合规承诺。合规承诺越多，需要遵守的要求就越多，合规风险自然就越多。所以，不是合规承诺越多越好，当然也不是越少越好；适于企业健康发展、基业长青的合规承诺才是最好的。

三、需要建立合规义务的识别流程和更新流程

在 ISO 37301 中，ISO 明确指出：在建立合规管理体系时，组织应全面系统地识别其活动、产品和服务所产生的合规义务，并评估其对组织运行所产生的影响。为保证持续合规，ISO 37301 要求组织至少应建立两个流程：

1. 合规义务识别流程，用于识别新增及变更的合规要求和合规义务；

2. 合规义务评估流程，用于评估已识别的或变更的义务所产生的影响，并对合规义务管理进行必要的调整。

为了让这两个流程显性化，ISO 37301 还要求组织应保留其合规义务相关的文件化信息，以便维护、更新、评审。

四、优先识别最重要的合规义务

因为合规要求数量繁多，且不断变化，所以在实践中很难一次性地识别企业应遵守的全部合规要求。即便耗费大量人力、物力将合规要求识别得相对齐全了，可能也很难消化和应对。所以，对合规要求、合规义务的梳理和识别，需要关注企业当下的业务和管理状况。在实践中，可以先建立通用的或某行业的合规要求和合规义务库，或者购买行业合规义务库，然后针对企业自己的某项具体业务来梳理合规义务。这样做可以提高企业梳理合

规义务的效率，也能提高企业合规的针对性。

最重要的合规义务通常与组织最重要的业务密切相关。在资源有限的情况下，企业可采取基于风险的方法，首先识别风险高的业务领域和业务活动，然后关注其他所有活动。在实践中，企业可以建立并维护一个单独的文件（如重要合规义务清单），该文件的内容包括但不限于：

1. 合规义务的名称和具体内容；

2. 合规义务的影响；

3. 与合规义务相关的风险评估（见下一章的内容）；

4. 与合规义务相关的控制措施等。

对中小企业而言，可能没条件设立法务部、审计部，也没有法务、内控、内部审计等专业岗位，此时，企业可以优先关注与所在行业、商业模式、业务类型及运营模式密切相关的法律法规，特别是行业监管规定，把它们作为合规义务来源的重点对象。

4.3 建立动态的合规义务维护更新机制

4.3.1 合规义务的维护和报告

一、合规义务的动态维护管理

企业处在一个变化的环境中，合规要求和合规承诺都会随着企业内外部情况的变化而改变，所以企业需要建立一个针对合规义务的动态识别和报告机制。为了建立动态的合规义务识别和报告机制，企业可以建立合规义务动态维护管理流程和合规义务持续识别维护表，以便及时跟踪法律法规、监管要求及其他合规要求的出台和变更，及时识别和更新合规义务。合规义务动态维护管理流程如图 4-4 所示。

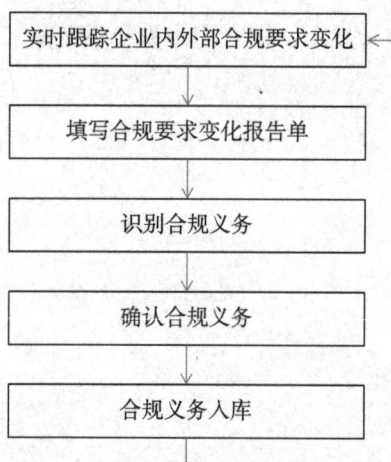

图 4-4 合规义务动态维护管理流程

二、合规义务识别与报告

当国家新颁布（包括修订）一项法律法规时，企业是否能够及时跟进？是否有指定部门或人员去识别相关法律法规的具体要求会不会对企业的业务造成影响？识别工作由相应的业务部门承担，还是由法律合规部门承担？该识别哪些内容？要回答这些问题，并在企业内部按部就班地执行，就需要企业建立一个机制来保障。表 4-12 可以用来解决这些问题。

表 4-12　合规义务动态识别报告单

报告人：　　　　　　　　　　　　　　　　报告时间：　　年　月　日
所在部门：法律合规部　　　　　　　　　　部门负责人：

新法律法规名称	《中华人民共和国噪声污染防治法》
开始实施日期	2022 年 6 月 5 日
原法律法规名称（如果有）	《中华人民共和国环境噪声污染防治法》
与公司业务相关的条款	1. 2. 3. 4.
影响公司哪些业务	一、既有业务： 1. 2. 3. 二、拟开发的业务： 1. 2.
可能的合规义务 （与业务对应）	1. 2. 3. 4.
应对措施建议 （与合规义务对应）	1. 2. 3. 4.
其他说明	

表 4-11 可以帮助企业实现合规义务的动态跟踪。除法律法规变更或新增外，企业的业务、规章制度、部门职责等也会发生变化，企业与客户签订的商业合同也可能在执行过程中发生变化，不管哪一种影响合规要求的因素发生变化，企业的合规义务都有可能随之改变。读者朋友可以参照表 4-11 设计其他合规义务的动态识别报告单。

只有在岗位层面、部门层面建立了动态的合规义务识别和报告机制，才能在公司层面动态地跟踪企业合规义务的变化情况。

三、合规义务识别与报告的周期

对合规义务的识别和报告，从静态到动态是一个进步。但动态识别和报告的频率是多少？一年一次，还是一月一次？在实践中，企业可以按季度、按月、按周、按天，抑或实时识别和报告合规义务，这取决于企业的管理需求和管理能力。当然，企业还得有相应的机制做保障。动态的合规义务识别和报告与企业管理的精细化程度和能力密切相关。要想实现实时识别和报告，需要有专业的人员和技术手段。

4.3.2 合规义务的评审和更新

一、定期评审合规义务及其清单

合规要求不是一成不变的，所以企业的合规义务也不是一成不变的。这种改变主要来自两个方面：一是外部要求的变化，二是内部要求或承诺的变化。为实现持续合规，企业需要及时掌握这些内外部的变化，及时评审、调整、更新自己的合规义务和合规承诺。对合规义务的评审可以分期、分专项进行，比如，定期（每月）单独评审来自法律法规的合规义务。这样可以提高合规义务识别的针对性和准确性，为企业有效合规打下基础。专项合规义务评审可利用表4-13来操作。

表4-13 法律法规合规义务评审表

序号	法律法规名称	登录日期	法规具体内容	企业相应的制度	相关的环境因素及运行证据	符合情况

制表人：　　　　　　　　　审核人：　　　　　　　　　批准人：

制表日期：　　　　　　　　审核日期：　　　　　　　　批准日期：

二、建立稳定的信息沟通渠道

合规义务维护的重点是建立获取各项合规要求的信息沟通渠道。关于信息沟通渠道，前面已经介绍过，因为重要且实用，所以这里重复一遍。相关信息沟通渠道包括：

1.确保自己在相关监管机构的收件人名单中；

2.确保自己是专业团体的会员；

3.订阅相关信息服务；

4.参加行业论坛和研讨会；

5.关注监管部门网站；

6.与监管机构会面；

7.与法律顾问交流；

8.关注合规义务信息来源（如监管机构的公告和法院判决等）。

需要特别强调的是：不仅要重视对这些渠道的建立，更要重视对这些渠道的维护。保持稳定的信息沟通渠道，有利于提高信息获取的稳定性和及时性。

第**5**章 合规风险识别与评估

前一章讲了合规义务的识别和梳理,本章将介绍与合规风险识别、合规风险评估相关的内容。

企业识别完自己应尽的合规义务后,接下来要看对已识别的合规义务的履行情况。已识别的合规义务是不是都被完美履行了?在制度、流程、人员等方面是否存在不确定性?有没有导致不合规(或违规)的潜在情形?如果存在,相关情形发生的可能性有多大?对企业将会造成哪些影响?影响程度如何?要回答这些问题,就需要对相应的合规风险进行识别与评估。

5.1 合规风险评估概述

5.1.1 不同机构对风险评估的要求

一、合规风险管理目标

风险是不确定性对目标的影响。要评估合规风险，就得先确定合规目标。

在实践中，合规目标可通过合规培训参与率、合规承诺签署率、违规案件发生次数等指标来反映。不同的目标对应不同的风险。那么，是否把合规目标定低一点儿，对应的合规风险就变小了呢？

显然不是这样的。合规风险不同于经营风险，如销售收入风险（企业达成收入目标的不确定性），当我们把销售收入目标下调时，达成目标的可能性会增大，不确定性会减小。但合规是底线，这个底线，有的甚至是法律法规和行政监管要求，你能低过底线吗？显然是不可以的。

正因为如此，ISO 37301才忽略风险的二重性，把合规风险定义为负面影响，即纯风险。国务院国资委在《中央企业合规管理指引（试行）》里也是这样定义的，详见第1章的说明。

所以，企业在设定合规目标时，目标只能高于或等于底线，而绝对不能低于底线。商业合同、环境保护承诺等也是一样的，守约和兑现承诺就是底线。

基于上述认识，risk-doctor对企业合规管理的目标做如下界定。

> 初级目标是合规，不逾矩，诚信合规经营。
>
> 高级目标是主动合规，通过主动合规打造良好的企业形象，获得市场认可，促进市场营销，促进企业发展。

合规风险评估的本质就是将企业能够接受的合规风险水平与合规方针中设定的合规风险水平进行比较。

二、ISO 37301对合规风险评估的要求

在ISO 37301的第4.6节，ISO对合规风险评估做了具体说明。

> 4.6 合规风险评估
>
> 组织应基于合规风险评估，识别、分析和评价其合规风险。

組織应将其合规义务与其活动、产品、服务以及运行的相关方面联系起来，以识别合规风险。

組織应评估与外包的和第三方的过程相关的合规风险。

組織应定期评估合规风险，并在情形或组织所处的环境发生重大变化时进行再评估。

組織应保留有关合规风险评估和应对合规风险措施的文件化信息。

三、《中央企业合规管理指引（试行）》对合规风险评估的要求

在《中央企业合规管理指引（试行）》里，国务院国资委把风险评估称为"风险识别"，但其含义是 ISO 合规风险评估的内容。

第十八条　建立合规风险识别预警机制，全面系统梳理经营管理活动中存在的合规风险，对风险发生的可能性、影响程度、潜在后果等进行系统分析，对于典型性、普遍性和可能产生较严重后果的风险及时发布预警。

除了在第十八条提出建立合规风险识别预警机制外，国务院国资委还对合规管理牵头部门、业务部门在风险评估方面提出了具体要求：合规管理牵头部门要**组织开展合规风险识别和预警**，业务部门要**主动开展合规风险识别和隐患排查，发布合规预警**。

5.1.2　合规风险评估过程概述

一、合规管理需要对合规风险进行评估

合规风险并不直接来自法律法规或规章制度，而是来自合规义务的不确定性，以及履行合规义务的不确定性，尤其是后者。企业开展合规管理，如果不了解企业的合规现状，就会无的放矢、无从下手。要了解企业的合规现状，一项很重要的工作就是识别和评估企业面临的合规风险。定期和不定期地开展合规风险评估，有利于企业识别原有的和新出现的各种合规风险。企业根据合规风险评估的结果，可以为那些发生概率高、破坏性大的风险领域分配更多的合规资源，以加强和完善现有的防控措施，为企业健康可持续发展提供保护。

二、合规风险评估的基本过程

ISO 31000:2018 把风险评估分为风险识别、风险分析和风险评价三个阶段，并定义风

险评估为风险识别、风险分析和风险评价的全过程。ISO 37301 沿用该定义，把合规风险评估分为识别合规风险、分析合规风险及评价合规风险三个基本阶段，具体如图 5-1 所示。

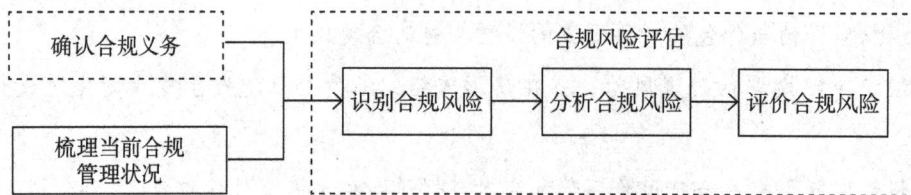

图 5-1　合规风险评估的三个阶段

　　在实践中，很多企业都使风险识别独立于风险评估。本书遵循实践习惯，也不特别强调风险评估与风险识别的包含关系。

5.2 合规风险识别

5.2.1 合规风险识别的过程和方法

一、合规风险识别概述

合规是指行为与规范一致。"行为"对"规"的偏离将可能形成合规风险。所以,识别合规风险,就是要梳理"行为"与"规"不一致的点。

识别合规风险就是为了管理那些当前的和潜在的不合规行为。在实践中,可以把不合规行为定义为:

1. 可能遭受法律制裁的行为;

2. 可能遭受监管机关处罚的行为;

3. 企业成文制度明确禁止或者严格限制的行为;

4. 可能给企业造成经济损失的行为;

5. 可能给企业声誉带来负面影响的行为。

只有当个人的行为可能对企业产生影响时,该行为才被纳入合规风险管理,如公车私用、在招投标时围标等;否则就不属于合规风险管理应该管理的行为。例如,在假日,个人驾驶私家车不慎,构成交通肇事罪而遭受国家法律制裁,该行为就不应纳入企业合规风险管理。

合规风险识别包括合规风险源的识别和合规风险情况的界定。企业应根据部门职责、岗位职责和不同类型的组织活动(包括业务活动),识别各部门、职能和不同类型的组织活动中的合规风险源。

二、合规风险识别的基本过程

合规风险识别的过程如图 5-2 所示。图 5-2 的左侧虚线框是合规风险识别的输入内容,右侧实线框是合规风险识别的工作内容和工作过程。相关内容详见《企业风控体系建设全流程操作指南》一书的第 5 章。

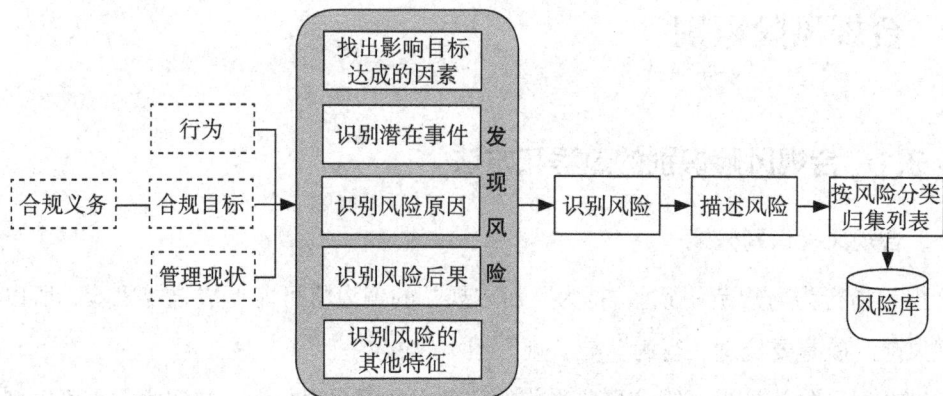

图 5-2　合规风险识别的过程

识别合规风险是开展合规风险评估的基础，也是合规管理的前提。合规风险是不确定性对合规目标的影响。合规目标是企业的经营管理目标之一，合规目标达不成，将直接影响企业的经营管理目标。所以，不能未识别和评估合规风险，就开展合规管理（或合规应对）。

识别合规风险，必须先识别合规义务。合规义务构成了企业的合规目标。合规义务就像一把尺子，一把衡量企业经营管理行为正确性的尺子。有了尺子，才能测量出企业行为过程中可能出现的合规风险。

三、识别合规风险的方法

识别合规风险的方法有很多种，识别其他风险的方法皆可用于识别合规风险，比如，基于过往案例识别合规风险、基于专家经验识别合规风险、基于头脑风暴或问卷调查识别合规风险等。例如，某集团法律合规部通过对过去五年间发生的诉讼案例进行整理，识别出集团可能面临的法律诉讼的风险。

这些方法是具体的识别方法。企业在识别合规风险时，首先需要确定是自上而下识别，还是自下而上识别。所谓自上而下识别，就是合规管理牵头部门先搭建好合规风险分类框架，或者建立好合规风险目录，然后层层分解，由基层员工填报。所谓自下而上识别，则是由各部门员工先识别各个具体的合规风险，然后汇总到部门，再汇总到法律合规部，由法律合规部梳理这些合规风险，最后形成企业的合规风险目录和合规风险清单。

四、用问卷调查法识别合规风险的示例

SP 公司每年都会用问卷调查法对关键岗位的员工进行合规风险识别，问卷内容如表 5-1 所示。

表 5-1　用问卷调查法识别合规风险

SP 公司年度员工合规风险调查问卷

一、最近一年内，您接受公司供应商的礼品和宴请的情况。如有，请分别列示。

1.

2.

3.

二、最近一年内，您接受的最昂贵的纪念品。

1. 纪念品名称：

2. 纪念品价格：

3. 赠送方：

三、最近一年内，您因公提供的礼品和进行的宴请的情况。如有，请分别列示。

1.

2.

3.

四、最近一年内，您因公提供过的最昂贵的纪念品及赠予对象的情况。如有，请分别列示。

1. 纪念品名称：

2. 纪念品价格：

3. 受赠方：

五、最近一年内，您或您所在的公司（或项目）向客户进行现金支付的情况。如有，请分别列示。

1.

2.

3.

六、最近一年内，公司供应商（和服务商）向您或您所在的公司（或项目）进行现金支付的情况。如有，请分别列示。

1.

2.

3.

七、您认为目前您所在的公司（或项目）最严重的合规风险是什么？

八、您认为您所在的公司（或项目）开展诚信合规面临的三大困难是什么？

1.

2.

3.

九、您认为通过何种举措可以加强您所在的公司（或项目）的合规文化？

1.

2.

3.

十、您是否有其他需要说明的内容？如有，请说明。

1.

2.

3.

问卷填写人：

问卷填写人所在部门（或项目）：

填写日期：　　年　月　日

五、提升识别合规风险的能力

风险识别是风险评估的第一道程序，企业只能对已识别的风险进行评估。如果不能识别风险，那么风险就会隐藏在某个角落给你惊吓。所以，提升风险识别能力是非常重要的基本要求。

识别合规风险需要具备以下三方面的能力。

一是熟悉合规义务，即熟悉法律法规及企业所签合同和所做承诺。

二是熟悉企业经营管理行为，即熟悉企业发展战略、业务流程、规章制度和岗位职责。

三是熟悉企业合规管理现状。

例如，如果企业合规师对企业发生的诉讼案件产生的管理和经营原因不熟悉，那么很可能会误判企业的法律诉讼风险点。

5.2.2 识别合规风险，并建立合规风险清单

通过上述流程和方法，企业可以着手识别合规风险，并建立合规风险清单或合规风险库。

无论是建立合规风险清单，还是建立合规风险库，都需要有"已识别的合规风险"。下面先介绍如何识别固有合规风险。

一、基于岗位识别固有合规风险

合规风险与行为密切相关，行为由人员产生，人员对应岗位，所以识别合规风险可以从岗位入手。表5-2用于识别某岗位的固有合规风险，由此可以得到各个岗位的风险清单。

表 5-2 某岗位固有合规风险识别表

部门名称：　　　　　　　　　　　　　　　　　　　　　　　　岗位名称：
在岗人员姓名：　　　　　　　　　　　　　　　　　　　　　　到岗时间：　年　月　日

序号	业务或职能事项	合规义务	合规风险名称	合规风险描述	潜在风险事件	合规风险诱因
1	行为1					
2	行为2					
3	行为3					
……	……					

注：表中第二列的"业务或职能事项"对应相关行为，建议用主谓词组或动宾词组描述，如采购申请、采购审批、货物验收等，而不能笼统地用采购、采购业务或采购活动。

二、建立合规风险清单

基于一份份岗位合规风险识别表，企业可以着手建立合规风险清单。

合规风险清单是个笼统的概念，在实践中会有各种各样的合规风险清单，如岗位合规风险清单、部门合规风险清单、企业合规风险清单，以及专项合规风险清单（如知识产权合规风险清单、数据保护合规风险清单等）。所以，在实践中，提到合规风险清单时，应指明是什么合规风险清单。不同的清单结构反映不同的合规风险识别方式及管理方法。

与合规风险清单相关的合规风险目录和合规风险分类概念，类似上一章合规义务的目录和分类，此处不赘述。

三、企业级的合规风险清单示例

企业层面的合规风险清单也多种多样，它体现了企业对合规风险的管理方式，即从哪个维度去管理。这里介绍一种基于法律法规的合规风险识别框架（或分类框架），具体如表 5-3 所示。

表 5-3　某企业基于法律法规的合规风险识别框架

经营活动	引发原因				
	违规行为	违约行为	食言行为	不当行为	……
经营活动 1					
经营活动 2					
经营活动 3					
……					

表 5-3 属于分类统计表。违规行为可细分为侵权行为、侵犯个人隐私行为、破坏环境行为等，违约行为可细分为违反劳动合同行为、违反商业合同行为等，食言行为包括不兑现承诺等。企业在识别合规风险时，应先识别单个的合规风险，再统计到违反商业合同行为的合规风险中，之后汇总到违规行为的合规风险里。

四、建立动态的合规风险识别机制

识别合规风险，还要注意对合规义务的维护。因为在现实中，合规要求和合规承诺不是一成不变的，需要企业时刻关注并将新的合规要求和承诺纳入合规义务清单。为此，企业应制定适当的流程来识别源于新的和变更的法律法规的合规义务，以及其他的合规义务，以确保企业持续合规。

企业应定期识别合规风险源，并界定每个合规风险源对应的合规风险情况，形成新的合规风险源清单和合规风险清单。

5.2.3　对商业贿赂合规风险的识别

识别固有合规风险的方法有很多种，这里介绍一种从法律法规入手的方法。具体步骤为：

第一步，识别与商业贿赂相关的法律法规，找出最关键的既不法规；

第二步，识别法律法规中的关键条款，进行解析、标注；

第三步，对相应合规风险进行分类；

第四步，找出各个合规风险的诱因或导致该合规风险的相关行为。

一、识别与商业贿赂相关的法律法规

与商业贿赂相关的法律法规有很多，需要企业合规人员在资源有限的情况下，利用二八定律抓住比较重要的法规，如《中华人民共和国反不正当竞争法》等。经梳理，可以得到表 5-4 所示的内容。

表 5-4　与商业贿赂相关的主要法律法规

序号	法律法规名称	重要程度
1	《中华人民共和国反不正当竞争法》	*****
2	《中华人民共和国刑法》	***
3	《关于禁止商业贿赂行为的暂行规定》	****
4	《中华人民共和国行政处罚法》	***
5	《中华人民共和国政府采购法》	**
6	《国务院关于在对外公务活动中赠送和接受礼品的规定》	****
7	《治理产权交易中商业贿赂工作实施方案》	**
8	《关于办理商业贿赂刑事案件适用法律若干问题的意见》	****
9	《最高人民检察院关于人民检察院直接受理立案侦查案件立案标准的规定（试行）》	****

注：1. 除上述法律法规外，还有不少法律法规与商业贿赂有关。

　　2. 表中的"重要程度"不是指某个法律法规的重要程度，而是指在 SP 公司看来，哪个法律法规更需要关注；五星表示最需要关注。

二、识别各法律法规的具体条款

在实际工作中，对法律法规仅仅梳理到表 5-4 这种程度是远远不够的，至少要梳理到具体条款。比如，在梳理《中华人民共和国刑法》（以下简称《刑法》）时，企业可以针对商业贿赂细化到罪名和对应的条款，具体如表 5-5 所示。

表 5-5　商业贿赂刑事案件的具体罪名

编号	罪名	对应条款
1	非国家工作人员受贿罪	《刑法》第一百六十三条
2	对非国家工作人员行贿罪	《刑法》第一百六十四条
3	受贿罪	《刑法》第三百八十五条
4	单位受贿罪	《刑法》第三百八十七条
5	行贿罪	《刑法》第三百八十九条
6	对单位行贿罪	《刑法》第三百九十一条
7	介绍贿赂罪	《刑法》第三百九十二条
8	单位行贿罪	《刑法》第三百九十三条
9	利用影响力受贿罪	《刑法》第三百八十八条
10	对外国公职人员或者国际公共组织官员行贿罪	《刑法》第一百六十四条

注：表中的序号或编号不仅仅是顺序号，在合规管理信息系统里，它们将对应唯一的编码。

三、对商业贿赂合规风险进行分类

对商业贿赂合规风险进行分类，具体如表 5-6 所示。

表 5-6　商业贿赂合规风险的种类

序号	商业贿赂合规风险类别	重要程度
1	第三方商业贿赂风险	很高
2	礼品与招待商业贿赂风险	很高
3	旅游与考察商业贿赂风险	很高
4	捐赠与赞助商业贿赂风险	较高
5	工程建设招投标商业贿赂风险	中
6	招聘商业贿赂风险	低
7	采购商业贿赂风险	较高
8	……	……

四、梳理第三方商业贿赂风险的风险行为

下面以第三方商业贿赂风险为例来梳理其风险行为，具体如表 5-7 所示。

表 5-7　第三方商业贿赂风险的风险行为示例

序号	具体风险行为示例	重要程度
1	通过代理人、顾问和当地合作伙伴等第三方中间人直接向政府官员等行贿	较高
2	通过代理人、顾问和当地合作伙伴等第三方中间人以订立虚假合同、折扣、虚高报酬等方式向政府官员等人变相提供不正当有价物	较高

（续表）

序号	具体风险行为示例	重要程度
3	向与政府官员等人有私交、亲密关系的第三方提供不正当有价物	中
4	在公司应当知情却不知情的情况下，其第三方顾问向政府官员行贿	低
5	企业应政府官员的要求或暗示，聘用某家第三方	较低
6	第三方顾问协议仅包含描述比较模糊的服务，没有具体服务内容（这可能被用来掩盖顾问服务的真相）	低

以上是对企业商业贿赂合规风险识别的整体过程，该过程充分展示了"熟悉法律法规"是一种能力，也是企业"外规内化"的前提。

5.3　合规风险评估过程分解

5.3.1　合规风险分析

一、合规风险分析概述

评估合规风险是指在识别合规风险的基础上，对合规风险进行分析与评价。合规风险评估包括合规风险分析和合规风险评价两个过程，具体如图 5-3 所示。

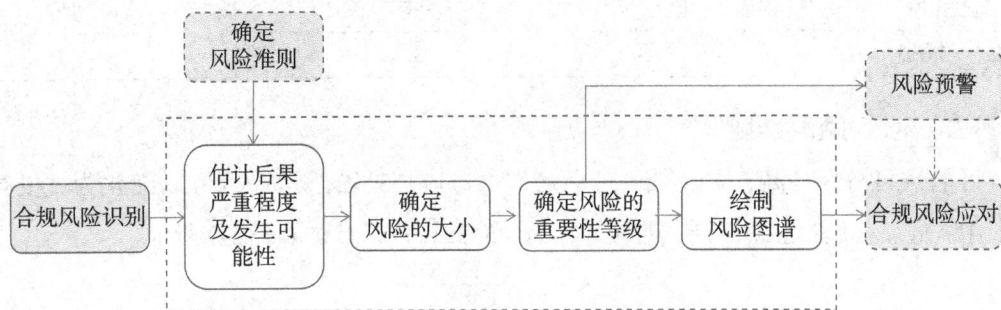

图 5-3　合规风险评估的基本过程

进行合规风险分析的目的是增进企业对合规风险的了解，为合规风险评价和应对提供支持。合规风险分析是在合规风险识别的基础上，考虑不合规行为发生的原因、后果及可能性等因素，最后形成合规风险清单和合规风险排序。

对合规风险的分析，主要包括以下内容。

1. 对合规风险的进一步描述。

2. 该风险发生后在哪些方面及以怎样的方式给企业造成影响？

3. 该风险对既定目标将产生哪些影响？

4. 不同影响的程度如何？

5. 导致该风险发生的真正原因是什么？

6. 该风险可能在什么情况下以什么方式发生？

7. 该风险发生的可能性有多大？

二、合规风险的定性分析

合规风险分析需要标准和依据，我们把它称为"风险准则"。确定一个风险的大小，往往是看其后果的影响程度及其发生的可能性，与之对应的是"后果准则"和"可能性准则"。

风险准则是合规风险评估的关键依据。对合规风险的分析，可以是定性的，可以是定量的，也可以是两者的组合。下面分别介绍定性后果准则和定性可能性准则。

（一）定性后果准则

后果可分为"严重、一般、轻微"三个级别，对应"3、2、1"；也可以细化为"很严重、严重、中等、轻微、极低"五个级别，对应"5、4、3、2、1"，具体如表5-8所示。

表5-8　合规风险评估的定性后果准则

风险描述	后果影响程度				
定性描述	很严重	严重	中等	轻微	极低
数字化描述	5	4	3	2	1

（二）定性可能性准则

可能性可分为"高、中、低"三个级别，对应"3、2、1"；也可以细化为"很高、高、中、低、很低"五个级别，对应"5、4、3、2、1"，具体如表5-9所示。

表5-9　合规风险评估的定性可能性准则

风险描述	可能性大小				
定性描述	很高	高	中	低	很低
数字化描述	5	4	3	2	1

需要说明的是：这里的"5、4、3、2、1"不是用于量化分析的，它们只是定性分析的数字化表达。

三、合规风险的定量分析

当采用定量分析时，合规风险的后果可以从损失金额、市场影响覆盖面、人员伤亡数量等方面分析，具体如表5-10所示；可能性可以从发生概率方面分析，从0到100%，具体如表5-11所示，其中0代表确定不发生，100%代表确定发生。

表5-10　合规风险评估的定量后果准则

后果	损失金额	市场影响覆盖面	人员伤亡数量	……
严重				
中等				
轻微				

表 5-11　合规风险评估的定量可能性准则

风险描述	可能性大小				
定性描述	很低	低	中	高	很高
定量描述	小于等于 1%	大于 1% 且小于 10%	大于等于 10% 且小于 30%	大于等于 30% 且小于 60%	大于等于 60%

四、如何确定可能性

可能性分析的常用方法有以下三种。

一是利用相关历史数据来识别过去发生的事情，借此推断它们在未来发生的可能性。

二是利用德尔菲法（结构化地利用专家的观点）来估计可能性。

三是利用故障树或事件树等预测可能性。

在实践中，可以单独使用上述三种方法，也可以结合使用上述三种方法。

五、固有合规风险和剩余合规风险

和企业其他风险一样，合规风险也包括固有合规风险和剩余合规风险。固有合规风险是指组织在未采取任何相应合规风险应对措施的非受控状态下，所面临的全部合规风险；剩余合规风险是指组织采取合规风险应对措施后还存在的风险，即现有的合规风险应对措施无法有效控制的合规风险，包括那些尚未被识别的合规风险。

企业在进行合规风险评估时，要做两件事：一是评估固有合规风险的大小；二是评估现有防控措施的有效性，即现有防控措施可以降低或减少多少固有风险。二者之差就是剩余合规风险，也称"净风险"，这是风险评估工作被期待的直接输出结果。用数学公式来表达，具体如图 5-4 所示。

> 剩余合规风险的大小 = 固有合规风险的大小 – 采取应对措施后抵消的风险值

图 5-4　剩余合规风险的评估原理

那么，如何表示固有合规风险的大小呢？在实践中，可以从两个维度来考虑：一个是不遵守组织的合规方针和义务的后果，另一个是该后果发生的可能性。用二者的乘积来表示固有合规风险的大小，具体如图 5-5 所示。

> 固有合规风险的大小 = 固有合规风险的影响程度 × 固有合规风险发生的可能性

图 5-5　固有合规风险的大小

　　企业在分析合规风险时应考虑产生不合规行为的根本原因，风险来源、后果及其后果产生的可能性。后果可能包括个人和环境损害、经济损失、名誉损失，以及民事和刑事责任。

六、岗位固有合规风险评估示例

　　利用上述方法和风险准则，可以对各个岗位进行合规风险评估，合规风险评估表如表5-12所示。

表 5-12　某岗位固有合规风险评估表

部门名称：　　　　　　　　　　　　　　　　　　　　岗位名称：

在岗人员姓名：　　　　　　　　　　　　　　　　　　到岗时间：　　年　月　日

序号	业务或职能事项	合规义务	合规风险名称	合规风险描述	潜在风险事件	发生的可能性	预估损失（万元）	固有合规风险等级
1	行为 1							
2	行为 2							
3	行为 3							
……	……							

　　关于岗位合规风险的补充说明如下。

　　1. 与岗位固有合规风险相对应的是岗位剩余合规风险（或者称岗位合规净风险）。

　　2. 岗位剩余合规风险＝岗位固有合规风险－已管控的岗位合规风险。

　　3. 岗位剩余合规风险是指采取合规风险应对措施之后还存在的风险（包括未识别出来的风险），它与合规风险应对措施及其效果密切相关，需要评估小组对现存的合规风险应对措施及效果进行分析和评价。

5.3.2　合规风险评价

一、合规风险评价的过程和内容

　　合规风险评价是将合规风险分析的结果与企业能够承受的风险水平相比较，或者在各种合规风险分析结果之间进行比较，以确定合规风险的等级，其过程如图5-6所示。

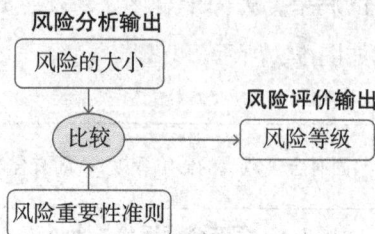

图 5-6　合规风险评价的过程

二、风险重要性准则

简单的合规风险评价是将合规风险分为两种：需要维持现状的合规风险和需要应对的合规风险。

常见的合规风险评价方法是依照企业对风险的容忍程度和风险偏好，将合规风险分为三个重要性等级，具体如表 5-13 所示。

表 5-13　合规风险的重要性准则

重要性等级	等级描述
高	超过合规义务底线，且后果严重
中	超过合规义务底线，但后果轻微
低	接近合规义务底线，或者未达到高标准要求

针对上述三种情况，企业可以选择以下应对策略。

1. 对于高合规风险，需要立即应对。处在该等级的风险，无论应对成本多高，都要立即应对；否则就要下调业务目标或终止业务。

2. 对于中合规风险，目前可控，可视情况和合规资源进行应对。

3. 对于低合规风险，该等级风险只需持续监测，保持现有防控措施即可。

在实践中，我们可以把上述三个等级用"红、黄、绿"三种颜色[①]进行区分：红色代表高合规风险，黄色代表中合规风险，绿色代表低合规风险，具体如图 5-7 所示。用颜色区分后，合规风险评价的结果更醒目，有利于决策者关注高合规风险区域（红色区域）里的合规风险。图 5-7 中的字母代表识别出来的不用的合规风险名称。

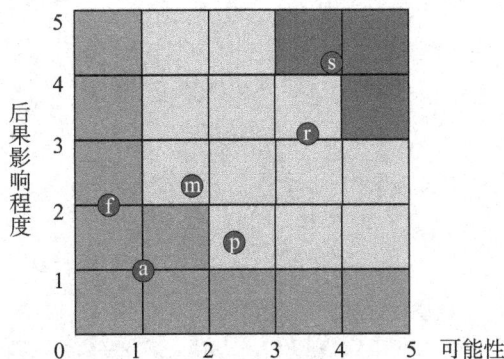

图 5-7　合规风险评价结果

[①] 本书为单色印刷，灰度最浅的区域代表黄色区域，灰度居中的区域代表绿色区域，灰度最深的区域代表红色区域。

三、合规风险评估的结果

做完合规风险评价，合规风险评估的工作就基本完成了，余下的工作是整理合规风险评估过程的资料，编写合规风险评估报告。

合规风险评估的主要成果包含以下内容：

1. 合规风险清单；

2. 合规风险排序；

3. 合规风险重要性等级划分；

4. 合规风险分布图；

5. 重大合规风险的详细分析说明及应对建议；

6. 合规风险评估报告。

有一点需要强调：**合规风险与法律、道德密切相关，在评估合规风险时，不能机械地套用机会风险的评估方法，尤其是在合规风险评价阶段。**

5.4　合规风险评估报告与合规风险再评估

5.4.1　合规风险评估报告

合规风险评估可以按计划定期实施，也可以根据实际需要或内外部情况的变化而随时实施。与之相对应的将输出定期评估报告和不定期评估报告。

合规风险评估报告的内容一般包括合规风险评估的基本信息、实施概况、识别出的风险及风险描述、各风险的大小、风险可能给企业造成的损失，以及应对建议和防控措施等，具体如表 5-14 所示。

表 5-14　合规风险评估报告内容

合规风险评估报告
一、背景描述
×××
二、评估的目的
×××
三、评估的范围
×××
四、评估使用的方法
本次合规风险评估主要采用了问卷调查法和风险矩阵法。
五、评估实施过程
（一）准备情况
1.调研被评估对象（如单位、业务、项目等）
2.设计问卷
3.……
（二）问卷调查
1.发放问卷
2.培训和辅导问卷的填写
3.填写问卷（包括对各个风险的识别、分析、评价）
4.回收问卷
5.统计、分析有效问卷
六、评估结果
本次合规风险评估共识别出 6 个合规风险，分别是 a 风险、f 风险、m 风险、p 风险、r 风险和 s 风险。详见风险清单。

（续表）

1. 合规风险清单									
序号	风险名称	对应的业务活动	对应的岗位	风险发生原因	风险后果	风险发生的可能性	现有的控制措施	风险等级	……
1	a 风险								
2	f 风险								
3	m 风险								
4	p 风险								
5	r 风险								
6	s 风险								

2. 合规风险分布情况

这 6 个合规风险的分布如下图所示。

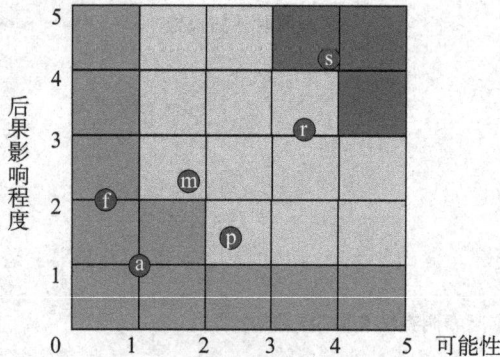

3. 重大合规风险说明

重大合规风险 s 风险，发生的原因、后果和影响程度等方面的详细说明。

尤其要说明可能给公司带来的损失。

七、评估结论

1.

2.

3.

八、风险应对建议

1.

2.

3.

5.4.2　合规风险再评估

基于风险评估方法的合规风险管理并不意味着在合规风险较低的情况下企业就接受不合规。合规风险评估的目的是帮助企业集中注意力和资源优先处理更高级别的风险，最终覆盖所有合规风险，使所有已识别的合规风险（包括潜在的合规风险）都得到监控和处理。

风险评估不是一劳永逸的。随着企业内外部环境的变化，企业的合规风险也会发生变化。企业需要对变化后的合规风险进行再评估。

当发生下列情形之一时，企业应该对其合规风险进行再评估：

1. 企业外部发生重大变化，如金融环境、经济环境、市场条件、债务和客户关系等发生重大变化；

2. 企业战略发生改变；

3. 企业组织结构发生改变；

4. 企业发起并购、重组；

5. 推出新业务、新产品、新服务；

6. 现有业务、流程、产品或服务变更；

7. 发生重大不合规事件；

8. 频繁发生不合规事件；

……

风险评估虽然是个技术活儿，但需要评估人员懂业务、懂管理，否则其将难以胜任风险评估工作。有时即使是一个单一的潜在情形或未遂事件也可能演变成情势严重的违规事件，评估人员如果不懂业务和管理，将很难发现其中的因果关系和其他关系。

合规风险评估的详细程度取决于企业的风险情况、环境、规模和目标，合规风险评估的水平取决于企业的合规文化和风险评估人员的能力。只有识别出合规风险，企业才有可能去管理合规风险；只有相对准确地评估出相关合规风险的大小和严重程度，企业才能分配适当的资源有的放矢地应对合规风险。

企业只能管理已识别的合规风险，所以，无论怎样加强合规风险评估与再评估的工作力度都不为过。

5.4.3　企业合规管理评估

一、企业合规管理评估概述

在《中央企业合规管理指引（试行）》里，国务院国资委提到合规管理评估的概念，所以，在此简单介绍一下。

> 第二十二条　开展合规管理评估，定期对合规管理体系的有效性进行分析，对重大或反复出现的合规风险和违规问题，深入查找根源，完善相关制度，堵塞管理漏洞，强化过程管控，持续改进提升。

企业合规管理评估有时也被称为"合规风险管理评估"，但它不同于"合规风险评估"。二者的评估对象不同，前者是针对企业的风险管理情况进行评估，后者是对一个或一组合规风险进行评估。

企业合规管理评估可以分为评估准备、评估实施和评估报告三个阶段，下面分别予以简单介绍。

二、评估准备

1. 成立合规管理评估小组，小组成员应当熟悉企业业务，能够正确理解与企业有关的法律法规等及其对企业经营活动的影响。

2. 制定评估实施方案，明确评估目的、内容、范围、重点和要求等，全面收集评估期内与合规风险管理相关的文件、工作记录、有关数据等资料。

3. 必要时，可聘请外部机构承担部分评估工作，但企业应监督其评估过程，确保其合规性，并承担其评估结果相关责任。

三、评估实施

1. 评估小组可以通过查阅资料、现场询问、符合性测试、问卷调查和合规检查等方法，逐项对照评估内容对相关信息资料进行梳理、分析，审核各项政策和程序的合规性，测试法律法规等在业务活动中的贯彻执行情况，确认风险控制点和关键环节操作的合规性。

2. 通过分析可能预示潜在合规问题的有关数据和运行指标（如举报信数量、消费者投诉的增长数和刑事案件数量等），对潜在的合规缺陷和违规事项进行识别和确认。

3. 详细记录评估过程和发现的相关问题，并进一步分析核实和调查确认，最终做出客观、准确的判断。

四、评估报告

评估小组根据评估实施情况，在全面整理、深入分析的基础上，开始撰写合规管理评估报告。合规管理评估报告包括但不限于以下内容：

1. 评估工作组织开展情况；

2. 报告期内合规风险管理状况及变化；

3. 企业政策、制度、程序及客户、产品、服务所引发的合规风险；

4. 各单位、部门、业务或经营活动暴露的风险；

5. 已识别的违规事件和合规缺陷；

6. 已经采取或建议采取的纠正措施；

7. 合规风险管理状况的评估结果和结论。

评估小组撰写完合规管理评估报告后，有时还需要与相关方进行沟通，然后再提交给本单位管理层。如果要将合规管理评估报告提交给上级单位或监管机构，还需公司董事会审核批准。

第 **6** 章 尽职调查及合规审查

6.1 尽职调查

6.1.1 尽职调查简介

一、尽职调查是律师事务所的一项成熟的传统业务

尽职调查（简称"尽调"）是个笼统的说法，它细分为法律尽职调查、财务尽职调查、人力资源尽职调查，或者某个投资项目、某个并购项目的尽职调查。合规尽职调查就是法律尽职调查吗，只能由律师或者律师事务所来做吗？答案是否定的，除非该调查需要出具正式的法律意见。

二、ISO 37301 对尽职调查的要求

合规尽职调查是企业合规管理的重要活动之一，也是企业合规文化的一种体现，须在企业合规方针中明示。在 ISO 37301 中，有两处明确提出企业要进行尽职调查。

一是作为雇佣过程的一部分，组织应结合岗位和人员可能引发的合规风险，在任何雇佣、调动和晋升之前按要求进行尽职调查。

二是如果组织活动中与第三方合作或进行了外包，组织应对其进行有效的尽职调查，以确保组织对合规的标准不会降低。

三、《中央企业合规管理指引（试行）》对尽职调查的要求

国务院国资委在《中央企业合规管理指引（试行）》第十六条第二款指出：要重视开展项目的合规论证和尽职调查。

> （二）健全海外合规经营的制度、体系、流程，重视开展项目的合规论证和尽职调查，依法加强对境外机构的管控，规范经营管理行为。

四、《企业境外经营合规管理指引》对尽职调查的要求

国家发改委等七部委在《企业境外经营合规管理指引》第十二条第四款指出：企业与第三方合作时，应做好相关的国别风险研究和项目尽职调查。

> （四）企业与第三方沟通协调
>
> 企业与第三方合作时，应做好相关的国别风险研究和项目尽职调查，深入了解

第三方合规管理情况。企业应当向重要的第三方传达自身的合规要求和对对方的合规要求，并在商务合同中明确约定。

6.1.2　尽职调查程序

合规尽职调查大致可以分成三个阶段：准备阶段、实施阶段和报告阶段，具体如图 6-1 所示，每个阶段都有具体的工作内容。下面分别对这三个阶段进行简单说明。

准备阶段 → 实施阶段 → 报告阶段

图 6-1　合规尽职调查的操作流程

一、准备阶段

为在确定的时间内有序、高效地开展合规尽职调查工作，项目组成员必须在进场前做好一系列准备工作，具体如图 6-2 所示。

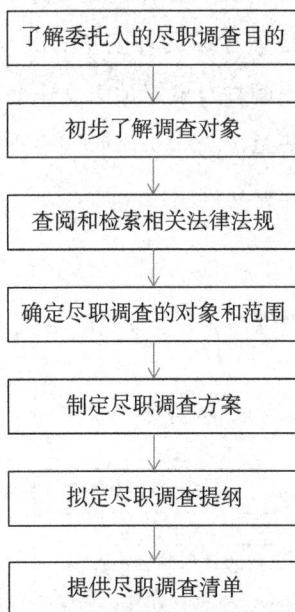

了解委托人的尽职调查目的

初步了解调查对象

查阅和检索相关法律法规

确定尽职调查的对象和范围

制定尽职调查方案

拟定尽职调查提纲

提供尽职调查清单

图 6-2　尽职调查准备阶段的工作内容

1. 了解委托人的尽职调查目的。

合规尽职调查只是委托人进行决策的基础和前提，其本身并不是最终目的。项目负责人在着手尽职调查前，应准确把握委托人的目的，以便后续工作有的放矢。

2. 初步了解调查对象。

主要通过公开信息初步了解调查对象，包括来自调查对象官方网站、微信公众号的自我宣传，其他各类媒体对调查对象的介绍或者评价，官方机构公布的有关调查对象的各类信息。

3. 结合尽职调查目的查阅和检索相关法律法规。

4. 确定尽职调查的对象和范围。

比如，尽职调查对象有下属子公司，则其全部子公司都应列入尽职调查范围，都应在尽职调查报告中反映。

5. 制定尽职调查方案。

尽职调查方案通常包括尽职调查的基本原则、工作程序、调查方法、工作团队、工作计划和服务保障等内容，是项目组后续工作的指南。

6. 拟定尽职调查提纲。

尽职调查提纲中除应列明需要调查的项目详情外，还应备注相应的调查方式及各调查事项的时间控制节点。

7. 提供尽职调查清单。

项目组要向调查对象提供详尽的、有操作性的尽职调查清单（包括补充清单），以便收集相关文件。在调查过程中，随着尽职调查工作的深入，可能还需要进一步了解情况，因而会制作一些补充清单。为防止调查对象对被多次索要文件表示不满，可在初步尽职调查文件清单中明确指出：本文件清单仅为初步尽职调查文件清单，随着尽职调查工作的深入，还会不时根据项目需要提交补充文件清单。

二、实施阶段

这个阶段至少要按顺序做好六件事，具体如图 6-3 所示。

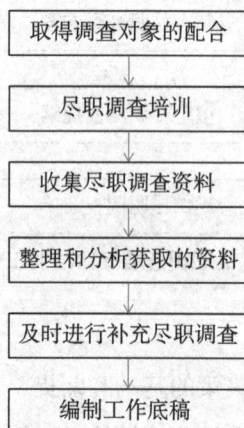

图 6-3　尽职调查实施阶段的主要工作内容

1. 取得调查对象的配合。

取得调查对象的配合，将有利于调查人员获得更全面的信息。除了出于保密的考虑或不宜让调查对象察觉或者知情的事项外，调查人员要向调查对象披露拟进行尽职调查的信息，并向其发出尽职调查清单。

2. 尽职调查培训。

尽职调查培训包括对内培训和对外培训。在进行尽职调查时，需要审阅大量文件，因此需要对项目组成员和调查对象等相关人员进行培训，以提高尽职调查的效率和准确性。

3. 收集尽职调查资料。

调查人员要对调查对象提供的所有资料进行系统化的甄别、归类、整理。在这个环节中，调查人员要注意资料的全面性和完整性。

4. 整理和分析获取的资料。

主要围绕资料和信息的真实性、完整性、有效性和合法性进行分析。

5. 及时进行补充尽职调查。

如果发现资料不完整，或者真实性、有效性存疑或有误，或者在对比后发现资料之间存在矛盾，或者发现重大的必须予以核实的事件等情况，必须进行补充尽职调查。

6. 编制工作底稿。

将调查对象提供的文件，如章程、协议、裁决书等，按照一定的逻辑分门别类装订成册，如历史沿革分册、知识产权分册、诉讼仲裁及行政处罚分册等；然后在此基础上，形成一些初步结论。

三、报告阶段

这个阶段的主要工作内容是草拟尽职调查报告，然后与相关方沟通报告内容，加以完善后，正式出具报告，具体如图 6-4 所示。

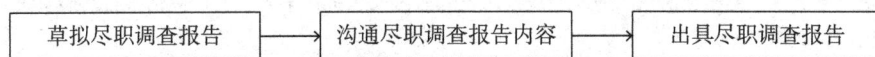

```
┌──────────────────┐      ┌──────────────────┐      ┌──────────────────┐
│  草拟尽职调查报告  │ ───▶ │ 沟通尽职调查报告内容 │ ───▶ │  出具尽职调查报告  │
└──────────────────┘      └──────────────────┘      └──────────────────┘
```

图 6-4　尽职调查报告阶段的工作内容和程序

合规尽职调查报告是一份文本，由调查人员（如律师、企业合规师、注册会计师、税务师等）编制。该文本详尽、完整地阐述了尽职调查的履行情况，包括材料的收集、核查、验证过程，并附有律师的法律意见。

调查人员在草拟尽职调查报告时，应当保证报告结构清晰、层次分明、条理清晰、体系完整、语言专业精练，突出体现尽职调查的重点及结论，充分反映尽职调查的过程和结果，包括尽职调查的计划、步骤、时间、内容及结论性意见。

看了尽职调查三个阶段的工作内容，是不是觉得不太难？其实，尽职调查是个斗智斗勇的过程。就拿其中最普通的访谈来说，也会有无数的实际问题，比如：

1. 对谁进行访谈？

2. 他／她会不会答应？

3. 他／她本人接受访谈，还是由他人代替接受访谈？

4. 电话访谈还是面对面访谈？

5. 工作时间访谈还是非工作时间访谈？

6. 可以录音录像吗？

7. 访谈结束后，需要确认访谈的信息吗？访谈对象不签字确认怎么办？

…………

6.1.3　合规尽职调查清单

企业可以针对很多人（包括自然人和法人）或事进行尽职调查。尽职调查的目的不同，需要调查的内容及所采用的形式也不同。这里以企业对合作伙伴的合规尽职调查为例，来说明尽职调查的内容，具体如表 6-1 所示，供大家在实践中参考使用。

表 6-1　企业合规尽职调查清单

一、公司设立及存续情况调查
1. 公司设立批准文件
2. 公司营业执照
3. 公司实际控制人与关联方
4. 公司章程
5. 工商变更登记资料，历次股权变动涉及股权转让协议或增减资协议、转让价格支付凭证、资产评估报告；新股东取得的特殊权利说明（如存在）
6. 整体变更批准文件、董事会决议、股东会决议、发起人协议、审计报告、资产评估报告、验资报告及工商变更登记等相关文件
7. 关于主营业务、董事、监事、高管、实际控制人未发生重大变化或变更的说明等
二、股权变动调查
1. 最近两年股权变动时的批准文件、验资报告、股东股权凭证、股权转让协议、工商变更登记材料等相关文件
2. 最新股东名册及股权结构图等
三、违法违规调查
1. 已生效的法院判决书、行政处罚决定书及其他能证明公司存在违法违规行为的证据性文件
2. 向市场监督管理局、税务机关等查询记录或相关主管机关出具的证明文件
3. 公司关于是否存在重大违法违规行为的说明等

（续表）

四、股权受限和纠纷情况调查
1.公司股东关于股权是否存在股份质押、转让限制
2.公司股东关于股权是否存在纠纷或潜在纠纷的书面声明等
五、主要财产合法性调查
1.土地使用权、公司商标、专利等无形资产，以及主要房产、生产经营设备等主要财产权属凭证、相关合同及列表
2.专利证书
3.计算机软件著作权登记证书
4.商标注册证
5.土地使用权证书
6.房屋所有权或使用权证书
7.车辆行驶证及保险单等
六、债务调查
1.对相关合同潜在纠纷、行政处罚等或有负债核查记录
2.公司关于未因环境保护、知识产权、产品质量、劳动安全和人身权等原因产生债务的说明
3.其他应付款明细表及大额其他应付款核查记录等
七、税收优惠和财政补贴合法性调查
1.本公司纳税申报表、税收缴款书或税务稽查报告等资料
2.子公司纳税申报表、税收缴款书或税务稽查报告等资料
3.本公司有关税收优惠的依据性文件
4.子公司有关税收优惠的依据性文件
5.有关财政补贴的依据性文件
6.本公司关于依法纳税的声明
7.子公司关于依法纳税的声明
8.税务部门出具的不欠税证明等
八、重大诉讼等或有事项调查
1.公司对重大诉讼、仲裁及未决诉讼、仲裁事项情况及其影响的书面声明
2.重大诉讼、仲裁及未决诉讼、仲裁事项相关诉讼、仲裁文书
3.重大诉讼、仲裁及未决诉讼、仲裁事项情况相关支付凭证等
九、环保和产品质量调查
1.公司关于环境保护和产品质量、技术标准是否符合要求的声明
2.质量技术监督管理部门出具的无违法违规情况证明
3.环保部门出具的无违法违规情况证明
4.特殊行业资质许可文件等

　　企业在对合作伙伴实施合规尽职调查时，可以自己实施，也可以委托外部机构（如律师事务所）去做。无论由谁去做，都要注意保密。

6.1.4　合规尽职调查底稿

比如，现在拟对 SP 公司进行合规尽职调查，按照表 6-1 清单中第三项的要求，调查其最近三年是否存在重大违法违规行为。

本次调查先在调查对象公司进行内部访谈，然后走访法院、市场监督管理局、税务机关等，逐一了解相关情况，并对相关信息做完整的记录。相关底稿分别如表 6-2、表 6-3和表 6-4 所示。

表 6-2　SP 公司最近三年重大违法违规行为调查表

调查对象	SP 公司	调查日期	202×年××月××日至 202×年××月××日
调查地点	北京	调查人员	张××、李××、王××
调查内容	SP 公司最近三年是否存在重大违法违规行为	调查事项的时点或期间	201×年××月××日至 202×年××月××日
调查方法	1. 访谈管理层 2. 访谈或咨询公司律师 3. 查阅文件 4. 网络检索 5. 走访市场监督管理局、税务机关等		
调查过程	1. 通过咨询公司律师或法律顾问，查阅已生效的判决书、行政处罚决定书，以及其他能证明公司存在违法违规行为的证据性文件，判断公司是否存在重大违法违规行为 2. 网络检索关键词、查阅公司档案是否存在违法行为 3. 询问公司董事长及总经理，核实公司近三年是否有重大违法、诉讼或仲裁行为发生 4. 通过询问公司管理层、查阅公司档案，以及向税务部门等查询，了解公司是否有违法违规记录 5. 取得管理层出具的无违法违规记录的声明		
调查结论	……		
其他应说明的事项	……		
附件	1. 访谈记录（见表 6-3） 2. 已生效的判决书、行政处罚决定书及其他能证明公司存在违法违规行为的证据性文件 3. 公司管理层关于最近三年是否存在重大违法违规行为的说明 4. 向市场监督管理局、税务机关等查询记录（见表 6-4） 5. 市场监督管理局及税务机关等出具的公司未受处罚的证明		

表 6-3　访谈记录示例

访谈日期	202×年××月××日	访谈地点	××办公室×号会议室
访谈对象	SP 公司总经理	访谈人员	李××、王××
访谈目的	了解 SP 公司最近三年是否存在重大违法违规行为		
访谈内容记录	1. 2. 3. 4. 5. 6.		
记录人员	王××	记录审核	李××

表 6-4　向市场监督管理局、税务机关等查询记录

向市场监督管理局、税务机关等查询记录			
查询时间	202×年××月××日	查询人员	李××、叶××
查询地点	市场监督管理局、税务局	调查方法	查询、走访
查询过程及内容	1.在市场监督管理局查询并调取公司工商备案材料,同时取得市场监督管理局出具的公司无违法违规的证明 2.查询公司既往税务材料,走访税务机关,询问公司最近三年是否存在拖欠税款、迟延缴纳税款等情形 3.取得税务机关出具的公司依法纳税的证明		
查询结论及指导意见	1.取得市场监督管理局出具的公司无违法违规情形的声明 2.取得税务机关出具的公司无拖欠税款、迟延缴纳税款的声明		
备注	无		

6.2 合规审查

6.2.1 合规审查概述

一、什么是合规审查

合规审查没有出现在 ISO 37301 中，它是国内的实践用语。

合规审查是一种企业内部日常的、专业的合规管理活动，是对企业经营管理的相关方面是否合规进行的审查，包括对企业项目、法律文件、经营决策是否合规进行审查，并提出合规意见。在实践中，合规审查一般由企业合规部、法务部及外聘律师负责实施。

上述合规审查的职能在 ISO 37301 中属于合规风险评估的范畴，所以在 ISO 37301 中没有出现合规审查这个概念。

二、《中央企业合规管理指引（试行）》对合规审查的要求

《中央企业合规管理指引（试行）》中有三条提及合规审查，分别是第十条、第十一条和第二十条。其中，第十条的第二款指出，合规管理牵头部门要参与企业重大事项合规审查和风险应对；第十一条指出，业务部门要组织合规审查，及时向合规管理牵头部门通报风险事项，妥善应对合规风险事件；第二十条指出，企业要建立健全合规审查机制，并要认真执行合规审查。原文内容如下。

第十条　法律事务机构或其他相关机构为合规管理牵头部门，组织、协调和监督合规管理工作，为其他部门提供合规支持，主要职责包括：

（一）研究起草合规管理计划、基本制度和具体制度规定；

（二）持续关注法律法规等规则变化，组织开展合规风险识别和预警，**参与企业重大事项合规审查和风险应对。**

第十一条　业务部门负责本领域的日常合规管理工作，按照合规要求完善业务管理制度和流程，主动开展合规风险识别和隐患排查，发布合规预警，**组织合规审查，及时向合规管理牵头部门通报风险事项，妥善应对合规风险事件，**做好本领域合规培训和商业伙伴合规调查等工作，组织或配合进行违规问题调查并及时整改。

第二十条　**建立健全合规审查机制，**将合规审查作为规章制度制定、重大事项决策、重要合同签订、重大项目运营等经营管理行为的必经程序，及时对不合规的内容提出修改建议，未经合规审查不得实施。

三、《企业境外经营合规管理指引》对合规审查的要求

国家发改委等七部委在《企业境外经营合规管理指引》第十二条第一款指出：业务部门应组织或配合合规管理部门进行合规审查和风险评估。

第十二条　合规管理协调

（一）合规管理部门与业务部门分工协作

合规管理需要合规管理部门和业务部门密切配合。境外经营相关业务部门应主动进行日常合规管理工作，识别业务范围内的合规要求，制定并落实业务管理制度和风险防范措施，**组织或配合合规管理部门进行合规审查**和风险评估，组织或监督违规调查及整改工作。

四、尽职调查与合规审查的区别

尽职调查和合规审查，这二者有什么区别呢？

尽职调查和合规审查都属于事前审查行为，都是企业常见的合规管理活动。尽职调查工作主要是收集信息，解决信息不对称问题，为企业决策提供信息服务，其既可以由企业内部团队实施，也可以外包，由外部机构实施；合规审查一般是企业内部决策流程的一部分，是由企业合规团队对企业的重大项目、重大决策、重大投资等进行的合规性审查。二者的区别如表 6-5 所示。

表 6-5　尽职调查与合规审查的区别

活动	活动主体	具体工作内容
尽职调查	一般是企业内部的合规职能团队。视尽职调查的内容，也可以安排财务团队或审计团队去实施，还可以外包，由外部机构实施	目的是收集信息，解决信息不对称问题，为决策服务；属于事前调查，为企业签订重要合同、重大项目投资、并购重组等提供决策依据
合规审查	由企业合规团队（律师或合规师）实施	企业对自身事务的合规性审查，包括对重大决策或合同、项目等进行合规性审查，属于事前审查。其工作本身不是为了收集信息，而是为了审查和判断

补充说明如下。

1.尽职调查的结果可以作为合规审查的输入或审查对象。

2.面对一些重大决策的合规审查，有时需要启动尽职调查。

6.2.2　合规审查的分类和内容

一、合规审查的类别

合规审查是对企业经营管理的各个方面是否合规进行审查，包括对企业各个项目、各个法律文件、各项经营活动是否合规进行审查，提出合规意见并监督企业实施。

合规审查主要包括制度审查、反垄断与反不正当竞争审查和外部交易对象审查，具体如表 6-6 所示。

表 6-6　合规审查的主要类别

合规审查类别	合规审查内容
制度审查	对企业规章制度的内容是否符合合规管理要求进行审查
反垄断与反不正当竞争审查	对企业的商业活动是否符合反垄断、反不正当竞争相关法律法规进行审查
外部交易对象审查	对外部交易相对方的合规性进行审查

如果企业管理精细化水平比较高，还可以对新业务及大型投资项目进行专项合规审查，并分别制定新业务的合规审查程序或制度，以及投资项目的合规审查程序或制度。

二、合规审查操作

合规审查可以采用会议表决形式，也可以采用公文流转会签形式，或者现场审查。这里以表 6-7 来展示合规审查意见表，供读者参考。

表 6-7　合规审查意见表

审查类型			
审查事项			
报审部门		报审时间	
报审人		报审方式	
报审事项情况说明：			
报审事项材料明细： 1. 2. 3. 4. 5.			

（续表）

审查类型				
审查事项				
报审部门			报审时间	
报审人			报审方式	
报审部门处理意见：				
报审部门负责人签字			签字日期	
部门合规专员审查意见：				
部门合规专员签字			签字日期	
合规管理部审核人意见：				
合规管理部审核人签字			签字日期	
合规管理部负责人意见：				
合规管理部负责人签字			签字日期	
报审部门回复意见：				
报审部门负责人签字			签字日期	

注：表中的部门合规专员是指业务部门的合规专员，有的企业称之为合规联络员。

表 6-7 不仅体现了合规审查的内容，还体现了合规审查的基本流程，以及合规审查的分类管理。企业在实践中可以根据实际情况设计自己的合规审查模板和流程。

6.2.3　商业秘密保护合规审查

本小节以商业秘密保护合规审查为例，讲述合规审查的实践应用。

一、商业秘密保护合规审查的目的

商业秘密保护合规审查的目的可从两个角度去看。

第一个角度，从合规审查实施主体来看，其目的是审查判断商业秘密保护和体系建设是否符合合规要求。这个目的可以被视为直接目的。如果商业秘密保护和体系建设符合合规要求，那么可继续执行现有的商业秘密保护各项制度；如果商业秘密保护和体系建设不符合合规要求，那么应指出商业秘密保护体系需要强化的重点环节和具体的完善举措。

第二个角度，从企业来看，其目的为既要确保企业自身的商业秘密能获得充分保护，避免损失，又要防止企业侵犯他人的商业秘密，防范风险。这个目的可以被视为最终目的或本质目的。

企业实施商业秘密保护合规审查要兼顾直接目的和本质目的。

二、商业秘密保护合规审查的依据

（一）我国相关的法律法规

我国与商业秘密保护相关的法律法规主要包括：

1.《中华人民共和国反不正当竞争法》；

2.《中华人民共和国民法典》；

3.《中华人民共和国促进科技成果转化法》；

4.《中华人民共和国出口管制法》；

5.《中央企业商业秘密保护暂行规定》；

6.《关于加强国有企业商业秘密保护工作的通知》。

（二）国际公约

我国加入的与商业秘密保护相关的国际多边条约，主要包括《保护工业产权巴黎公约》和世界贸易组织（WTO）的《与贸易有关的知识产权协定》（TRIPS）。企业在实施商业秘密保护合规审查时也应参考和遵循以上国际公约。

三、商业秘密保护合规审查的内容

商业秘密保护合规审查的内容主要聚焦保护和侵权风险防范。保护方面，审查内容主要包括涉密人员管理审查、涉密信息管理审查、失泄密应对措施审查等；侵权风险防范方面，审查内容主要包括人员引进审查、商务合同审查、侵犯他人商业秘密应对措施审查等。下面分别举例说明。

（一）商业秘密泄密风险合规审查

商业秘密泄密风险合规审查主要包括涉密人员管理审查、涉密信息管理审查、失泄密应对措施审查等。表6-8对涉密人员管理审查和涉密信息管理审查的审查范围和审查重点做了简单说明，供大家在实践中参考使用。

表 6-8 商业秘密泄密风险合规审查指南

工作内容	涉密人员管理审查	涉密信息管理审查
审查范围	（1）内部人员包括新入职人员、在职人员、调岗人员和离职人员 （2）外部人员包括被许可人、供应商、客户、制造商、销售代理商，以及向公司提供产品或服务的建筑师、工程师、顾问、承包人、分保人 （3）人才引进和技术合作中的涉外人员等	企业保密措施主要包括采用与企业实际经营状况相适应的技术手段、经济手段和契约手段等对涉密信息进行管理的方式方法。其中，涉密信息管理主要包括密级管理、涉密载体管理和涉密场所管理
审查重点	（1）岗前、在岗、离岗及离职期间的涉密人员的合同、协议、声明、承诺等文件中设置的保密条款内容是否全面、责任是否明确 （2）人才引进和技术合作中商业秘密信息保存记录情况；开展涉外业务和技术合作时，还需重点审查涉外涉密人员的管理情况	（1）商业秘密密级制度建立情况 （2）是否明确保密期限和标志等 （3）是否对商业秘密的产生、认定、使用和解密等环节进行动态分层管理 （4）商业秘密载体指定专人管理情况 （5）与商业秘密相关的计算机信息系统、通信及办公自动化等信息设施、设备是否具有商业秘密标志 （6）涉密场所是否设立门禁，并进行人员往来登记等

（二）商业秘密侵权风险防范合规审查

商业秘密侵权风险防范合规审查可从两个方面入手：人员引进管理和商务合同。表 6-9 列出了对应的审查范围和审查重点，供大家在实践中参考使用。

表 6-9 商业秘密侵权风险防范合规审查指南

工作内容	人员引进管理审查	商务合同审查
审查范围	主要针对人员引进，尤其是境外人才引进的管理，以及业务合作中我方人员、合作方人员的行为规范的管理	企业的咨询、谈判、技术评审、成果鉴定、合作开发、技术转让和技术入股等商务活动中签订的合同都应纳入审查范围；不仅要审查正常履行的合同，还要覆盖中止、终止或解除的合同
审查重点	（1）在引进外部，尤其是外企、外籍的技术人员时，签署协议文件中是否明确不侵犯他人商业秘密 （2）如果侵权，该如何承担责任等，例如，在开展业务合作过程中，我方人员是否遵守商业秘密保护规定和约定 （3）是否存在因个人原因侵犯他人商业秘密牵连企业的情形 （4）是否存在因合作方人员原因侵犯他人商业秘密牵连企业的情形	（1）商业秘密或知识产权条款设置情况 （2）商业秘密权属、保密义务和泄密责任是否明确 （3）保密内容、范围和期限是否合理 （4）涉密人员要求是否恰当 （5）保密措施是否可行等

合规审查的内容不仅仅是打钩或打叉，其需要一系列东西（包括基础信息、专业知识等）做支撑。这个示例展示了合规审查的目的、思路、范围及重点内容，企业在实施其他合规审查时，可以参照这种做法。

第 7 章

合规咨询与合规举报

7.1 合规咨询

7.1.1 合规咨询简介

一、内部合规咨询与外部合规咨询

企业合规涉及法务、行政、财务、税务、知识产权保护和数据保护等部门，并贯穿从设立到运营、发展、退出的企业商业生命周期各个阶段。

合规咨询是一种咨询服务，可来自企业外部的合规管理咨询机构，也可来自企业内部的合规职能部门。这里讲的合规咨询主要是企业内部的合规咨询。

企业内部的合规咨询是合规职能部门向其他人员提供的合规答疑及建议服务。与企业经营发展关联的政策法规等众多，企业决策者和普通员工可能无法及时、全面、准确地理解这些政策法规等。为避免相关决策和行为因未遵守相关政策法规等而给企业带来负面影响或损失，企业需要有专业人员来负责这部分工作。前文讲的合规审查也是合规咨询服务的一种体现形式。

专业化的合规咨询公司提供的服务更全面、更专业。它们可以帮助企业依法获得商业许可，使企业在符合各项法规的前提下发展；可以借助对外部政策的准确解读，帮助企业获得相关准入、监管、投资和税收等政策的支持；还可以协助企业解决突发的合规风险事件，为企业的健康持续发展提供管理建议。

二、合规咨询需要的基本能力

企业内部的合规咨询服务一般由合规职能条线提供。

大中型企业一般配备有专门人员（如合规官、企业合规师）来负责企业日常的合规管理工作，包括提供合规咨询服务；有些企业还设有跨职能的合规管理委员会和合规管理专职部门来协调整个企业的合规管理工作。但是，并不是所有企业都会创建独立的合规职能部门。有些企业会将此职能分配给现有岗位或外包。当企业把合规职能外包时，应考虑不将全部合规职能外包给第三方，同时还要考虑对这些外包的职能进行监督。

企业合规管理人员（专职或兼职）在内部提供合规咨询服务时，需要保证有足够的时间和能力来满足合规岗位的需求，基本要求如下。

1. 具备设计、实施和维护合规管理体系的相关能力。

2. 具备合规管理业务知识和经验。

3. 具备有效的沟通能力和感化技巧。

4. 拥有面对挑战的信心。

5. 能接受建议和指导。

6. 能与管理层和业务负责人合作。

7.1.2　不同机构对合规咨询的要求

不同机构对合规咨询的要求略有不同。下面以 ISO、国家发改委和国务院国资委的要求为例来说明。

一、ISO 在 ISO 37301 中对合规咨询的要求

在 ISO 37301 中，ISO 规定合规咨询职能由合规职能部门（或人员）承担，详见 ISO 37301 的 5.3.2 节。

> 合规职能应：
>
> ——向相关人员提供与合规方针、过程和程序有关的资源；
>
> ——就合规相关事宜向组织提供建议。

这就是说，相关人员在遇到有关合规方面的问题或疑虑时，可以向合规职能部门咨询。合规职能部门有责任予以解答，同时应保证有能力回答，并就合规相关事宜向问询者或企业提供建议。

二、国家发改委在《企业境外经营合规管理指引》中对合规咨询的要求

《企业境外经营合规管理指引》第十九条的规定如下。

> 境外经营相关部门和境外分支机构及其员工在履职过程中遇到合规风险事项，应及时主动寻求合规咨询或审核支持。
>
> 企业应针对高合规风险领域规定强制合规咨询范围。在涉及重点领域或重要业务环节时，业务部门应主动咨询合规管理部门意见。

三、国务院国资委在《中央企业合规管理指引（试行）》中对合规咨询的要求

《中央企业合规管理指引（试行）》中没有用合规咨询这个概念，只是在合规管理职责中要求合规管理负责人要参与企业重大决策并提出合规意见，要求合规管理牵头部门为其他部门提供合规支持。

国务院国资委希望合规管理牵头部门为其他部门提供的合规支持服务主要包括：

　　1. 持续关注法律法规等规则变化，组织开展合规风险识别和预警，参与企业重大事项合规审查和风险应对；

　　2. 组织开展合规检查与考核，对制度和流程进行合规性评价，督促违规整改和持续改进；

　　3. 指导所属单位的合规管理工作。

7.2　合规举报

7.2.1　合规举报概述

一、什么是合规举报

合规举报是对违规行为（包括人和事）或潜在违规行为的举报，所以也有人称之为违规举报。不管是合规举报，还是违规举报，都不能完全代表其真实含义。为了表达的便利性和出于习惯，本书依然称之为合规举报。

为保障合规管理体系的有效运行，企业需要建立一套监测机制，以便能够及时发现企业存在的合规风险。企业可以通过外部途径和内部途径来发现合规风险和合规事件。外部途径一般包括监管机构监督处罚、新闻媒体对企业违规事件进行曝光等。内部途径通常有三条：一是企业业务部门在日常业务过程中开展的合规风险监测和自查；二是企业合规部门或监察部门进行的合规检查；三是内部的合规举报，包括员工的举报，以及客户、合作伙伴的举报。

合规风险监测和合规检查作为企业合规管理体系运行机制的组成部分，对于常规的合规风险的识别、评估和防范具有重要作用。但部分人在不当利益的诱惑下，实施违规行为，把违规事件做得更为隐蔽，用常规的方法很难发现这些违规事件。因此，从更广泛和更深入的层面获取相关信息，揭示潜在的或隐藏的合规风险，建立完善的举报体系，就显得非常重要。

关于合规举报及对合规举报人的保护在欧美立法较早，已取得较好的司法效果。作为 ISO 37301 合规管理体系配套的标准，ISO 37002:2021《举报管理体系　指南》（Whistleblowing management systems — Guidelines）于 2021 年 7 月正式发布。至此，全球有了关于举报管理的国际标准。ISO 37002:2021 作为 ISO 37301 的一个子体系，为企业的合规管理提供标准。

二、ISO 37301 对合规举报的要求

在 ISO 37301 中，ISO 用"8.3 报告疑虑"这一节来单独说明当存在合规疑虑或发现违规情形时该如何报告，以及如何管理相关报告，原文如下。

8.3 报告疑虑

组织应建立、实施并保持一个鼓励并有助于对试图、涉嫌或实际存在的，违反合规方针或合规义务的行为（基于合理理由相信信息真实性的情况下）进行举报的过程。

该过程应：

——在整个组织内可知可用；

——对举报保密；

——接受匿名举报；

——保护举报人免于遭受打击报复；

——便于人员获得建议。

组织应确保所有人员了解举报程序、了解其自身的权利和保障机制，并能够运用相关程序。

这段文字虽然很简洁，但它明确了关于合规举报的管理要求：第一，不管当地法规有没有要求，企业都要建立举报系统，并且要做到让企业内所有人员都知晓、都会用这个举报系统；第二，企业要对举报信息保密；第三，企业要制定政策保护举报人，使他们不必担心遭到报复，同时也要确保举报人免受打击报复；第四，企业应该接受匿名举报，匿名举报是一种可接受并且有效的举报方式；第五，必要时，举报信息可以逐级上报至最高管理者和治理机构，包括合规管理委员会、审计委员会或纪律检查委员会。

三、我国对合规举报的监管要求

2019 年 9 月，国务院发布的《国务院关于加强和规范事中事后监管的指导意见》（国发〔2019〕18 号）明确提出建立"吹哨人"制度，这是国务院首次对建立"吹哨人"制度作出部署。该指导意见第十六条明确指出以下内容。

（十六）发挥社会监督作用。建立"吹哨人"、内部举报人等制度，对举报严重违法违规行为和重大风险隐患的有功人员予以重奖和严格保护。畅通群众监督渠道，整合优化政府投诉举报平台功能，力争做到"一号响应"。

《中央企业合规管理指引（试行）》第二十一条也明确规定："畅通举报渠道，针对反映的问题和线索，及时开展调查，严肃追究违规人员责任。"

《企业境外经营合规管理指引》中把合规举报的受理、信息处理、调查方案的制定、开展调查等工作都指定给企业合规管理部门。

7.2.2　建立合规举报机制

合规举报是企业合规管理中强有力的武器。实践证明，大多数的腐败、不合规案件、违规事件的查处，往往都基于"吹哨人"的检举。所以，企业需要建立一套内部合规举报机制（即"吹哨人"制度）来保证举报渠道畅通无阻，并保证举报人的安全。那么，如何在企业合规管理体系中建立高效的举报机制呢？具体可以从以下三个方面入手。

一、建立畅通的举报渠道

企业可以通过设立由专人负责的举报热线、专门的举报邮箱、公开的网站等来建立健全畅通的举报渠道，具体如图 7-1 所示。

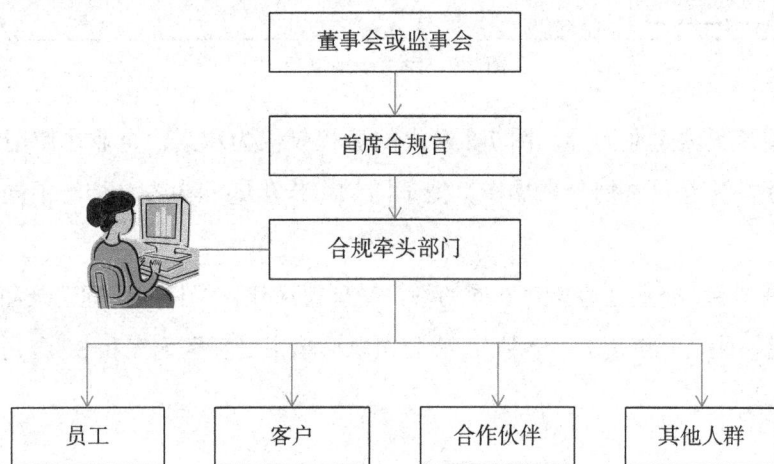

图 7-1　企业举报渠道示例

举报人可以向企业合规管理部门、纪检监察部门或审计部门举报，也可以向管理层举报等。内部举报渠道可以由企业自行建立和运营，如基于企业官网、微信公众号的举报工具；也可以由外部第三方协助提供服务。

畅通渠道还包括企业对举报信息积极反馈，如企业必须在三日内确认收悉举报信息，并且在一周内通知举报人有关后续调查的大致进展情况。

举报受理流程如图 7-2 所示。

	受理人	受理部门负责人	企业分管领导	党组会议
受理 → 初步审查 → 初步分类 → 审核 → 审批 → 调查处理 → 回复举报人				

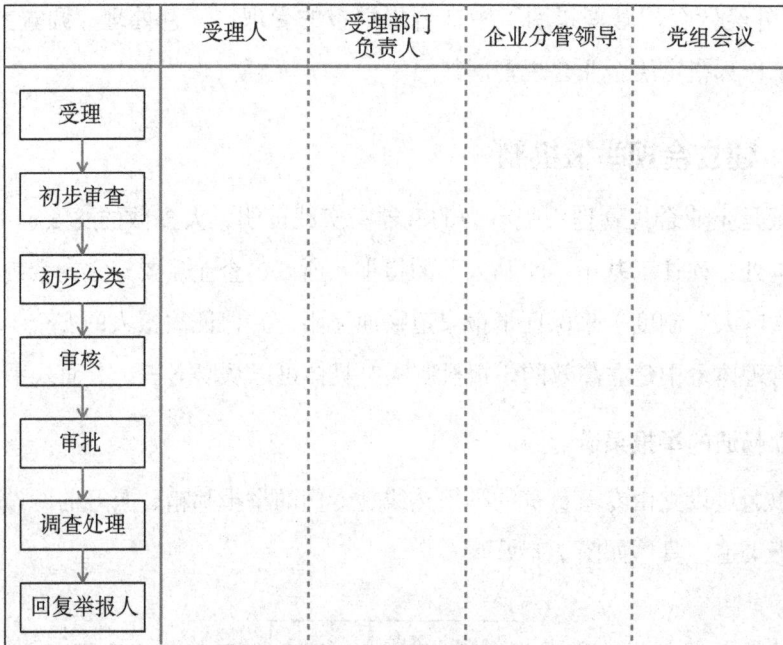

图 7-2　举报受理流程

举报受理流程因企业而异。图 7-2 给出的流程仅仅为示意，企业在使用时应根据自己的举报管理办法及权责划分来操作，把不同的工作步骤和内容分配给不同的角色（见图 7-2）。

在实际操作中，企业还应该对不同的举报受理渠道建立严格的受理记录和台账，同时注意严格保密。表 7-1 和表 7-2 分别为 SP 公司电话举报受理登记表和 SP 公司举报信受理台账。

表 7-1　SP 公司电话举报受理登记表

来电显示号码		来电时间	
实名或匿名		受理人	
举报对象		举报事项类别	
举报内容			
其他补充说明			

表 7-2　SP 公司举报信受理台账

收信时间	举报人	举报人所在单位	举报人联系方式	被举报人	被举报人所在单位	被举报人职务	举报事项概述	受理人
202×年××月××日	匿名	无	无	张××	—	—	贪污公款	武××
202×年××月××日	张××	无	手机号	李××	—	—	婚外情	武××
202×年××月××日	匿名	无	无	王××	—	—	以权谋私	武××

二、确保举报人安全

无论通过何种举报渠道，善意举报的人士必须被保护不受报复。企业要想鼓励举报人举报，必须建立和完善举报人保护制度，制定严格的保密纪律，为举报人提供必要的保护措施，防止被举报人报复。

举报渠道的设计和运作必须以安全的方式进行，以确保举报人及其报告中所提及的任何信息都处于保密状态。除非举报人自己愿意，否则绝不公开。

企业各级管理人员应确保举报人不会遭受潜在的报复，包括重新安排工作、负面业绩评估、停职、解雇、遣散、降职，以及强迫、骚扰、威胁和歧视等。

三、建立举报奖励制度

建立对举报人的奖励制度，可以显示企业的反腐败、反舞弊、诚信合规经营的决心。举报奖励制度在欧美实行多年，仅在 2018 财年，美国证券交易委员会就对 13 名个体奖励了 1.68 亿美元，这一数额比历年之和还多。其中，一笔是 8 300 万美元，由三名个体分享；另一笔是 5 400 万美元，由两名个体分享。这些做法值得我们学习和借鉴。

第 **8** 章　合规调查与违规追责

　　国务院国资委代表国家对国有资产履行出资人职责，对所监管企业国有资产的保值增值进行监督和管理。本书写作的主要参考依据之一是国务院国资委的相关规定和指引，所以本书谈的合规侧重国有企业经营层面的合规，而对政治、纪律等方面的合规不做重点介绍。读者朋友在企业全面合规管理体系建设实践中，需要全面考虑，针对相关法规的要求给予补充和完善。

8.1　合规调查

合规调查是有效合规管理体系的重要组成部分。为保证企业诚信合规经营，需要对组织及其人员或有关第三方的不当行为，以及对这些不当行为的任何指控或怀疑进行及时和彻底的调查。

8.1.1　合规调查概述

一、为什么要开展合规调查

开展合规调查，不仅仅是因为有人投诉或有人举报，即使没有投诉和举报，企业也应建立合规调查机制，实施合规调查。合规调查的意义在于以下几个方面。

1.保护企业的商业利益。

通过合规调查，可以较好地维护企业的商业利益和合法权益，如对商业贿赂、职务侵占、利益冲突等方面进行调查。

2.保护企业的品牌价值。

接到投诉和举报，如果企业置若罔闻、置之不理，将有损企业的声誉和形象；如果企业及时调查处理，那么可以捍卫企业的品牌价值、打击灰色市场和不合规的行为。

3.化解企业的经营风险。

合规调查可以起到震慑作用，从而防范和化解销售舞弊、采购舞弊、渠道串货等风险。

4.提升企业的公众形象。

良好的合规调查可以化解媒体危机和网络公关危机，扭转因投诉或举报造成的不良影响。

5.促进企业合规文化建设，为企业赢得德才兼备的优秀人才。

二、合规调查的基本程序

合规调查的基本程序如图 8-1 所示，主要包括六个步骤。

1.受理来自合规热线等渠道的投诉、举报。

2.对相关信息进行初步核实，初步判断其真实性及调查的必要性。

3.核实必需的信息后，启动调查，成立合规调查小组。

4.制定调查方案和实施计划。

5.实施合规调查。采用沟通走访、核对查验等方法获取相关信息和证据。

6. 整理调查资料,形成合规调查报告。

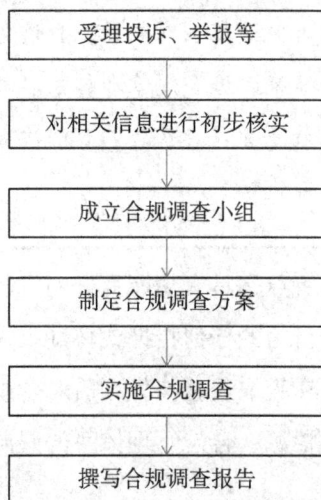

图 8-1 合规调查的基本程序

三、调查小组成员构成

前面已多次讲过,合规业务不只是律师们的"专利"。合规调查小组的成员构成如表 8-1 所示。

表 8-1 合规调查小组的成员构成

成员	项目负责人	调查询问专员	审计专员	人事专员
工作内容	制定项目总体方案	制定具体的调查方案	审核财务制度	人事访谈
	整体沟通与管理	侦查、调查	审核财务单据	心理辅导
	决定相关处理方案	人员询问	审核专项资金	建议咨询

8.1.2 不同机构对合规调查的要求

一、ISO 在 ISO 37301 中对合规调查的要求

与 ISO 19600:2014 相比,ISO 在 ISO 37301 中新增了"8.4 调查过程"这一节,对组织开展合规调查提出了明确要求。

8.4 调查过程

组织应制定、建立、实施并保持明确的合规调查过程,以评估、评价、调查有关涉嫌或实际的不合规情形的报告(投诉或举报等),并做出结论。组织在这些过程

中应确保能公平、公正地做出决定。

调查过程应由具备相应能力的人员独立进行，且避免利益冲突。

适当时，组织应利用调查结果改进合规管理体系。

组织应定期向治理机构或最高管理者报告调查的次数和结果。

组织应保留有关调查的文件化信息。

有效的合规管理体系的一个特点是具有功能良好的机制，以便及时、彻底地调查对本组织及其人员或有关第三方不当行为的任何指控或怀疑。这包括组织的相关合规文件、采取的一切纪律或补救措施，以及在吸取经验与教训后对合规管理体系的改进。有效的合规调查机制有助于查明不当行为的根源、合规管理体系的漏洞和责任缺失的原因，包括管理者和治理机构的责任缺失。

二、国务院国资委在《中央企业合规管理指引（试行）》中对合规调查的要求

国务院国资委非常重视合规调查工作，在《中央企业合规管理指引（试行）》里多次提及对关键岗位的员工、合作伙伴等进行合规调查，并把合规调查列为合规管理牵头部门的主要职责之一。

第二十一条　强化违规问责，完善违规行为处罚机制，明晰违规责任范围，细化惩处标准。畅通举报渠道，针对反映的问题和线索，**及时开展调查**，严肃追究违规人员责任。

三、国家发改委在《企业境外经营合规管理指引》中对合规调查的要求

第二十条　合规信息举报与调查

企业应根据自身特点和实际情况建立和完善合规信息举报体系。员工、客户和第三方均有权进行举报和投诉，企业应充分保护举报人。

合规管理部门或其他受理举报的监督部门**应针对举报信息制定调查方案并开展调查。形成调查结论**以后，企业应按照相关管理制度对违规行为进行处理。

8.1.3　实施合规调查

一、调查准备

在启动合规调查之前，有个很重要的环节，就是响应投诉或举报。投诉和举报是合规调查的直接输入，我们再强调一下对投诉和举报的及时响应。

1. 立即回复。

第一时间回复举报人（非匿名举报），并肯定感谢他／她提供的信息，告知举报人合规管理人员可能会再次联系举报人。

2. 保护信息。

保护信息包括两个方面：一是保护举报的内容信息，二是保护举报人的信息。但应注意，不要轻易做出不会披露举报人的承诺。

3. 立即行动。

在最短的时间内，针对投诉或举报信息，做好调查准备，并根据信息的真实性着手进行调查。

4. 联系第三方。

可以考虑选择第三方与举报人进行联系，增加举报人的信任感。

5. 适当了解举报人。

对举报人（非匿名举报）进行一定的背景调查，以了解举报人的举报动机，如报复、分赃、公正公义感等。

6. 不轻易承诺。

不轻易承诺不披露举报信息，不对调查结果做任何承诺。但对于实名举报，建议将调查结果告知举报人。

二、合规调查具体要查些什么

做好前期准备，启动合规调查后，面临的第一个问题就是：要查些什么？

1. 查企业的规章制度。

（1）查企业的内部规章制度是否符合所在国（地区）的法律规定。

（2）查企业的内部规章制度是否得以实施、是否合理。

2. 查相关合同和账册。

例如，查财务制度、商业合同、发票单据、现金流和账外付款等。

3. 查重点人员。

例如，查主管人员、嫌疑人员和举报人员。

4.查其他关联方。

例如，查客户、供应商和经销商等。

合规调查的目的是及时查明相关事实，收集必要的证据。在实施合规调查之前，首先要熟悉与调查事件相关的政策和法律法规。

三、常见的重点调查内容

为了让大家了解合规调查的复杂性，这里列出几个常见的重点调查内容，具体如表 8-2 所示。

表 8-2　常见的重点调查内容

查账	查发票	查供应商
向空壳公司或域内没住所的公司支付 现金支付或账外支付 异常金额的支付 存异的票据或金额 没有支付说明或支付没协议依据 支付无法验证的服务	发票抬头信息是否与合同一致 款项支付是否与发票抬头一致 发票金额与支付金额是否一致 发票的代码与密码区相符合 发票的流水号与密码区相符合 与税务机关核对	关系人指定的供应商 经营异常的公司 没有资质的供应商

四、开展合规调查工作的注意事项

合规调查工作比较敏感，调查人员在实施合规调查时应注意以下几点：

1.要合规地开展合规调查，应确保调查是公正和独立的（有的企业设立了独立的委员会来监督调查活动）；

2.综合利用多种调查方法，既关注材料证据，也重视实地探访；

3.对于重要区域，要加大调查力度；

4.在合规调查期间，做好保密工作，防止嫌疑人销毁证据及串通；

5.要尽可能地保留相关证据信息。

8.2　违规追责

各级国资委和国有企业原则上可以按照国有资本出资关系和干部管理权限，组织开展违规责任追究工作。民营企业可参照执行。

企业在事前狠抓重要岗位关键人员教育管理、强化重要岗位关键人员约束，在事后对重大违规和重大风险事件严肃倒查，有助于加强对合规的闭环管理，有利于持续推进合规文化和清廉文化的建设。

8.2.1　违规责任追究的范围

一、国务院规定的违规责任追究的范围

《国务院办公厅关于建立国有企业违规经营投资责任追究制度的意见》（国办发〔2016〕63号）（以下简称"国办发63号文"）的第二部分规定了国有企业责任追究的范围。

国有企业经营管理有关人员违反国家法律法规和企业内部管理规定，未履行或未正确履行职责致使发生下列情形造成国有资产损失以及其他严重不良后果的，应当追究责任：

（一）集团管控方面；

（二）购销管理方面；

（三）工程承包建设方面；

（四）转让产权、上市公司股权和资产方面；

（五）固定资产投资方面；

（六）投资并购方面；

（七）改组改制方面；

（八）资金管理方面；

（九）风险管理方面；

（十）其他违反规定，应当追究责任的情形。

二、SP公司设定的违规责任追究范围

国有企业可以根据国资委的要求，结合实际情况，确定违规责任追究范围。

SP公司根据自己的实际情况，明确了11类80种违规责任追究情形，具体如表8-3所示。国有企业可参照使用。

表 8-3 SP 公司的违规责任追究范围

序号	类别	违规责任追究情形
1	集团管控方面	（1）违反规定程序或超越权限决定、批准和组织实施重大经营投资事项，或决定、批准和组织实施的重大经营投资事项违反党和国家方针政策、决策部署及国家有关规定 （2）对国家有关集团管控的规定未执行或执行不力，致使发生重大资产损失对生产经营、财务状况产生重大影响 （3）对集团重大风险隐患、内控缺陷等问题失察，或虽发现但没有及时报告、处理，造成重大资产损失或其他严重不良后果 （4）所属子企业发生重大违规违纪违法问题，造成重大资产损失且对集团生产经营、财务状况产生重大影响，或造成其他严重不良后果 （5）对国家有关监管机构就经营投资有关重大问题提出的整改工作要求，拒绝整改、拖延整改等
2	风险管理方面	（1）未按规定履行内控及风险管理制度建设职责，导致内控及风险管理制度缺失，内控流程存在重大缺陷 （2）内控及风险管理制度未执行或执行不力，对经营投资重大风险未能及时分析、识别、评估、预警、应对和报告 （3）未按规定对企业规章制度、经济合同和重要决策等进行法律审核 （4）未执行国有资产监管有关规定，过度负债导致债务危机，危及企业持续经营 （5）恶意逃废金融债务 （6）瞒报、漏报、谎报或迟报重大风险及风险损失事件，指使编制虚假财务报告，企业账实严重不符
3	购销管理方面	（1）未按规定订立、履行合同，未履行或未正确履行职责致使合同标的价格明显不公允 （2）未正确履行合同，或无正当理由放弃应得合同权益 （3）违反规定开展融资性贸易业务或"空转""走单"等虚假贸易业务 （4）违反规定利用关联交易输送利益 （5）未按规定进行招标或未执行招标结果 （6）违反规定提供赊销信用、资质、担保或预付款项，利用业务预付或物资交易等方式变相融资或投资 （7）违反规定开展商品期货、期权等衍生业务 （8）未按规定对应收款项及时追索或采取有效保全措施
4	工程承包建设方面	（1）未按规定对合同标的进行调查论证或风险分析 （2）未按规定履行决策和审批程序，或未经授权和超越授权投标 （3）违反规定，无合理商业理由以低于成本的报价中标 （4）未按规定履行决策和审批程序，擅自签订或变更合同 （5）未按规定程序对合同约定进行严格审查，存在重大疏漏 （6）工程及与工程建设有关的货物、服务未按规定招标或规避招标 （7）违反规定分包等 （8）违反合同约定超计价、超进度付款

（续表）

序号	类别	违规责任追究情形
5	资金管理方面	（1）违反决策和审批程序或超越权限筹集和使用资金 （2）违反规定以个人名义留存资金、收支结算、开立银行账户等 （3）设立"小金库" （4）违反规定集资、发行股票或债券、捐赠、担保、委托理财、拆借资金或开立信用证、办理银行票据等 （5）虚列支出套取资金 （6）违反规定超发、滥发职工薪酬福利 （7）因财务内控缺失或未按照财务内控制度执行，发生资金挪用、侵占、盗取、欺诈等
6	转让产权、上市公司股权、资产等方面	（1）未按规定履行决策和审批程序或超越授权范围转让 （2）财务审计和资产评估违反相关规定 （3）隐匿应当纳入审计、评估范围的资产，组织提供和披露虚假信息，授意、指使中介机构出具虚假财务审计、资产评估鉴证结果及法律意见书等 （4）未按相关规定执行回避制度 （5）违反相关规定和公开公平交易原则，低价转让企业产权、上市公司股权和资产等 （6）未按规定进场交易
7	固定资产投资方面	（1）未按规定进行可行性研究或风险分析 （2）项目概算未按规定进行审查，严重偏离实际 （3）未按规定履行决策和审批程序擅自投资 （4）购建项目未按规定招标，干预、规避或操纵招标 （5）外部环境和项目本身情况发生重大变化，未按规定及时调整投资方案并采取止损措施 （6）擅自变更工程设计、建设内容和追加投资等 （7）项目管理混乱，致使建设严重拖期、成本明显高于同类项目 （8）违反规定开展列入负面清单的投资项目
8	投资并购方面	（1）未按规定开展尽职调查，或尽职调查未进行风险分析等，存在重大疏漏 （2）财务审计、资产评估或估值违反相关规定 （3）投资并购过程中授意、指使中介机构或有关单位出具虚假报告 （4）未按规定履行决策和审批程序，决策未充分考虑重大风险因素，未制定风险防范预案 （5）违反规定以各种形式为其他合资合作方提供垫资，或通过高溢价并购等手段向关联方输送利益 （6）投资合同、协议及标的企业公司章程等法律文件中存在有损国有权益的条款，致使对标的企业管理失控 （7）违反合同约定提前支付并购价款 （8）投资并购后未按有关工作方案开展整合，致使对标的企业管理失控 （9）投资参股后未行使相应股东权利，发生重大变化未及时采取止损措施 （10）违反规定开展列入负面清单的投资项目

（续表）

序号	类别	违规责任追究情形
9	改组改制方面	（1）未按规定履行决策和审批程序 （2）未按规定组织开展清产核资、财务审计和资产评估 （3）故意转移、隐匿国有资产或向中介机构提供虚假信息，授意、指使中介机构出具虚假清产核资、财务审计与资产评估等鉴证结果 （4）将国有资产以明显不公允低价折股、出售或无偿分给其他单位或个人 （5）在发展混合所有制经济、实施员工持股计划、破产重整或清算等改组改制过程中，违反规定，导致发生变相套取、私分国有资产 （6）未按规定收取国有资产转让价款 （7）改制后的公司章程等法律文件中存在有损国有权益的条款
10	境外经营投资方面	（1）未按规定建立企业境外投资管理相关制度，导致境外投资管控缺失 （2）开展列入负面清单禁止类的境外投资项目 （3）违反规定从事非主业投资或开展列入负面清单特别监管类的境外投资项目 （4）未按规定进行风险评估并采取有效风险防控措施对外投资或承揽境外项目 （5）违反规定采取不当经营行为，以及不顾成本和代价进行恶性竞争 （6）违反其他有关规定或存在国家明令禁止的其他境外经营投资行为
11	其他方面	（1）违反《中华人民共和国反不正当竞争法》相关规定 （2）违反《中华人民共和国劳动法》相关规定 （3）违反《中华人民共和国产品质量法》相关规定 （4）违反《中华人民共和国环境保护法》相关规定 （5）违反《中华人民共和国网络安全法》相关规定 （6）违反《中华人民共和国数据安全法》相关规定 （7）违反《中华人民共和国安全生产法》相关规定 （8）违反《中华人民共和国个人信息保护法》相关规定 （9）其他违反规定，未履行或未正确履行职责造成国有资产损失或其他严重不良后果的违规责任追究情形

8.2.2 违规责任认定标准

违规是责任追究的前提。在追究违规责任前，监管机构和企业还需要明确违规责任认定的方法和标准。

企业在认定相关违规行为对企业经营造成的损失时，可以根据司法、行政机关等依法出具的书面文件，或者具有相应资质的会计师事务所、资产评估机构、律师事务所、专业技术鉴定机构等专业机构出具的专项审计、评估或鉴证报告，以及企业内部的证明材料等，来综合研判认定违规资产损失金额，以及对企业、国家和社会等造成的影响。

一、国务院国资委对资产损失的认定标准

违规经营会给企业带来资产损失和声誉损失，企业应当在调查核实的基础上，依据有关规定认定损失金额及影响。资产损失分为一般资产损失、较大资产损失和重大资产损失。划分标准由各级国资委确定，各国有企业可以基于国资委标准制定更严格的资产损失认定等级。为方便认定，我们通常把资产损失划分为直接损失和间接损失。

《中央企业违规经营投资责任追究实施办法（试行）》（国务院国有资产监督管理委员会令第 37 号）的规定如下。

中央企业违规经营投资资产损失 500 万元以下为一般资产损失，500 万元（含）以上 5 000 万元以下为较大资产损失，5 000 万元（含）以上为重大资产损失，具体如表 8-4 所示。涉及违纪违法和犯罪行为查处的损失标准，遵照相关党内法规和国家法律法规的规定执行。

表 8-4　国务院国资委界定的违规经营资产损失标准

资产损失等级	等级认定标准
一般资产损失	500 万元以下
较大资产损失	500 万元（含）以上 5 000 万元以下
重大资产损失	5 000 万元（含）以上

国有企业在制定自己的违规经营资产损失认定标准时，应该遵循表 8-4 所示标准。

二、SP 公司违规经营资产损失认定标准

为使违规追责处理更加人性化，SP 公司对国务院国资委的认定标准予以细化，具体如表 8-5 所示。

表 8-5　SP 公司违规经营资产损失认定标准

资产损失等级	等级认定标准	档次细分
一般资产损失	500 万元以下	100 万元以下 100 万元（含）至 300 万元 300 万元（含）至 500 万元
较大资产损失	500 万元（含）以上 5 000 万元以下	500 万元（含）至 1 000 万元 1 000 万元（含）至 3 000 万元 3 000 万元（含）至 5 000 万元
重大资产损失	5 000 万元（含）以上	5 000 万元（含）以上

三、国务院国资委对违规经营的责任认定

国务院办公厅、国务院国资委分别发文指出：国有企业经营管理有关人员在任职期间违反规定，未履行或未正确履行职责造成国有资产损失及其他严重不良后果的，将被追究其相应的责任；已调任其他岗位或退休的，也被纳入责任追究范围，实行重大决策终身责

任追究制度。

违规经营责任根据工作职责划分为三类：直接责任、主管责任和领导责任。

1. 直接责任是指相关人员在其工作职责范围内，违反规定，未履行或未正确履行职责，对造成的资产损失或其他严重不良后果起决定性直接作用时应当承担的责任。

2. 主管责任是指相关人员在其直接主管（分管）工作职责范围内，违反规定，未履行或未正确履行职责，对造成的资产损失或其他严重不良后果应当承担的责任。

3. 领导责任是指企业主要负责人在其工作职责范围内，违反规定，未履行或未正确履行职责，对造成的资产损失或其他严重不良后果应当承担的责任。

四、SP 公司对违规经营的责任认定标准

基于上述国务院国资委对违规经营责任的分类，SP 公司对违规经营的责任认定标准做了细化，具体如表 8-6 所示。

表 8-6　SP 公司对违规经营的责任认定标准

责任类型	责任认定的情形
直接责任	企业负责人存在以下情形的，应当承担直接责任： （1）本人或与他人共同违反国家法律法规、国有资产监管规章制度和企业内部管理规定 （2）授意、指使、强令、纵容和包庇下属人员违反国家法律法规、国有资产监管规章制度和企业内部管理规定 （3）未经规定程序或超越权限，直接决定、批准、组织实施重大经济事项 （4）主持相关会议讨论或以其他方式研究时，在多数人不同意的情况下，直接决定、批准、组织实施重大经济事项 （5）将按有关法律法规制度应作为第一责任人（总负责）的事项、签订的有关目标责任事项或应当履行的其他重要职责，授权（委托）其他领导人员决策且决策不当或决策失误等 （6）其他应当承担直接责任的行为
主管责任	上一级企业有关人员应当承担相应责任的情形包括： （1）发生重大资产损失且对企业生产经营、财务状况产生重大影响的 （2）多次发生较大、重大资产损失，或造成其他严重不良后果的
领导责任	除上一级企业有关人员外，更高层级企业有关人员也应当承担相应责任的情形包括： （1）发生违规违纪违法问题，造成资产损失金额巨大且危及企业生存发展的 （2）在一定时期内多家所属子企业连续集中发生重大资产损失，或造成其他严重不良后果的

8.2.3　违规责任追究的程序

一、国务院规定的责任追究程序

在国办发 63 号文第六部分，国务院规定了责任追究工作的组织实施程序，共四步：受理、调查、处理和整改。具体内容如下。

1.受理。资产损失一经发现，应当立即按管辖规定及相关程序报告。受理部门应当对掌握的资产损失线索进行初步核实，属于责任追究范围的，应当及时启动责任追究工作。

2.调查。受理部门应当按照职责权限及时组织开展调查，核查资产损失及相关业务情况、核实损失金额和损失情形、查清损失原因、认定相应责任、提出整改措施等，必要时可经批准组成联合调查组进行核查，并出具资产损失情况调查报告。

3.处理。根据调查事实，依照管辖规定移送有关部门，按照管理权限和相关程序对相关责任人追究责任。相关责任人对处理决定有异议的，有权提出申诉，但申诉期间不停止原处理决定的执行。责任追究调查情况及处理结果在一定范围内公开。

4.整改。发生资产损失的国有企业应当认真总结吸取教训，落实整改措施，堵塞管理漏洞，建立健全防范损失的长效机制。

责任追究工作原则上按照干部管理权限组织开展，国资委和国有企业开展违规经营投资责任追究工作时，应当遵循以上程序。

二、SP 公司违规责任追究程序

基于国务院办公厅及国务院国资委的规定，为了把责任追究工作落到实处，SP 公司细化了违规责任追究程序，具体如图 8-2 所示。

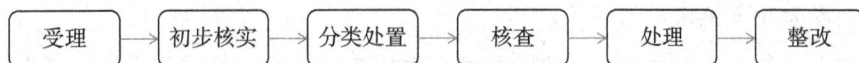

受理 → 初步核实 → 分类处置 → 核查 → 处理 → 整改

图 8-2　SP 公司违规责任追究程序

图 8-2 中每一步的工作内容如表 8-7 所示。

表 8-7　SP 公司违规责任追究程序说明

步骤	环节	具体工作说明
1	受理	违规经营投资责任追究问题线索来源包括内部来源和外部来源
2	初步核实	责任管理委员部门在业务监管中发现的涉嫌需要追责的问题和线索，属于本部门职责范围的，由责任管理委员部门初步核实
3	分类处置	公司范围，由相关责任管理委员部门组织实施核查工作 司属单位范围，移交并督促相关单位进行核查及责任追究 其他情况，报经工作委员会主任予以结案或移送有关部门 涉嫌违纪、职务违法或犯罪的，按照纪检监察相关规定移交纪检监察组

（续表）

步骤	环节	具体工作说明
4	核查	工作委员会通过责任管理委员部门对受理的违规经营投资事项及时组织开展核查工作。对于单一委员部门难以独自调查完成的，由工作委员会办公室牵头成立专项核查组
5	处理	工作委员会通过会议审议相关议案，充分听取委员意见，由主任委员最终确定处理决定
6	整改	责任管理部门负责监督落实整改意见，并从制度体系、业务流程和实施措施等方面进行梳理与检查，健全完善业务系统管理，并向做出处理决定的工作委员会报送整改报告及相关材料

8.2.4 违规责任追究处理的方式

一、国务院对违规责任追究的处理方式

在国办发 63 号文的第五部分，国务院明确了违规责任追究处理的五种方式。

根据资产损失程度、问题性质等，对相关责任人采取组织处理、扣减薪酬、禁入限制、纪律处分、移送司法机关等方式处理。

1. 组织处理。包括批评教育、责令书面检查、通报批评、诫勉、停职、调离工作岗位、降职、改任非领导职务、责令辞职、免职等。

2. 扣减薪酬。扣减和追索绩效年薪或任期激励收入，终止或收回中长期激励收益，取消参加中长期激励资格等。

3. 禁入限制。五年内直至终身不得担任国有企业董事、监事、高级管理人员。

4. 纪律处分。由相应的纪检监察机关依法依规查处。

5. 移送司法机关处理。依据国家有关法律规定，移送司法机关依法查处。

在违规追责实践中，以上五种处理方式可以单独使用，也可以合并使用。

二、组织处理的影响期

在上述处理中，组织处理由轻到重为：诫勉处理、停职检查、调离岗位、责令辞职或免职、降职等。不同的组织处理，其影响期不同，详见表 8-8 的说明。

表 8-8　不同组织处理的影响期说明

处理方式	相关处理的影响期
诫勉处理	六个月内不得提拔、重用
停职检查	期限一般不超过六个月
调离岗位	一年内不得提拔职务、晋升职级或者进一步使用
责令辞职或免职	一年内不安排领导职务，二年内不得担任高于原职务层次的领导职务或者晋升职级
降职	二年内不得提拔职务、晋升职级或者进一步使用

注：同时受到纪律处分和组织处理的，按照影响期长的规定执行。

三、企业内部的违规追责处理方式

国办发 63 号文的规定如下。

（二）国有企业发生资产损失，经过查证核实和责任认定后，除依据有关规定移送司法机关处理外，应当按以下方式处理。

1. 发生较大资产损失的，对直接责任人和主管责任人给予通报批评、诫勉、停职、调离工作岗位、降职等处理，同时按照以下标准扣减薪酬：扣减和追索责任认定年度 50%~100% 的绩效年薪、扣减和追索责任认定年度（含）前三年 50%~100% 的任期激励收入并延期支付绩效年薪，终止尚未行使的中长期激励权益、上缴责任认定年度及前一年度的全部中长期激励收益、五年内不得参加企业新的中长期激励。

对领导责任人给予通报批评、诫勉、停职、调离工作岗位等处理，同时按照以下标准扣减薪酬：扣减和追索责任认定年度 30%~70% 的绩效年薪、扣减和追索责任认定年度（含）前三年 30%~70% 的任期激励收入并延期支付绩效年薪，终止尚未行使的中长期激励权益、三年内不得参加企业新的中长期激励。

2. 发生重大资产损失的，对直接责任人和主管责任人给予降职、改任非领导职务、责令辞职、免职和禁入限制等处理，同时按照以下标准扣减薪酬：扣减和追索责任认定年度 100% 的绩效年薪、扣减和追索责任认定年度（含）前三年 100% 的任期激励收入并延期支付绩效年薪，终止尚未行使的中长期激励权益、上缴责任认定年度（含）前三年的全部中长期激励收益、不得参加企业新的中长期激励。

对领导责任人给予调离工作岗位、降职、改任非领导职务、责令辞职、免职和禁入限制等处理，同时按照以下标准扣减薪酬：扣减和追索责任认定年度 70%~100% 的绩效年薪、扣减和追索责任认定年度（含）前三年 70%~100% 的任期激励收入并延期支付绩效年薪，终止尚未行使的中长期激励权益、上缴责任认定年度（含）前三年的全部中长期激励收益、五年内不得参加企业新的中长期激励。

国有企业在实践中应当遵照此标准执行。

8.2.5 违规责任追究处理的标准

本小节以 SP 公司设计的违规经营处理标准为例进行讲解。

基于国务院办公厅和国资委的相关要求，SP 公司结合自己的实际情况，把资产损失分成三个级别：一般资产损失、较大资产损失和重大资产损失（见表 8-5），然后针对不同级别制定了不同的违规经营处理标准。

一、一般资产损失的处理标准

发生一般资产损失的，对相关责任人按照表 8-9 所示的标准处理。

表 8-9 发生一般资产损失的处理标准

标准	直接责任人	主管责任人	领导责任人
发生 100 万元以下	批评教育或者责令检查，扣减和追索责任认定年度 5%~10% 的业绩奖金	批评教育或者免予处理，扣减和追索责任认定年度 5% 以下的业绩奖金	—
100 万元（含）至 300 万元	责令检查或通报批评，扣减和追索责任认定年度 10%~30% 的业绩奖金	批评教育或者责令检查，扣减和追索责任认定年度 5%~10% 的业绩奖金	—
300 万元（含）至 500 万元	通报批评或者诫勉，扣减和追索责任认定年度 30%~50% 的业绩奖金	责令检查或者通报批评，扣减和追索责任认定年度 10%~30% 的业绩奖金	批评教育或者责令检查

二、较大资产损失的处理标准

发生较大资产损失的，对相关责任人按照表 8-10 所示的标准处理。

表 8-10 发生较大资产损失的处理标准

标准	直接责任人	主管责任人	领导责任人
500 万元（含）至 1 000 万元	诫勉或停职检查，扣减和追索责任认定年度 50%~70% 的业绩奖金，扣减和追索责任认定年度（含）前三年 50%~70% 的任期激励收入并延期支付业绩奖金，取消全部尚未行使的其他中长期激励权益，上缴责任认定年度及前一年度的全部中长期激励收益，五年内不得参加新的中长期激励	给予通报批评或诫勉，扣减和追索责任认定年度 50%~60% 的业绩奖金，扣减和追索责任认定年度（含）前三年 50%~60% 的任期激励收入并延期支付业绩奖金，取消全部尚未行使的其他中长期激励权益，上缴责任认定年度及前一年度的全部中长期激励收益，五年内不得参加新的中长期激励	给予责令检查或通报批评，扣减和追索责任认定年度 30%~40% 的业绩奖金，扣减和追索责任认定年度（含）前三年 30%~40% 的任期激励收入并延期支付业绩奖金，终止尚未行使的其他中长期激励权益，三年内不得参加新的中长期激励

（续表）

标准	直接责任人	主管责任人	领导责任人
1 000 万元（含）至 3 000 万元	停职检查或者调离工作岗位，扣减和追索责任认定年度 70%~80% 的业绩奖金，扣减和追索责任认定年度（含）前三年 70%~80% 的任期激励收入并延期支付业绩奖金，取消全部尚未行使的其他中长期激励权益，上缴责任认定年度及前一年度的全部中长期激励收益，五年内不得参加新的中长期激励	诫勉或停职检查，扣减和追索责任认定年度 60%~70% 的业绩奖金，扣减和追索责任认定年度（含）前三年 60%~70% 的任期激励收入并延期支付业绩奖金，取消全部尚未行使的其他中长期激励权益，上缴责任认定年度及前一年度的全部中长期激励收益，五年内不得参加新的中长期激励	通报批评或诫勉，扣减和追索责任认定年度 40%~50% 的业绩奖金，扣减和追索责任认定年度（含）前三年 40%~50% 的任期激励收入并延期支付业绩奖金，终止尚未行使的其他中长期激励权益，三年内不得参加新的中长期激励
3 000 万元（含）至 5 000 万元	调离工作岗位或改任非领导职务，扣减和追索责任认定年度 80%~100% 的业绩奖金，扣减和追索责任认定年度（含）前三年 80%~100% 的任期激励收入并延期支付业绩奖金，取消全部尚未行使的其他中长期激励权益，上缴责任认定年度及前一年度的全部中长期激励收益，五年内不得参加新的中长期激励	停职检查或调离工作岗位，扣减和追索责任认定年度 70%~80% 的业绩奖金，扣减和追索责任认定年度（含）前三年 70%~80% 的任期激励收入并延期支付业绩奖金，取消全部尚未行使的其他中长期激励权益，上缴责任认定年度及前一年度的全部中长期激励收益，五年内不得参加新的中长期激励	诫勉或停职检查，扣减和追索责任认定年度 50%~70% 的业绩奖金，扣减和追索责任认定年度（含）前三年 50%~70% 的任期激励收入并延期支付业绩奖金，终止尚未行使的其他中长期激励权益，三年内不得参加新的中长期激励

三、重大资产损失的处理标准

发生重大资产损失的，对相关责任人按照表 8-11 所示的标准处理。

表 8-11　发生重大资产损失的处理标准

标准	直接责任人	主管责任人	领导责任人
5 000 万元（含）以上	责令辞职、免职（解聘）、降职和禁入限制十年（不含）以上等处理，同时扣减和追索责任认定年度 100% 的业绩奖金，扣减和追索责任认定年度（含）前三年 100% 的任期激励收入并延期支付业绩奖金，终止尚未行使的其他中长期激励权益，上缴责任认定年度（含）前三年的全部中长期激励收益，不得参加新的中长期激励	改任非领导职务、责令辞职、免职（解聘）、降职和禁入限制五年（不含）至十年（含）等处理，同时扣减和追索责任认定年度 100% 业绩奖金，扣减和追索责任认定年度（含）前三年 100% 的任期激励收入并延期支付业绩奖金，终止尚未行使的其他中长期激励权益，上缴责任认定年度（含）前三年的全部中长期激励收益，不得参加新的中长期激励	调离工作岗位，改任非领导职务、责令辞职、免职（解聘）、降职和禁入限制五年等处理，同时扣减和追索责任认定年度 70%~100% 的业绩奖金，扣减和追索责任认定年度（含）前三年 70%~100% 的任期激励收入并延期支付业绩奖金，终止尚未行使的其他中长期激励权益，上缴责任认定年度（含）前三年的全部中长期激励收益，五年内不得参加新的中长期激励

四、从重、从轻、不予问责、容错的情形

除前文介绍的违规追责标准外，还有一些特殊情形需要特殊对待。SP 公司根据国务院办公厅和国资委的规定，制定了特殊处理方式，具体如表 8-12 所示。

表 8-12　SP 公司特殊处理违规行为的情形一览表

特殊处理	特殊处理适用的情形
从重或加重处理	有下列情形之一的，应当从重或加重处理： 1. 资产损失频繁发生、金额巨大、后果严重的 2. 屡禁不止、顶风违规、影响恶劣的 3. 强迫、唆使他人违规造成资产损失或其他严重不良后果的 4. 未及时采取措施或措施不力导致资产损失或其他严重不良后果扩大的 5. 瞒报、漏报或谎报资产损失的 6. 拒不配合或干扰、抵制责任追究工作的 7. 其他应当从重或加重处理的
从轻或减轻处理	有下列情形之一的，应当从轻或减轻处理： 1. 情节轻微的 2. 以促进企业改革发展稳定或履行企业经济责任、政治责任、社会责任为目标，且个人没有谋取私利的 3. 党和国家方针政策、党章党规党纪、国家法律法规、地方性法规和规章等没有明确限制或禁止的 4. 处置突发事件或紧急情况下，个人或少数人决策，事后及时履行报告程序并得到追认，且不存在故意或重大过失的 5. 及时采取有效措施减少、挽回资产损失并消除不良影响的 6. 主动反映资产损失情况，积极配合责任追究工作的，或主动检举其他造成资产损失相关人员，查证属实的 7. 其他可以从轻或减轻处理的
不予问责或者免予问责	对于违规经营投资有关责任人，应当给予批评教育、责令检查、通报批评或诫勉处理，但是具有从轻或减轻处理（见上一行）情形之一的，可以不予问责或者免予问责
容错情形	根据"三个区分开来"的指示，对公司及直属单位经营管理有关人员在企业改革发展中所出现的失误，不属于有令不行、有禁不止、以权谋私、主观故意、独断专行等的，按照有关规定和程序予以容错 1. 相关责任人已调任的，应当按照本办法给予相应处理 2. 相关责任人已离职的，依托公司内部与其有关联的单位协助落实责任追究 3. 相关责任人已退休的，可采取降低退休待遇等方式进行处理，实行终身责任追究制

注：国有参股企业责任追究工作，可参照上述内容向国有参股企业股东会提请开展责任追究工作。

8.3　合规免责

8.3.1　免责事项清单

在企业经营投资过程中，为了鼓励和保护有责任、有担当的领导干部和业务骨干，企业在强调违规追责的同时，还应明确免责事项清单。

根据国务院办公厅、国资委的指导意见，SP 公司规定：相关单位（部门）和个人在工作中，履职担当出现偏差失误，造成资产损失或其他不良后果，但符合政策法规和规章制度，履行规定程序，勤勉尽责、未谋取私利的，具有表 8-13 所示情形的，可予免责。

表 8-13　SP 公司免责事项清单

类别	可以免责的具体情形
在开展投资业务方面	1. 严格执行决策程序并充分评估和积极防控投资风险，因客观上无法先行预见的相关政策重大调整、外部环境重大变化，造成资产损失或其他不良后果的 2. 在境外投资中，严格开展尽职调查，遵守所在地法律及相关国际规则，因国际局势、所在地重大突发事件等不可预见因素，造成资产损失或其他不良后果的 3. 在集体决策时明确表示异议或反对的
在深化企业改革方面	1. 在实施混合所有制改革中，严格执行决策程序，依法依规操作，因合作方重大意外变故导致经营困难或破产清算，虽及时反应并全力补救追偿，仍造成资产损失或其他不良后果的 2. 在推进企业重组和专业化整合中，为推动企业核心战略发展、发挥整体竞争优势，主动作为、积极探索，因先行先试、缺乏改革经验，造成资产损失或其他不良后果的 3. 在推动企业管理体制机制进行突破性、创新性变革中，严格执行决策程序，因先行先试、经验不足，未能实现预期目标或造成资产损失的 4. 开展商业模式、经营方式或业务创新，因先行先试、缺乏经验出现偏差，造成资产损失或其他不良后果的
在实施创新驱动发展战略方面	1. 在组织研发创新中，加快打造原创技术策源地、现代产业链链主企业，或开展原创技术研究、推动产业链协同发展，因技术路线选择、产业关键技术研发等存在重大不确定性，造成资产损失或其他不良后果的 2. 在推动重大装备国产化中，充分利用相关支持政策，促进首台（套）重大技术装备示范应用，因技术标准不成熟、装备性能不稳定、配套设备不系统等因素，造成资产损失或其他不良后果的
在资产处置方面	1. 在资产交易中，严格执行资产交易有关规定，确保交易资产处于合理状态，因自然灾害、征收征用等导致资产毁损、灭失、所有权受限或其他不良后果的 2. 在不良资产处置中，为避免进一步的损失必须进行资产处置，处置时形成新的损失但轻于不处置所带来损失的

（续表）

类别	可以免责的具体情形
其他情况	1. 在企业优化业务发展布局、积极参与市场竞争、抢占市场先机中，严格执行决策程序，因市场发生重大变化、政策出现重大调整等不可预见因素，造成资产损失或其他不良后果的 2. 在处理历史遗留问题中，从推动问题解决和有利企业发展角度担当作为，依据当时可获取资料开展工作，因后续出现新的证据，使原认定事实或法律关系发展变化，造成资产损失或其他不良后果的 3. 在处置突发事件中，无法及时履行集体决策程序，临机决断采取紧急措施，造成资产损失或出现一定失误错误、引发矛盾，事后及时报告并履行决策程序得到追认的 4. 在推进问题整改工作中，落实有关监管方面提出的经营投资整改工作要求，积极组织整改，因司法诉讼、政策限制等不可控因素，造成未按期全面完成整改的 5. 对于自然灾害等不可抗力因素、难以预见因素及根据有关规定可以适用的其他情形，可予以免责

注：1. 符合表第二列中任何一种情形的，可予以免责。

2. 企业在制定免责事项清单时，务必以法律法规、监管政策为依据，不得随意扩大免责范围。

8.3.2 不得适用免责的负面事项清单

为保证免责的严肃性，在实践中需要严格区分免责情形与非免责情形。为便于操作，企业需要制定不适用免责的负面事项清单。SP 公司规定，各单位和个人在经营投资及其管理中，有表 8-14 所示情形之一的，不得适用表 8-13 中的免责条款。

表 8-14　SP 公司不得适用免责条款的负面事项清单

序号	事项描述
1	违反决策程序，个人决定重大事项、超越权限擅自做出决策，或应报告、报备而隐瞒不报的
2	从事非法或明显超出经营范围的经营投资活动的
3	在企业投资、混改、重组、资产交易活动中，存在关联交易不报告、不回避的
4	借改革创新之名假公济私、弄虚作假，利用职权或职务之便谋取私利或为特定关系人谋取非法利益的
5	有法不依、有规不行，不作为、乱作为，放任企业资产流失或者明显损害员工合法权益的
6	做出违背常识常理的经营管理行为的
7	在同一问题上重复出现失误错误或者给予免责处理后再次出现同样失误错误的

现阶段，企业内部问责层级总体偏低，存在"问下不问上""问前不问后"的现象。有些企业以诫勉谈话、扣减积分、经济处理等方式替代纪律处分，有些企业甚至"零缺陷""零问责"，为此国务院国资委已多次发文，要整治这种在内部控制评价中"零缺陷"的企业。对于发生重大违规事件的企业，其管理层将被追究直接责任、主管责任或领导责任。

第 **9** 章　合规检查、合规评价与合规考核

　　关于内部控制，按照财政部、证监会等五部委的要求，企业需要区分内控评价与内控审计，为此财政部等五部委发布了《企业内部控制评价指引》和《企业内部控制审计指引》。对上市公司而言，每年除了要披露年报外，还要同时披露企业内部控制评价报告和内部控制审计报告，前者由上市公司董事长牵头，后者由会计师事务所负责。

　　关于合规管理，同样要区分合规评价和合规审计，只是这二者现在都不是刚性要求。现在，关于合规管理的监管要求，中央企业只是每年要向国务院国资委提交一份企业合规管理报告；上市公司方面，证监会还没有出台有关企业合规状况披露的政策。

9.1 合规检查

9.1.1 合规检查概述

一、合规检查的分类方式

在实践中，合规检查形式多样。有例行检查、临时检查，还有综合合规检查、专项合规检查，具体视实际需要而定。表 9-1 给出了合规检查的分类，供大家参考使用。

表 9-1　合规检查的分类

分类方式	类别
按范围	综合合规检查和专项合规检查
按职能	合规职能检查和合规交叉检查
按现场	现场合规检查和非现场合规检查
按执行时间	定期合规检查和不定期合规检查
按内外部检查主体	内部合规检查和外部合规检查

二、合规检查的主要工作内容

合规检查是企业合规管理的重要抓手之一，也是第二道防线（合规管理牵头部门）的日常工作之一。为了监督合规管理制度和要求的落实情况，企业需要定期或不定期地开展合规检查工作。

由于合规检查是合规管理部门的常规工作之一，因此需要制订合规检查的年度计划，然后按计划实施合规检查。对重点机构、重大项目，每年至少实施一轮检查。

合规检查一般以小组的形式开展，小组成员一般由合规管理人员（合规职能团队）组成，根据合规检查需要，也可以抽调各层级的兼职合规专员或相关部门的业务人员加入合规检查小组。

合规检查可以分为合规职能检查和合规交叉检查。企业应组织安排各层级合规管理部门对所属各单位、项目部进行合规职能检查及合规交叉（如跨地区、跨单位）检查，确保合规检查的严肃性和质量。

合规检查工作完成后，合规检查小组应对照合规检查目标，出具书面合规检查报告，对合规检查过程中发现的问题和不足，提出处理意见、改进方向和主要措施，涉及违法违纪的，移交司法机关处理。

为保证合规检查的严肃性，合规管理部门应持续跟踪、监督被检查机构（包括项目部等）的合规整改情况，确保整改措施真正落地。被检查单位应根据合规检查小组提出的整改意见和建议认真逐项整改，并向合规管理部门报送整改报告。

9.1.2　合规检查制度

合规检查是企业合规管理牵头部门的主要工作之一，对企业合规管理意义非凡，就像安全生产监察部门开展安全检查一样。所以，企业需要建立与合规检查配套的管理指引和制度，使合规检查规范化、制度化。表 9-2 是 SP 公司的合规检查管理指引，供读者参考。

表 9-2　SP 公司合规检查管理指引

第一条　为了更好地推进合规管理的实施，加强合规经营，防范并降低合规风险，公司应当对其所属各单位进行持续的合规检查。
第二条　合规检查分为合规职能检查和合规交叉检查。
（一）合规职能检查指由合规管理部门对其公司内部机构实施本指引及相关配套合规制度的情况及有效性等开展的合规检查。
（二）合规交叉检查指合规管理部门之间、不同所属单位之间或公司的不同营业区域之间相互对实施本指引及相关配套合规制度的情况及有效性等开展的合规检查。
（三）公司及各所属单位有权决定合规交叉检查开展的形式和范围。
第三条　针对上述合规检查内容，企业合规管理部门每年应该制订并实施例行合规检查计划和专项合规检查计划。
第四条　公司应结合自己的规模、业务实际开展情况，按照"重点机构、重大项目每年实施一轮检查，其他机构和项目每两年实施一轮检查"的原则，制订公司年度合规检查计划，并报公司合规管理部门批准；公司合规管理部门根据各所属单位报送的检查计划，结合公司整体发展情况，确定年度内公司、各所属单位合规职能检查及交叉检查机构，并报公司董事会合规管理委员会（或董事会指定的风险管理委员会、战略委员会、审计委员会等）备案。
第五条　公司应制订合规检查年度计划，组织安排各层级合规管理部门对所属各单位、办事处进行合规职能检查及合规交叉（如跨地区、跨单位）检查，确保在两年之内对公司所有机构和业务完成一轮合规检查。
第六条　除定期合规检查外，当合规管理部门收到员工或其他报告者的可靠报告或举报，指出公司某特定机构可能存在重大合规风险隐患时，合规管理部门可根据实际情况组织实施专项合规检查。
第七条　公司及所属各单位合规管理部门应成立合规检查小组，按计划对各所属单位、项目部进行内部合规及交叉专项合规检查。内部合规检查也可结合公司年度财务、内控等内部审计计划，一同进行。
第八条　合规检查小组的成员由合规管理人员（合规职能团队）组成，根据合规检查需要，也可以抽调各层级的兼职合规专员或相关部门的业务人员加入合规检查小组。
第九条　合规检查一般采取现场检查形式，并根据具体情况采取其他适当的检查形式。
第十条　检查小组应本着独立、合理、高效的原则，着重对合规管理制度、流程的执行情况、财务控制情况等内控情况进行访谈、检查。在对合规专员的培训和履职情况进行检查时，被检查的合规专员应根据相关规定进行回避。

（续表）

第十一条　合规管理部门就检查中发现的合规风险和违规事件，应向有关部门和员工发出书面整改通知。合规管理部门应跟踪整改落实情况，并对整改工作进行验收。对于整改不力的部门或员工，合规管理部门及纪检监察部门应从合规管理及干部管理等不同层面对该部门或员工追究相应的责任。 第十二条　合规管理部门在合规检查中，应注意及时收集来自合规专项管理部门、审计部门、纪检监察部门、内部和外部员工、合规体系评审等方面的反馈意见和建议，结合公司业务发展的实际情况，定期分析合规制度的充分性、适宜性和有效性，必要时对合规政策进行修订和补充完善。 第十三条　合规检查工作完成后，合规检查小组应对照合规检查目标，出具书面合规检查报告，对合规检查过程中发现的问题和不足，提出处理意见、改进方向和主要措施，涉及违法违纪的，移交公司纪检监察部门处理。 第十四条　公司所属各单位应根据合规检查小组出具的合规检查报告中的处理意见，逐项整改，并在合规检查报告正式出具后向上级合规管理部门报送整改报告。 第十五条　公司及所属各单位合规管理部门应持续跟踪、监督被检查机构（包括项目部等）的合规整改情况，确保整改措施真正落地。 第十六条　本指引由公司合规管理部负责解释和修订。

9.1.3　合规检查自测问卷

为加深大家对合规检查的理解，下面特别准备了一份自测问卷，具体如表 9-3 所示，供大家自测、检验。

表 9-3　合规检查自测问卷

一、单选题 1.在进行合规检查时，通常需要各部门之间相互配合，（　）主要负责组织和实施工作。 A.合规部门 B.审计部门 C.中后台或业务部门 D.分支机构 答案：A 2.若需要检查生产部门是否进行相应的合规风险提示、宣传栏是否按要求张贴相关合规指南等内容，那么可以选择（　）方法进行检查。 A.部门自查 B.系统检查 C.资料检查 D.现场检查 答案：D

（续表）

3．基于资料和信息系统的检查，合规检查人员无法做出判断，需要进一步确定相关情况时，可以优先采取（　　）的方法。

A．当面访谈

B．问卷调查

C．外部检查

D．穿行测试

答案：A

4．以下不属于在合规检查前需要开展的准备工作是（　　）。

A．制定合规检查方案

B．设计较为详细的检查表

C．给业务部门一定的准备期

D．起草检查报告

答案：D

二、多选题

1．在进行合规检查时，应当尽量避免以下哪些情形？（　　）

A．检查时间不足而检查内容过多、过杂

B．检查人员对业务、相关制度规范缺乏了解

C．无计划、无重点的走过场检查

D．对立、不配合检查

答案：ABCD

2．在进行专项合规检查时，应主要遵循下列哪些原则？（　　）

A．全面性原则

B．适当性原则

C．便利性原则

D．有效性原则

答案：BCD

3．合规人员在对"八项规定"遵循情况进行检查时，通常采用何种方式？（　　）

A．组织被查机构开展自查

B．调取资料进行分析

C．通过相关信息系统了解情况

D．利用内部审计或纪检监察成果验证分析

答案：ABCD

三、判断题

1．不同内容和程度的合规检查需遵循相同的审批流程。（　　）

答案：错

（续表）

2．在接到外部监管机构、自律组织的相应检查要求时，企业应安排合规管理部门实施（或配合）合规检查。（ ）

答案：对

3．合规检查应与合规审查、合规监督等合规管理工作互为辅助，互为促进，共同推进企业合规管理工作的开展，保证企业业务持续合规推进。（ ）

答案：对

9.2　合规评价与合规报告

9.2.1　合规评价

一、国务院国资委对合规评价的要求

国务院国资委在《中央企业合规管理指引（试行）》的第二十二条和第二十三条对合规评价做了具体说明。

> 第二十二条　**开展合规管理评估，定期对合规管理体系的有效性进行分析**，对重大或反复出现的合规风险和违规问题，深入查找根源，完善相关制度，堵塞管理漏洞，强化过程管控，持续改进提升。
>
> 第二十三条　**加强合规考核评价**，把合规经营管理情况纳入对各部门和所属企业负责人的年度综合考核，细化评价指标。对所属单位和员工合规职责履行情况进行评价，并将结果作为员工考核、干部任用、评先选优等工作的重要依据。

该指引所说的合规管理评估其实就是合规评价，它基本对应 ISO 37301 中管理评审的内容，即对合规管理体系的有效性进行评审，从而发现不足，持续改进。

二、合规评价指标体系示例

安达风控研究中心基于《中央企业合规管理指引（试行）》和企业合规管理实践，开发了有针对性的合规管理评价指标体系。该评价指标体系分为三级，各级指标的数量见表 9-4，各指标的分值见表 9-5 和表 9-6，一级指标的总分值为 200 分。

表 9-4　企业合规管理评价各级指标的数量

指标级别	指标数量
一级指标	5
二级指标	26
三级指标	69

表 9-5　企业合规管理评价一级指标的分值

一级指标名称	指标分值
目标和原则	9
合规管理职责	13

（续表）

一级指标名称	指标分值
合规管理重点	70
合规管理运行	62
合规管理保障	46
合计	200

表 9-6 所示的指标体系比较充分地考虑了各指标对企业合规管理的影响程度，基本可以真实地反映企业合规管理水平。

表 9-6 企业合规管理评价指标体系

一级指标	二级指标	三级指标	分值
目标和原则	合规管理目标	依法治企 合规经营	4
	合规管理原则	全面性 责任性 联动性 客观性 独立性	5
合规管理职责	董事会	相关职责。从略	2
	监事会	相关职责。从略	1
	经理层	相关职责。从略	1
	合规管理委员会	相关职责。从略	1
	合规管理负责人	相关职责。从略	2
	合规管理牵头部门	相关职责。从略	2
	审计监察部门	相关职责。从略	1
	其他部门	相关职责。从略	3
合规管理重点内容	重点领域	市场交易 安全环保 产品质量 劳动用工 财务税收 知识产权 商业伙伴 其他需要重点关注的领域	25

（续表）

一级指标	二级指标	三级指标	分值
合规管理重点内容	重点环节	制度制定环节 经营决策环节 生产运营环节 其他需要重点关注的环节	20
	重点人员	管理人员 重要风险岗位人员 海外人员 其他需要重点关注的人员	20
	海外投资管理	建立并运行海外合规经营的制度、体系、流程等	5
合规管理运行	合规管理制度	制定合规行为规范 制定专项合规管理制度 建立动态的外规内化机制	12
	合规风险评估与预警	合规风险识别 合规风险评估 建立合规风险识别预警机制 合规风险预警	16
	合规风险应对	制定风险应对预案 重大合规风险事件应对	8
	合规审查	制定合规审查制度 对重大经营管理行为必须进行前置合规审查	6
	违规问责	制定违规问责制度 建立并细化惩处标准 畅通举报渠道 合规调查 违规追责	14
	合规管理评价	符合性 有效性	6
合规管理保障	合规考核评价	建立并细化评价指标 对所属单位合规职责履行情况的评价 对员工合规职责履行情况的评价 考核结果应用情况	8
	合规管理信息化建设	信息化水平 实时在线监控和风险分析情况	8
	合规管理队伍	业务培训 海外经营重要地区合规管理机构或配备专职人员情况 重点项目合规管理机构或配备专职人员情况	9
	合规培训	法治宣传教育 建立制度化、常态化培训机制	8

（续表）

一级指标	二级指标	三级指标	分值
合规管理保障	合规文化	制定发放合规手册 签订合规承诺书	4
	合规报告	建立合规报告制度 合规风险事件分级管理情况 年度合规管理报告	9

企业可基于表 9-6 进行自评，根据表 9-7 查阅合规管理水平的等级。

表 9-7　企业合规管理水平等级

评价得分	水平等级	建议
小于 120 分	不及格	抓紧建立合规体系
大于（含）120 分小于 150 分	及格	抓紧完善合规体系
大于（含）150 分小于 180 分	中等	仍需在落实上下功夫
大于（含）180 分	良好	追求卓越

9.2.2　合规报告

在《合规管理体系标准解读及建设指南》一书中，我们介绍过合规报告有动词和名词之分。ISO 37301 对合规报告有比较全面的要求说明，不仅要求建立报告路线和报告机制，还要求落实日常合规报告和定期合规报告；《中央企业合规管理指引（试行）》也非常重视合规报告，也对合规报告提出了明确的要求；《企业境外经营合规管理指引》只把合规报告当作动词，要求合规管理部门对合规报告（对日常发现的不合规现象进行报告）和相关记录建立台账。

一、ISO 37301 对合规报告的要求

在 ISO 37301 的 "9.1.4 合规报告" 这一节中介绍了对合规报告的要求，具体内容如下。

9.1.4 合规报告

组织应建立、实施和保持合规报告的过程，以确保：

a）确定适当的报告准则；

b）制定定期报告的时间表；

c）建立非常规报告机制以便临时报告；

d）实施保证信息准确性和完整性的机制和过程；

---

　　e）向组织中合适的职能或板块提供准确和完整的信息，以便及时采取预防、纠正和补救措施。

　　合规职能向治理机构或最高管理者提交的任何报告内容均应受到充分保护，以防止被修改。

　　组织应保留合规活动准确且实时的记录，以监督和评审合规过程，并表明其符合合规管理体系要求。

二、《中央企业合规管理指引（试行）》对合规报告的要求

　　国务院国资委对合规报告的要求更严格、更具体，这体现在合规报告的内容及报告路径、报告时间等方面。国务院国资委首先明确了合规风险事件的等级，其次明确了不同风险事件等级的不同报告路径和对象，最后要求按年度提交正式的年度合规报告，详细信息如下。

　　第二十八条　建立合规报告制度，发生较大合规风险事件，合规管理牵头部门和相关部门应当及时向合规管理负责人、分管领导报告。重大合规风险事件应当向国资委和有关部门报告。

　　合规管理牵头部门于每年年底全面总结合规管理工作情况，起草年度报告，经董事会审议通过后及时报送国资委。

三、合规管理年度报告示例

　　为帮助大家对合规管理年度报告有更深的认识，这里给出报告模板供大家参考，具体如表 9-8 所示。

表 9-8　企业合规管理年度报告（模板）

SP 公司合规管理年度报告
（2022 年度） **一、企业基本情况** （一）经营管理及改革发展情况 …… （二）企业风险管理及内控体系建设情况 ……

（三）企业合规管理情况

……

（四）违规经营投资责任追究工作体系和制度机制建设等情况

……

二、合规管理及违规经营责任追究工作开展情况

（一）工作总体情况

1. 相关职能部门和调整情况。

……

2. 违规问题线索。

问题和线索 × 件。企业内部部门发现 × 件，其中企业审计部门 × 件；信访举报 × 件，……。外部监督机构移送 × 件，其中审计署 × 件；巡视 × 件，……。初核立项 × 件，办理方式为……。

3. 违规损失事件及金额。

本年度，集团本级及所属企业共发生国有资产损失事项 × 件，损失金额 ×× 元，具体为……。

4. 违规责任追究。

因违规经营造成国有资产损失或其他严重不良后果，责任追究 × 人，其中组织处理 × 人、扣减薪酬 × 人、禁入限制 × 人、移送纪检监察机关纪律处分 × 人、移送国家监察机关或司法机关 × 人……。

5. 合规整改情况。

挽回损失 ××，降低损失风险 ××，企业修订完善管理制度 × 项……。

6. 其他。

存在的问题、经验教训等。

（二）违规经营责任追究具体情况

1. ×× 问题造成的损失和责任追究情况。

（1）问题来源。……

（2）违规事实。……

（3）损失认定。……

（4）责任认定。……

（5）责任追究。……

2. ×× 问题造成的损失和责任追究情况。

（1）问题来源。……

（2）违规事实。……

（3）损失认定。……

（4）责任认定。……

（5）责任追究。……

（三）下一步工作措施

1. 工作组织领导方面。……

2. 制度建设和优化方面。……

3. 流程管控和优化方面。……

（续表）

4. 具体工作开展方面。……

5. 其他方面。……

三、工作意见建议

1.

2.

联系人：武 × ×

联系电话：010-2766 × × × ×

SP 公司

202 × 年 × × 月 × × 日

对该模板的应用说明如下。

1. 该报告模板仅供参考，企业在借鉴使用时，可以对模板的结构和内容进行调整。

2. 年度报告材料尽量以事实和数据说话，可根据需要附有关制度文件及说明材料。

3. 按有关保密要求做好报告的定密及报送工作，国有企业尤其如此。

9.3 合规考核

9.3.1 各机构对合规考核的要求

在企业管理中，考核、评价是不可或缺的一环。没有考核的管理很难激发员工对管理的（持续）关注，最终导致无法达成预定目标，合规管理亦然。

一、国务院国资委对合规考核的要求

在《中央企业合规管理指引（试行）》里，国务院国资委对合规考核评价做了单独要求。

> 第二十三条 加强合规考核评价，把合规经营管理情况纳入对各部门和所属企业负责人的年度综合考核，细化评价指标。对所属单位和员工合规职责履行情况进行评价，并将结果作为员工考核、干部任用、评先选优等工作的重要依据。

二、国家发改委对合规考核的要求

在《企业境外经营合规管理指引》中，国家发改委也对合规考核做了说明，并且把合规考核作为一个专有名词和独立活动对待。

> 第十八条 合规考核
>
> 合规考核应全面覆盖企业的各项管理工作。合规考核结果应作为企业绩效考核的重要依据，与评优评先、职务任免、职务晋升以及薪酬待遇等挂钩。
>
> 境外经营相关部门和境外分支机构可以制定单独的合规绩效考核机制，也可将合规考核标准融入到总体的绩效管理体系中。考核内容包括但不限于按时参加合规培训，严格执行合规管理制度，积极支持和配合合规管理机构工作，及时汇报合规风险等。

三、ISO 对合规考核的要求

ISO 37301 中没有"合规考核"的概念，与之相应的是其第 9 章的"绩效评价"。

ISO 在 ISO 37301 中把绩效评价分成四个步骤来落实，具体包括"监视、测量、分析和评价"。显然，只有做好了前三个步骤，评价才会真实、客观、有效。ISO 在 ISO 37301 中对合规绩效评价的要求如下。

9.1.1 通则

组织应对合规管理体系进行监视，以确保合规目标的实现。

组织应确定：

——需要被监视和测量的对象；

——适用的监视、测量、分析和评价方法，以确保有效的结果；

——何时应实施监视和测量；

——何时应对监视和测量的结果进行分析和评价。

文件化信息应可以作为结果证据被获取。

组织应评价合规绩效及合规管理体系的有效性。

9.1.2 合规绩效的反馈来源

组织应建立、实施、评价和保持能够使其从多种渠道寻求并获取合规绩效反馈的过程。组织应该对绩效反馈信息进行分析和严格评估，以确定不合规的根本原因，并确保采取适当的措施。

9.1.3 指标的制定

组织应制定、实施和保持一套合适的指标，以帮助组织评价其合规目标的实现程度和合规绩效。

9.3.2　合规考核评分表

一、合规考核的内容

合规考核可分为部门合规考核和员工合规考核。对大中型企业来说，还可以对下属单位进行合规考核。

合规考核的内容一般包括合规培训情况、合规政策执行情况、有无任何不合规的行为、对合规部门工作的支持情况、对违规行为报告和举报的情况、合规调查情况等。企业每年在设计合规考核评分表时可以根据实际需要修改考核内容或分值。

关于合规考核结果的应用，可参考国务院国资委和国家发改委的规定执行。

下面举例说明合规考核的评分表。

二、对部门的合规考核评分表

部门是离员工最近的一级组织机构，部门负责人的合规理念和行为将直接影响部门成员的合规行为，加强对部门的合规管理相当于"把支部建在连队上"。为加强部门的合规管理，大中型企业一般会在各业务部门设置合规联络员。对部门的合规考核包括对部门合规联络员的考核。表 9-9 是 SP 公司 202× 年度部门合规考核表。

表 9-9　SP 公司 202× 年度部门合规考核表

部门名称：采购部　　　　　　　　　　　　　　　　　　　　　　　　部门负责人：王××

考核科目	考核内容	分值	部门自评分	合规部评分	得分说明
合规培训情况	是否按时参加公司举办的合规培训？ 合规培训出席率？ 是否举办部门级合规培训？ 合规考试通过率等	20			
合规自查情况		20			
合规报告情况		10			
年度违规情况	对违规情况进行分级考核说明	40			列举违规事项。没有违规事项者可得满分
对合规部工作的支持情况		10			
合计		100			

表 9-9 的使用说明如下。

1. 部门自评分和合规部评分各占 50% 的权重，二者之和为一个合规考核结果。

2. 部门自评分原则上由部门的合规联络员给出。

3. 在实践中可以根据需要，在表中设计考核加分项，或重大违规事件一票否决项等。

三、对员工的合规考核评分表

企业的合规情况与员工的行为密切相关，所以，只有加强对员工的合规培训、合规监督和合规考核，才能保证实现企业的合规目标。SP 公司 202× 年度员工合规考核表如表 9-10 所示。

表 9-10　SP 公司 202× 年度员工合规考核表

部门名称：采购部　　　　　　　　　　　　　　　　　　　　　　　　岗位名称：采购经理

被考核人姓名：杜××　　　　　　　　　　　　　　　　考核时间：202× 年 ×× 月 ×× 日

考核科目	考核内容	分值	员工自评分	合规部评分	得分说明
合规承诺书签署情况		10			

（续表）

考核科目	考核内容	分值	员工自评分	合规部评分	得分说明
合规培训参加情况		20			
合规考试成绩情况		20			
年度违规情况		40			
对公司合规制度的整体遵循情况		10			
合计		100			

表 9-10 的使用说明如下。

1. 该表是通用的员工合规考核表。在实践中，可以根据员工的岗位性质（如财务岗位、采购岗位、销售岗位），制定不同的评分项和分值。

2. 员工自评分和合规部评分各占 50% 的权重，二者之和为一个合规考核结果。

3. 员工自评分原则上由部门的合规联络员给出，或者由部门负责人给出，不能由员工个人自评。

4. 在实践中可以根据需要，在表中设计考核加分项，或重大违规事件一票否决项等。

5. 可以把合规考核评价结果用于员工的个人年度绩效考核。

第 10 章　合规审核、合规评审与合规审计

这一章和前文出现了很多合规术语，如合规审查、合规调查、合规审核、合规检查、合规评价、合规评审、合规审计等，它们有的和我们平常说的、用的词的意思一致，有的则与我们的习惯用语的意思有出入。为了帮助大家顺利阅读本章的内容，我们先把常用的合规管理术语的区别列表比较一下，具体如表 10-1 所示。

表 10-1　常用的合规管理术语比较

活动	活动主体	具体工作	所处阶段
合规审查	一般是合规职能团队或法务团队，也可以是业务管理者	对某些决策或合同等进行合规性审查	事前

活动	活动主体	具体工作	所处阶段
合规检查	一般是合规职能团队，也可以是业务管理者	第二道防线对第一道防线（业务线）的合规情况进行检查，可分为常规检查和专项检查	事中
合规审核	合规职能团队及其审核员	第二道防线对合规管理体系要素和具体合规管理制度等进行审核	事后
合规评审	合规管理负责人（最高管理者必须参与该活动）	管理层对合规管理的适合性、有效性等进行综合评价	事后
合规审计	内部审计人员或外部审计人员	特指第三道防线（内部审计部门）对企业合规管理的有效性进行独立客观的鉴定和评价，或对企业（或员工）的某个合规事项进行专项审计	事后
合规认证	外部认证机构	由外部有资格的认证机构实施的对企业合规管理体系的认证，也称第三方认证。如果企业的合规管理体系满足 ISO 37301 的要求，就可以申请 ISO 37301 认证	事后

除上表列出的术语之外，还有一个常用的合规术语就是合规调查。合规调查用于两个方面：一是事前合规尽职调查，如投资前、合作前，对合作方的调查；二是接到违规投诉或举报后实施的调查，属于事后调查。在实务中，合规调查一般指后者。

审查和检查用英文表达时，可以对应 check 或 inspect；审核和审计的英文表达虽然都是 audit，但在实践中，则是两项不同的工作。

合规评审通常是指合规管理评审。评审在 ISO 的管理标准里是基础的术语之一，对应 review；而我们日常说的评审，属于口头习惯用语，对应的英文表达可能是 evaluation 或 assessment，也可能是 review 或 audit。

从工作方法来看，合规审查、合规检查、合规审核、合规评审、合规审计等都具有评价的属性，都要用一套固定的标准去评判客体。

10.1　合规审核

审核是指为获取审核证据并对其进行客观的评价，以判定满足审核准则的程度所进行的独立的、系统的并形成文件的过程。审核准则是审核的依据；审核证据是指与审核准则有关的并且能够被证实的记录、事实陈述或其他信息。

如果你拿一份合同让律师或合规师看看（审）其合规性，那不是合规审核，而是合规审查。前面已经介绍过，合规审查是事前活动，合规审核是事后活动。合规审核的落脚点在 audit，它具有系统性和独立性的特点。

合规审核由获得授权的专门人员负责实施，这些人员一般都经过合规审核培训，并通过相应的考试，取得合规审核员（俗称内审员）资格，如 ISO 37301 内审员。

10.1.1　合规审核的特点和要素

一、合规审核概述

合规审核是指为获取合规审核证据并对其进行客观的评价，以判定满足合规审核准则的程度所进行的独立的、系统的并形成文件的过程。其中的合规审核准则可以是 ISO 37301 或者《中央企业合规管理指引（试行）》等标准或规范。

合规审核（compliance audit）是个简称，其全称是合规管理体系审核（compliance management system audit）。合规审核的对象是合规管理体系，重点关注符合性；而不是企业合规管理的综合情况（有效性、适宜性、充分性）。后者属于合规评审的内容，详见本章第二节。

审核分为外部审核和内部审核。外部审核可以分为第二方审核和第三方审核；内部审核虽然是企业内部组织实施的审核，但依然要注意独立性，杜绝"自己审自己"的情况发生。

合规审核是一件很严肃的事情，企业需要制定合规审核管理制度，从而使合规审核工作规范化和制度化。合规审核管理制度一般应包括下列内容：

1. 应规定合规审核的主体及其职责；

2. 应规定合规审核人员的资格与能力要求；

3. 应规定合规审核的程序；

4. 应规定合规审核的范围与频次；

5.应规定合规审核的准则；

6.应规定合规审核报告的基本格式；

7.应规定合规审核报告的报告路线；

8.应规定合规整改的监督和跟踪审核；

9.应制定审核需要的配套记录表格或底稿等。

二、合规审核的三要素

在合规审核中，有一个重要的概念，那就是审核发现，它也是合规审核的主要成果之一。

与审核发现密切相关的还有两个概念：审核准则和审核证据，它们一起构成合规审核的三要素。

（一）审核准则

审核准则是指审核员在实施审核工作时所必须恪守的行为规范和专业指南，是审核员实施合规审核的依据，也是判断审核工作质量的权威性准绳。比如，ISO 37301、ISO 19011：2018、企业的规章制度等。

（二）审核证据

审核证据是指与审核准则有关的并且能够被证实的记录、事实陈述或其他信息。合规审核证据包括合规记录、合规事实陈述或其他信息，这些信息可通过文件的形式（如各种记录）得到，也可通过陈述的方式（如面谈）或现场观察的方式获取。

（三）审核发现

把审核证据与审核准则进行对照评价，该过程的结果就是审核发现。在审核过程中的适当阶段，审核组会根据需要召开会议，评审审核发现，进而形成审核结论。审核发现是做出审核结论的基础，非常重要，其具体过程如图 10-1 所示。

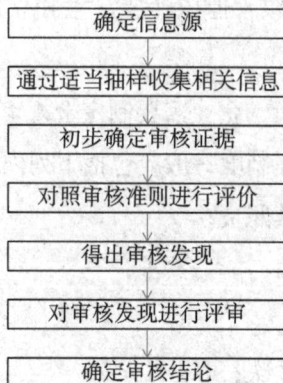

```
┌──────────────────┐
│   确定信息源      │
└──────────────────┘
┌──────────────────┐
│ 通过适当抽样收集相关信息 │
└──────────────────┘
┌──────────────────┐
│   初步确定审核证据 │
└──────────────────┘
┌──────────────────┐
│  对照审核准则进行评价 │
└──────────────────┘
┌──────────────────┐
│    得出审核发现   │
└──────────────────┘
┌──────────────────┐
│  对审核发现进行评审 │
└──────────────────┘
┌──────────────────┐
│    确定审核结论   │
└──────────────────┘
```

图 10-1　审核发现的具体过程

（四）三要素之间的关系

审核证据是获得审核发现的基础，审核发现是审核证据与审核准则相比较之后得到的结果，具体如图 10-2 所示。

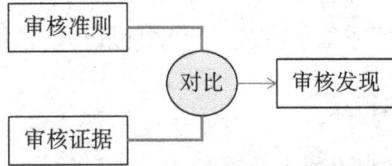

图 10-2　合规审核三要素之间的关系

三、合规审核的依据

上文讲了合规审核的三要素，其中之一是审核准则。审核准则和审核依据不完全等同。审核准则具有标准性和规范性的特点，有时甚至是强制性的；审核依据的范围则广泛一些，除标准和准则外，还包括企业的规章制度等。在一次审核活动中，通常只选一个标准（如 ISO 37301）来作为主要的审核准则，其他的"参照物"则被视为依据。

为了帮助大家准确把握合规审核的相关依据，下面做进一步的说明。

（一）哪些文件可以作为合规审核的依据

1. 合规管理体系标准或指引规范。

2. 企业合规管理体系包含的合规手册、程序文件、合规计划、作业指导书及表单和记录等。

3. 与合规有关的国际 / 国家、政府 / 区域的法律法规、监管要求、标准规范等。

4. 与利益相关方的合约 / 合同，以及利益相关方的其他要求等。

（二）审核员可以查阅和依赖的记录有哪些

为提高审核的效率和准确性，审核员在实施合规审核时，可以广泛查阅相关记录，比如：

1. 前期对合规管理体系的评审和审核的结果；

2. 合规绩效信息；

3. 合规制度宣贯及其记录；

4. 合规培训及其记录；

5. 来自相关方的针对违规行为的投诉及记录；

6. 与投诉相关方的沟通记录；

7. 针对违规投诉的调查记录；

8. 针对违规投诉的解决方案；

9. 针对违规人员或机构的处理记录；

10. 不合规事项记录；

11. 不合规事项的纠正和预防措施的详细内容；

12. 对合规管理体系缺陷所采取的措施的评审结果和审核结果等。

四、合规审核工作的基本特点

结合前面讲的内容，对合规审核工作的基本特点总结如下。

1. 文件化的合规管理体系是开展合规审核工作的必要条件。

只有建立了文件化的合规管理体系，企业的合规管理才能规范运作，才有比较、评价、审核的可能。

2. 合规审核是一种正式的活动。

（1）无论是外审（外部审核）还是内审（内部审核），都需要经过相关的管理者（或委托方）授权和批准才能进行，第三方审核（一种外部审核）需要根据合同的具体要求进行。

（2）合规审核工作需要有规范的程序和方法。从合规审核的准备，到审核的实施，再到审核后的跟踪验证，都需要有规范的程序和方法。

（3）合规审核工作必须由经过培训且经过企业认可的人员（如内审员）来实施。当然，如遇特殊需要，一些业务骨干或外部专家也可以加入审核组辅助合规审核。

（4）合规审核必须形成书面的文件，具体包括审核计划、审核表（底稿）、审核记录、审核报告等。

3. 合规审核必须具有客观性、独立性和系统性。

保证审核的客观性、独立性和系统性是开展合规审核工作的核心原则。

（1）客观性是指审核员要以充分的证据为基础，公正、客观地评价审核对象，不主观、不带偏见地给出审核结论。

（2）独立性是指审核员与被审核的领域无直接责任关系。在外部审核中，审核员应与被审核方无任何利益关系；在内部审核中，一般来说，本部门人员不能审核本部门。

（3）系统性是指审核员要按规定的程序全面地审核和评价与审核对象有关的各项活动及其结果。

10.1.2 合规审核的过程和方法

一、合规审核的基本过程

在实施合规审核前，需要立项，然后需要管理层审批，获得批准后，还要做审核计划（方案），成立审核小组等，该流程与传统内部审计的流程基本一致，具体如图 10-3 所示。

提出审核 → 审核准备 → 实施审核 → 编写报告 → 整改监督

图 10-3 合规审核的基本流程

图 10-3 中合规审核分成五个基本环节，在实际审核过程中，每个环节都是一个阶段，都需要做很多具体的工作。

（一）提出审核

这个环节的主要工作包括合规审核牵头部门根据年度审核计划提出本次审核的时间和范围，同时编制对应的审核方案；待企业领导或者合规管理负责人批准后，即可进入第二阶段。

（二）审核准备

在这个环节中，首先要选择具有相应知识和专业技能的审核员组成审核组，必要时可聘请其他专业人员或专家，然后编制不合规的分级评定指导书、本次审核的详细计划，以及相关的检查表等。

（三）实施审核

内部审核一般都是现场审核。审核以召开首次会议为起点，然后开始各种现场检查、访谈、抽查等，对获得的信息进行整理、分析和判断，在审核组内形成初步结论，然后召开审核末次会议。在审核末次会议上，审核组要向相关方报告不合格项或不合规情况，以及对不合规状况的综合分析结果，同时对所有缺陷或不合规情形进行协商，确定实施纠正措施及完成整改的具体时间。这个环节的主要工作可用图 10-4 来描述。

（四）编写报告

审核报告有基本格式，详细内容参见本章 10.1.4 小节。

（五）整改监督

这个环节的主要工作是对审核结果的跟踪处理。跟踪的重点是重要的和严重的不符合项或不合规项。审核组要向责任部门发出合规问题通知单或合规问题整改通知单，推动责任部门查明原因、采取纠正措施。责任部门制定并实施纠正措施，审核组负责跟踪和验证相关纠正措施的执行效果。

```
┌─────────────────────┐
│   召开审核首次会议   │
└─────────────────────┘
           ↓
┌─────────────────────┐
│     实施现场检查     │
└─────────────────────┘
           ↓
┌─────────────────────┐
│   初步确定审核证据   │
└─────────────────────┘
           ↓
┌─────────────────────┐
│ 对照审核准则和依据进行评价 │
└─────────────────────┘
           ↓
┌─────────────────────┐
│ 对审核发现进行审核组内评审 │
└─────────────────────┘
           ↓
┌─────────────────────┐
│   召开审核末次会议   │
└─────────────────────┘
```

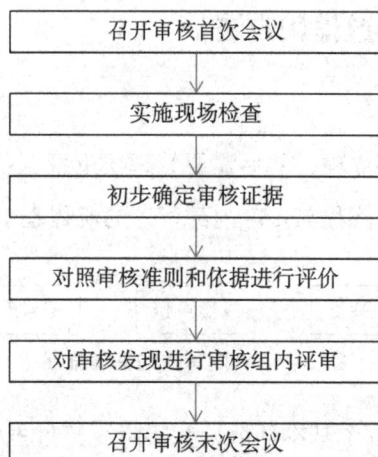

图 10-4 实施审核的参考流程

二、合规审核常用的方法

审核是一种管理活动，也是一种管理手段。在具体操作方法方面，审核与评价和审计有很多共性，其可以从部门入手，也可以从业务入手，还可以从专项合规入手，然后通过会议、访谈、现场观察、抽样等形式收集证据和意见。

由于时间和人员的限制及体系运行的连续性，且审核工作要在规定的时间内完成，如果对审核对象各个方面都进行全面细致的审核，那么显然是不可能的，所以，审核员通常会采取抽样检查的方法。在审核实践中，抽样时应兼顾针对性和随机性。特别需要注意的是，有几样东西是不能抽样的，如部门、体系要素、体系的过程等，否则就不是完整的合规管理体系了，与审核的基本原则相悖。

10.1.3 合规审核底稿示例

合规审核是审核员收集客观证据，发现不合格／不合规／不符合等情况的一种专业活动，是推进企业合规管理体系持续改进的一种重要方式。合规审核的目的是验证企业合规管理体系与所遵循的合规标准的条款之间的符合性，以及企业及其员工的行为对各条款要求的遵循的有效性。这句话定语很多，其核心是"与标准条款的符合性"及"对标准条款要求遵循的有效性"。在合规审核实践中，前者主要审文件，后者主要审相关主体的行为及行为的结果。合规审核的结果可以作为合规评审的结果输入。

为增加大家对合规审核的认识，下面展示 SP 公司的合规审核底稿（节选），具体如表 10-2 所示。

表 10-2 SP 公司的合规审核底稿（节选）

序号	审核内容	标准条款	主要审核方式	审核发现	审核人	备注
1	审核企业是否把遵守合规义务作为人员招聘的条件	7.2.2 a）	查阅公司招聘制度和招聘记录等	×××	张山	
2	审核新员工入职后是否获得合规培训，并获得《合规手册》	7.2.2 b）	查阅公司招聘制度和合规培训制度，查阅合规培训记录，对新员工进行访谈等	×××	张山	
……						

注：表中的"标准条款"对应 ISO 37301 的条款。

10.1.4 编写合规审核报告

按照上述审核程序和方法执行完合规审核后，审核员要基于审核证据和相关底稿编写合规审核报告。合规审核报告一般包括下列内容：

1. 合规审核的目的；

2. 合规审核的范围；

3. 合规审核所依据文件的列表；

4. 审核准则；

5. 审核的日期；

6. 审核人员；

7. 审核结果与结论；

8. 改进的机会与建议等。

下面给出 SP 公司的一份合规审核报告供大家参考，具体如表 10-3 所示。

表 10-3 合规审核报告示例

SP 公司 2021 年一季度合规审核报告

2021 年 4 月 10 日

法律合规部

一、审核目的

本次审核是季度例行审核，审核的是全公司的合规管理情况。

二、审核范围

本次审核的范围为全公司的所有单位、所有业务、所有人员，重点关注 2021 年春节期间"反四风"及"八项规定"的落实情况。

（续表）

三、审核依据

《SP 公司合规管理手册》

《SP 公司"反四风"规定》

……

四、审核准则

ISO 19011：2018《管理体系审核 指南》

ISO 37301：2021《合规管理体系 要求及使用指南》

五、审核日期

2021 年 3 月 15 日至 2021 年 4 月 15 日

六、审核人员

审核组长：王 ××

审核组成员：法律合规部张 ××、李 ××；纪检监察部赵 ××

七、审核结果与结论

（一）主要结果

1. 违规事件和案件：

2. 不合规事项：

3. 合规先进事例：

（二）审核结论

1. 公司本季度合规风险等级：

2. 合规趋势：

3.……

八、改进的机会与建议

（一）可以改进的机会

1.

2.

（二）改进的建议

1.

2.

九、奖惩建议

…………

十、相关附件

附件 1

附件 2

附件 3

10.2　合规评审

合规评审也叫合规管理评审或管理评审。合规管理评审是管理层（尤其是公司最高管理者或合规管理负责人）的职责之一。如果企业依照 ISO 37301 建立合规管理体系，并希望获得认证，那么每年必须至少开展一次合规管理评审工作。一般来说，企业在做合规管理评审之前须先做内审（内部合规审核），合规管理评审一般由最高管理者（或合规管理负责人）主持。

10.2.1　合规管理评审简介

一、企业开展合规管理评审活动的主要目的

1. 评价合规管理体系持续的适宜性。由于企业所处的客观环境在不断变化，因此客观上要求企业的合规管理体系也要动态调整，以实现与客观环境变化的情况持续相适应；另外，企业内部的组织结构、业务流程、资源等也会发生变化，企业的合规管理体系应能够适应这些变化。

2. 评价合规管理体系持续的充分性。对于已建立的合规管理体系，企业应在资源、管控措施、运行机制等方面给予充分保证。通过合规管理评审可以发现其不足之处，并予以补充和完善。

3. 评价合规管理体系持续的有效性。合规管理体系的有效性是指通过完成合规管理体系所需的过程（或活动）而满足合规方针或达成合规目标（或所策划的结果）。要判定企业合规管理体系是否达成预定的目标，就必须把合规义务和合规绩效等作为合规管理评审的输入并与规定的合规目标进行对比，以判定合规管理体系的有效性。

4. 评价企业合规管理体系变更的需要。企业总体战略目标可能因内外部环境变化而改变，这将导致企业的合规义务发生改变。企业通过对合规管理体系适宜性、充分性和有效性进行评审，识别现有合规管理体系可能的变更需求，然后针对这些需求采取应对措施，实现合规管理体系的持续改进。

在实践中，企业应定期对合规管理体系进行评审，至少一年一次。

二、合规管理评审的输入

合规管理评审作为合规管理的主要活动之一，需要企业认真对待。企业按计划开展合规管理评审，需要准备好以下内容：

1. 企业内部和外部关于合规管理审核、审计或评价的结果；

2. 合规内部审核及第二方、第三方评审针对存在的不符合项和消除潜在的不符合项的分析报告、采取的纠正措施和改进措施的综合情况及实施的效果；

3. 所有重大事故、事件、案件、行政处罚的资料；

4. 纠正和预防措施的实施情况；

5. 内部举报及投诉反馈信息，以及来自外部相关方的反馈信息；

6. 合规管理体系实施和运行情况，实现合规管理方针、目标的整体效果；

7. 合规管理体系过程监视和测量的结果，合规状况及合规绩效；

8. 可能影响合规管理体系的内部和外部环境的变化（如市场需求和社会要求的变化），包括组织环境因素、有关法律法规和其他要求的变化；

9. 合规资源的需求和配置是否保证合规管理体系工作正常、顺利、有效地展开；

10. 员工提出的合理的改进建议。

三、合规管理评审的输出

企业在实施合规管理评审后，除了合规管理评审会议的会议记录外，还应形成合规管理评审报告和合规管理评审决议，有时还要下发相关整改通知。

合规管理评审决议的内容，至少应涵盖以下几个方面：

1. 对合规管理体系运行情况做出的综合性评价；

2. 对内审（内部审核）、第二方审核、第三方审核报告提及的整改情况的评价；

3. 合规管理体系存在的问题和潜在的问题；

4. 评审的问题点、拟采取的措施及完成的期限；

5. 合规管理体系有效性的改进措施及改进的目标；

6. 合规资源的需求和配置等。

四、合规管理评审与合规审核的区别

合规管理评审与合规审核，二者之间有什么区别呢？首先，它们都是 ISO 37301 规定的必做活动，但它们是两个完全不同的活动。它们的主要区别如表 10-4 所示。

表 10-4　合规管理评审和合规审核的区别

要点	合规审核	合规管理评审
本质	内部审核（audit）	管理评审（management review）
层面	侧重作业层面（审核现场作业）	侧重文件层面（纸上作业）
符合性	侧重审核企业合规管理体系与标准（如 ISO 37301）的一致性，以及员工作业与合规管理体系条款的一致性	侧重评审企业合规管理体系的适宜性、充分性及有效性

（续表）

要点	合规审核	合规管理评审
范围	视审核需要而定	整个企业、整个合规管理体系，包括内部和外部审核的结果
层级	相对较低	高
参与人员	审核员及 / 或审核组组长。当审核自身相关工作时，应回避	高级管理层，包括管理者代表、职能单位主管及部分内部审核人员
频率	视企业需求，不定期	视企业需求，每季、半年或一年一次，至少一年一次
地点	与合规管理有关的作业场所	高级管理层办公室或会议室
输入	主要是 ISO 37301 第 4 章至第 8 章的条款和企业的相关文件	内部审核报告、外部审核报告、单位或各业务的合规绩效等
输出	上述条款与企业和员工行为的一致性情况；合规缺陷列表、合规管理内部审核报告等	合规管理评审报告

10.2.2　合规管理评审的程序和职责分工

一、合规管理评审的基本程序

合规管理评审一般按计划进行，其基本程序包括以下四个环节：

1. 制订合规管理评审计划；

2. 评审准备（包括发出评审会议通知、准备评审材料等）；

3. 召开评审会议（包括对相关内容的具体评审，并形成结论）；

4. 落实整改（包括发出整改通知、制定整改措施、实施整改、监督整改等）。

完成上述环节后，进入下一次循环，具体如图 10-5 所示。

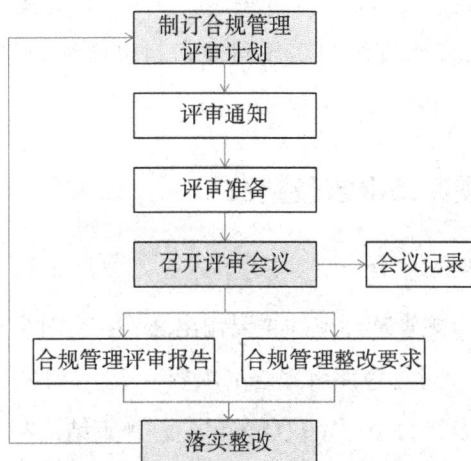

图 10-5　合规管理评审的基本程序

因为评审材料是合规管理评审的关键输入，所以我们特别强调一下与评审材料准备相关的要求。评审材料可以来自企业内部，也可以来自企业外部（如客户、合作伙伴、中介服务机构等）。来自企业内部的书面评审材料一定要翔实充分，有足够的客观证据和具体的行为对象；来自企业外部的重要合规信息，应当附带书面原始材料或证明文件，如客户投诉信、监管处罚通知书、举报信等。

应在召开合规管理评审会议的一周前发出通知，并将合规管理评审的主要输入材料发给与会者，以便与会者提前做好准备。

二、合规管理评审职责分工

合规管理评审是企业最高管理者的职责，按要求由其组织实施；在特殊情况下，可授权合规管理者代表（总法律顾问）组织实施。

合规管理评审的目的是对合规管理体系做出正式评价，以保持企业合规管理体系持续运行的适宜性、充分性和有效性。

企业在开展合规管理评审活动时，应做好以下分工。

1. 最高管理者（董事长、总裁、总经理）应在每个年度都组织对企业合规管理体系的持续改进的评审，并主持评审。

2. 各部门负责人应分别向最高管理者书面报告上次评审以来合规管理体系的运行情况，并对存在的问题和实施的纠正措施及纠正效果做重点介绍。

3. 最高管理者应结合上述合规管理情况，提出改进和补充完善合规管理体系的讨论意见，供合规管理评审会议讨论。

4. 最高管理者应当结合会议讨论的议题决定会后需要落实开展的具体活动。

5. 合规管理负责人（总法律顾问）应当安排人员认真记录会议的内容，并根据管理层对合规管理体系调整、改进和完善的决定及要求，完成会议纪要和制订各项工作计划。

6. 责任部门或责任人应认真组织实施整改，制定详细的整改实施方案，确保整改到位。

10.2.3　合规管理评审报告及整改

一、合规管理评审报告

合规管理评审报告是合规管理评审的主要输出之一，它对合规管理评审工作的执行情况具有监督和见证作用。合规管理评审报告的内容一般包括评审目的，评审时间、地点，与会人员名单，评审内容及对每个评审议题的讨论，评审结论等。若有改进事项，应确定责任部门或责任人，并规定实施和验收的方式和日期。下面给出合规管理评审报告的基本格式，具体如表 10-5 所示，供大家参考。

表 10-5　合规管理评审报告的基本格式

1. 评审目的：×××
2. 评审时间：202× 年 ×× 月 ×× 日
3. 评审地点：SP 公司第一会议室
4. 与会人员：
总经理、副总经理、总法律顾问、合规部经理、审计部经理、纪检监察部经理等。
5. 评审内容
评审议题 1 的讨论：
……
评审议题 2 的讨论：
……
6. 评审结论
对合规管理体系的适宜性、充分性和有效性进行总结，形成结论。
7. 对改进事项的安排
若有改进事项，应确定责任部门或责任人，并规定实施和验收的方式和日期。

二、合规整改

在合规管理评审结束后，企业应针对相关问题或不符合项制定整改措施，并落实整改。企业最高管理者（或合规管理负责人）应该对合规管理评审中提出的疑问或整改要求，向责任部门或责任人发出纠正和预防措施要求通知单，要求落实人员负责组织实施，制定详细的实施方案，同时要规定整改汇报的时间。

责任部门或责任人应按照纠正和预防措施要求通知单的整改要求制订详细的整改实施计划，并报企业最高管理者批准，以获取必要的时间和资源。在执行过程中，如果遇到困难应及时向企业最高管理者或总法律顾问汇报。整改措施的实施应能够在规定的时间内完成。

负责组织实施整改的人员应按规定时间落实整改措施；在整改完成后，应按规定时间将整改措施实施情况和实施效果向企业最高管理者或总法律顾问做书面报告。

企业最高管理者或总法律顾问应对整改措施的实施情况和实施效果进行审查确认，或者授权法律合规部负责人进行审查确认。当确认整改效果达到预期要求后，即可停止整改活动；否则继续整改。

企业应该对合规管理评审的文件归档，包括整改文件；下次进行合规管理评审时，应将上次评审的整改执行情况作为首项评审内容，从而实现闭环的持续改进。

10.2.4 合规管理评审制度

一、合规管理评审的文件化管理

合规管理评审是必做的活动，尤其是对那些拟申请合规管理体系认证的企业而言；对已获得合规管理体系认证的企业来说，其更是必选项。合规管理体系的评审是个系统性工程，根据企业规模的大小和业务的复杂程度，合规管理评审可简可繁。但无论多么简单，合规管理评审都应具备以下制度、程序和文件。

1. 合规管理评审制度。

2. 合规管理评审计划。

3. 合规管理体系审核程序。

4. 合规管理评审会议签到表。

5. 合规管理评审会议记录。

6. 合规管理评审报告。

7. 纠正（或改进）和预防措施要求通知单。

8. 实施纠正（或改进）和预防措施的程序。

二、合规管理评审制度示例

结合前面介绍的合规管理评审内容，企业应把合规管理评审制度化，制度示例如表 10-6 所示。

表 10-6　合规管理评审制度示例

SP 公司合规管理评审制度 司发〔2022〕2 号
第一章　总则 　　第一条　按策划的时间间隔对公司合规管理体系进行系统的评价，提出并实施相应的措施，以确保合规管理体系持续的适宜性、充分性和有效性。 　　第二条　本制度用于对公司合规管理评审活动的控制。 **第二章　合规管理评审职责** 　　第三条　公司总经理主持合规管理评审活动。 　　第四条　管理者代表（总法律顾问）协助总经理组织合规管理评审活动。 　　第五条　法律合规部参与评审活动全过程，协助管理者代表做好以下工作： 　　1. 编制评审计划、负责评审活动记录； 　　2. 收集和提供评审需要的输入信息； 　　3. 督促检查改进措施的实施情况； 　　4. 参与修改和完善合规管理体系文件。 　　第六条　相关单位按要求准备评审所需的资料和信息。

（续表）

第三章　合规管理评审工作程序

第七条　合规管理评审的频次和时机。

公司一年至少进行一次合规管理评审活动。在以下情况发生变化时，可临时启动合规管理评审：

1. 企业内外部环境发生较大变化，如新法规出台、公司业务或组织结构发生较大变化时；

2. 发生重大违规事件或案件时；

3. 违规事件频繁发生时；

4. 客户或合作伙伴对公司合规管理意见强烈时等。

第八条　合规管理评审流程图。

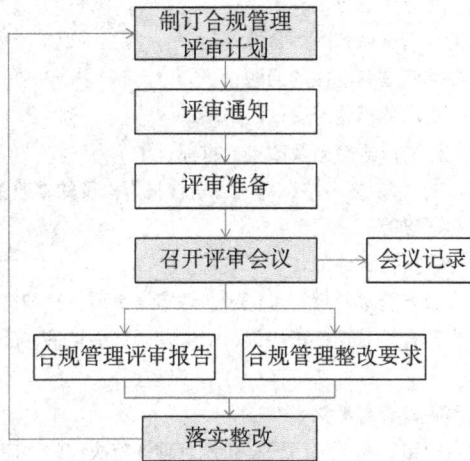

```
            ┌─────────────────┐
       ┌───▶│ 制订合规管理     │
       │    │ 评审计划         │
       │    └────────┬────────┘
       │             ▼
       │    ┌─────────────────┐
       │    │ 评审通知         │
       │    └────────┬────────┘
       │             ▼
       │    ┌─────────────────┐
       │    │ 评审准备         │
       │    └────────┬────────┘
       │             ▼
       │    ┌─────────────────┐    ┌──────────┐
       │    │ 召开评审会议     │───▶│ 会议记录 │
       │    └────────┬────────┘    └──────────┘
       │             ▼
       │  ┌────────────────┐  ┌──────────────────┐
       │  │ 合规管理评审报告 │  │ 合规管理整改要求 │
       │  └────────────────┘  └────────┬─────────┘
       │                               ▼
       │                      ┌─────────────────┐
       └──────────────────────│ 落实整改         │
                              └─────────────────┘
```

第九条　合规管理评审准备。

1. 在合规管理评审的前一个月，总经理应提出该次合规管理评审的意见及重点内容。法律合规部在综合评审目的、评审主要内容、参加评审部门与人员、评审时间、评审准备工作要求等方面的具体内容后，制订合规管理评审计划，经管理者代表审核、总经理批准后，法律合规部按规定分发给需参加合规管理评审的部门和相关人员。

2. 各相关部门或人员应按合规管理评审计划要求准备好评审所需的资料，提出合规管理评审提案交法律合规部。

3. 法律合规部收集、整理并核查合规管理评审输入资料，呈送管理者代表审核。发现不满足评审计划要求和／或不能达到合规管理评审目的的资料，应及时退回，重新收集上报。

第十条　合规管理评审的输入。

1. 公司内部和外部关于合规管理审核、审计或评价的结果。

2. 合规内部审核及第二方、第三方评审针对存在的不符合项和消除潜在的不符合项的分析报告、采取的纠正措施和改进措施的综合情况及实施的效果。

3. 所有重大事故、事件、案件、行政处罚的资料。

4. 纠正和预防措施的实施情况。

5. 内部举报及投诉反馈信息，以及来自外部相关方的反馈信息。

6. 合规管理体系实施和运行情况，实现合规管理方针、目标的整体效果。

7. 合规管理体系过程监视和测量的结果，合规状况，以及合规绩效。

8. 可能影响合规管理体系的内部和外部环境的变化（如市场需求和社会要求的变化），包括组织

（续表）

环境因素、有关法律法规和其他要求的变化。

9. 合规资源的需求和配置是否保证合规管理体系工作正常、顺利、有效地展开。

10. 员工提出的合理的改进建议。

第十一条　合规管理评审的实施。

1. 公司合规管理评审通常采用会议形式进行。总经理认为必要时，可采用其他形式进行。

2. 合规管理评审由管理者代表组织，总经理主持。

3. 合规管理评审应按合规管理评审议程依次展开讨论和评价，并由总经理对评审所涉及的内容得出结论。

评审结论至少包括以下几方面的决定和措施：

（1）对合规管理体系运行情况做出的综合性评价；

（2）合规管理体系存在的问题和潜在的问题；

（3）评审的问题点、拟采取的措施及完成的期限；

（4）合规管理体系有效性的改进措施及改进的目标；

（5）对内审（内部审核）、第二方审核、第三方审核报告提及的整改情况的评价；

（6）合规资源的需求和配置等。

第十二条　合规管理评审报告的编写。

法律合规部应指定专人做好合规管理评审记录。评审结束后，法律合规部根据评审的信息和要求拟定合规管理评审报告和合规管理评审决议，交管理者代表审核，经总经理批准后，由法律合规部按规定分发。

第四章　合规管理评审结果的落实检查与考核

第十三条　管理者代表应组织相关部门根据合规管理评审决议的内容和要求，按纠正和预防措施控制制度制定相应的纠正和预防措施，以及有关资源需求的落实方案或措施。

第十四条　法律合规部对整改措施的执行、落实情况和效果进行检查，并汇总分析，作为下一次合规管理评审的输入。

第十五条　对未按规定执行的，按照公司绩效考核相关规定进行考核处罚。

第十六条　合规管理评审产生的相关记录应由法律合规部按记录控制制度保管，保存期为3年，包括合规管理评审计划、评审前各部门提交的评审资料、合规管理评审会议记录及合规管理评审报告等。

1. SP-CMR-01 合规管理评审计划。

2. SP-CMR-02 合规管理评审记录。

3. SP-CMR-03 合规管理评审报告等。

第五章　附则

第十七条　本制度由法律合规部负责解释。

10.3 合规审计

10.3.1 合规审计概述

一、什么是合规审计

合规审计是《企业境外经营合规管理指引》中的概念；ISO 37301 因为有内部审核和管理评审两个术语和活动，所以没有合规审计这个概念；《中央企业合规管理指引（试行）》虽未明确提及合规审计的概念，但对合规管理"三道防线"及合规审计职能做了基本说明。

不同标准或指引的术语不尽相同，具体如表 10-7 所示。

表 10-7 不同标准或指引的术语对比

标准或指引	合规审核	合规审计	合规评审
《企业境外经营合规管理指引》	√	√	√
《中央企业合规管理指引（试行）》	无此术语	对应合规考核评价	对应合规管理评估
ISO 37301	对应内部审核	无此术语	对应管理评审

在《中央企业合规管理指引（试行）》里，通篇没有提及审核和评审二词，取而代之的是评价和评估。其中，评估对应合规风险评估和合规管理评估，后者其实是合规评价或评审；评价特指合规考核评价。

在《企业境外经营合规管理指引》中，合规评审对应第七章的名称，合规审计和合规管理体系评价是合规评审的具体内容。国家发改委没有单独解释什么是合规评审，这说明该指引中的合规评审包括合规审计和合规评价。

在 ISO 37301 中，沿用了 ISO 的通用术语——内部审核和管理评审，该标准中没有合规审计的概念。

risk-doctor 结合对内部审计及合规管理的理解，把合规审计定义为：对本单位及所属单位合规情况实施独立客观的监督、评价和建议，以促进单位完善治理、实现合规经营目标的活动。

二、合规审计与合规审核、合规评审的区别

看了前面对这三个概念的简单说明，是不是依然觉得很乱？对一家企业而言，如果不统一这些语言（术语），那么管理会乱套；对于一个行业来说，如果行业里每家企业各说各话，那么就无法进行沟通和比较了。所以，risk-doctor 一直倡导尊重标准，使用标准，

包括国家标准和国际标准。

结合国内的实际情况和习惯，下面我们再对这三个术语进行比较说明，具体如表 10-8 所示。

表 10-8 合规审核、合规审计和合规评审之间的区别

事项	合规审核	合规审计	合规评审
本质含义	审核	审计	管理评审
对应的英文	audit	audit	management review
实施主体	经过审核培训并通过考试的合规审核员	内部审计人员（不一定是审核员）	管理层，尤其是总经理和合规管理负责人（总法律顾问、首席合规官等）
责任单位或责任人	合规管理牵头部门或合规管理审核部门	内部审计部门	管理层
实施依据	ISO 19011:2018、ISO 37301 等	相关的内部审计准则，相关的合规管理标准或指引、规范等	ISO 37301、ISO 37001:2021 等
主要实施形式	以上述标准的条款为依据，实施文件审核和现场审核	以内部审计准则为依据，参考相关标准和规范，主要实施现场审计	以上述标准为依据，主要实施文件评审，并对合规管理的有效性、合理性等进行评价

risk-doctor 认为，对大中型企业而言，合规审计是必需的。合规审计未来将像内部控制审计、经济责任审计一样，成为企业的一项常规审计业务，与合规审计相关的审计准则也将应运而生。

10.3.2 监管机构对合规审计的要求

一、国家发改委对合规审计的要求

国家发改委等七部委在《企业境外经营合规管理指引》中明确提出了合规审计要求。

第二十六条 合规审计

企业合规管理职能应与内部审计职能分离。企业审计部门应对企业合规管理的执行情况、合规管理体系的适当性和有效性等进行独立审计。审计部门应将合规审计结果告知合规管理部门，合规管理部门也可根据合规风险的识别和评估情况向审计部门提出开展审计工作的建议。

国家发改委等七部委把合规审计与合规检查、合规审核、合规评审等合规管理职能严格区分开来。大中型企业可以参考国家发改委对合规审计的要求。

二、国务院国资委对合规审计的要求

国务院国资委在《中央企业合规管理指引（试行）》中并未明确提出合规审计的概念，仅在第二章"合规管理职责"的第十一条第二款中简单提及与审计相关的职责：监察、审计、法律、内控、风险管理、安全生产、质量环保等相关部门，在职权范围内履行合规管理职责。

10.3.3　合规审计的基本步骤

一、合规审计的基本程序

合规审计虽不像合规审核那样严格，但也应遵循内部审计的一般原则和程序。合规审计的基本流程如图 10-6 所示，主要包括以下基本步骤：

1. 编制合规审计方案；

2. 成立合规审计组；

3. 实施现场审查；

4. 认定不合规（不符合、不合格）现象或行为；

5. 认定控制缺陷；

6. 汇总审计结果；

7. 编制审计报告；

8. 沟通审计结果和报告；

9. 提交审计报告。

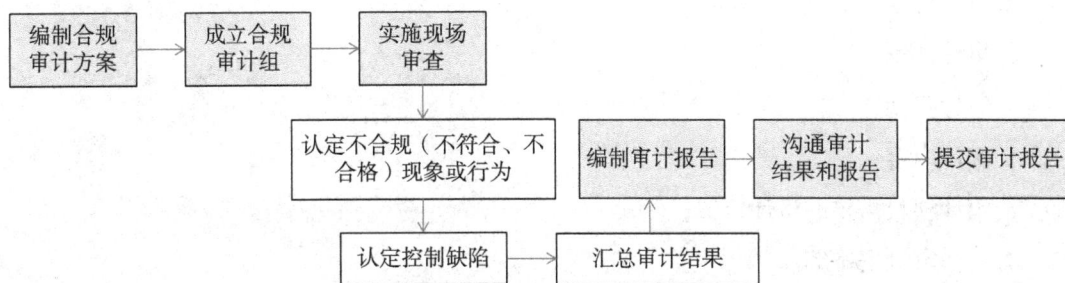

图 10-6　合规审计的基本流程

二、合规审计的注意事项

合规审计由企业内部审计部门主导实施，不是由合规管理牵头部门牵头。合规管理牵头部门一般负责合规检查、合规审核等工作，承担合规管理第二道防线的相关职能。

内部审计人员在实施现场审查之前，可以要求被审计单位提交最近一次的内部控制自我评估报告。内部审计人员应当结合内部控制自我评估报告，确定审计内容及重点，实施内部控制审计。

为了保证审计质量，内部审计部门可以适当吸收单位内部相关机构熟悉情况的业务人员参加内部控制审计；必要时，还可以聘请外部专家参与。

三、合规审计常用的方法

合规审计的方法与常规审计差不多。内部审计人员可以综合运用访谈、问卷调查、专题讨论、穿行测试、实地查验、抽样和比较分析等方法，以充分收集被审计单位的合规信息（包括合规风险信息及合规风险管理信息等），以及内部控制设计和运行是否有效的相关信息。相关方法的具体说明可以参阅《企业风控体系建设全流程操作指南》一书。

10.3.4 合规审计计划

一、合规审计计划的基本内容

企业应该对合规工作及其效果进行例行审计和专项审计。内部审计部门应该根据企业实际需要制订具体合规审计项目的审计计划和年度合规审计计划。

（一）具体合规审计项目的审计计划

具体合规审计项目的审计计划通常由审计组组长负责编制，其内容一般包括：

1. 审计目标；

2. 审计对象；

3. 审计范围；

4. 审计时间；

5. 审计内容；

6. 审计项目需要的审计资源；

7. 后续审计安排等。

（二）年度合规审计计划

年度合规审计计划一般由内部审计部门拟定，经企业审计委员会或类似权力机构审批后，方可执行。在年度合规审计中，合规工作目标将确定企业全年在合规审计方面的重点工作。它既为企业全年的合规审计工作指明方向，又是实施年度合规审计的主要依据之一。

内部审计部门应当根据各具体审计项目的性质、复杂程度及时间要求，合理安排审计资源。

二、编制年度合规审计计划的注意事项

要想编制一份可行的年度合规审计计划，内部审计部门在编制年度合规审计计划前，应当重点调查了解下列情况，以评估具体合规审计项目的不确定性及风险。

1. 企业的战略目标、年度目标及业务活动重点（合规为企业发展服务，主要是保护企业发展）。

2. 对相关业务活动有重大影响的法律法规、政策及其可能的变化。

3. 对相关业务活动有重大影响的计划和合同。

4. 相关内部控制的有效性和风险管理水平。

5. 相关业务活动的复杂性及其近期变化。

6. 相关人员（主要是董事长、总经理、总法律顾问、合规管理牵头部门的负责人、各专职合规人员，以及各业务的主要负责人等）的能力及其岗位的近期变动。

7. 其他与合规审计项目有关的重要情况。

10.3.5　合规审计方案

为指导审计组准确、高效地开展合规审计工作，内部审计部门应当根据合规审计计划确定的审计项目和时间安排，制定合规审计方案，选派合适的人员开展合规审计工作。必要时，可以邀请业务骨干和外部专家参与专项合规审计项目。

一、合规审计方案的基本内容

合规审计方案一般针对各个合规审计项目而言，一般包括下列基本内容：

1. 被审计单位和项目的名称；

2. 审计目标和范围；

3. 审计内容和重点；

4. 审计程序和方法；

5. 审计组成员及分工；

6. 审计起止日期；

7. 对内外部专家的利用安排；

8. 其他有关内容。

二、合规审计方案示例

下面以 SP 公司的市场宣传用语专项合规审计方案为例，来描述合规审计方案，具体如表 10-9 所示。

表 10-9　合规审计方案

SP 公司市场宣传用语专项合规审计方案

被审计单位名称：SP 公司

审计起止日期：202×年××月××日至202×年××月××日

审计组组长：叶××

审计组成员：张××、李××

一、审计目标：检查宣传用语情况，规范广告宣传用语。

二、审计范围：包括宣传页、网站、微信公众号等载体上所有对外的产品广告和宣传。

三、审计主要依据：《中华人民共和国广告法》等。

四、审计内容和重点：

1.

2.

3.

五、审计程序：

1.

2.

3.

4.

5.

6.

六、审计方法：

1.实地查看

2.……

七、其他

三、编制合规审计方案的注意事项

合规审计方案一般由具体合规审计项目的负责人负责编制，为保证方案的可操作性，建议编制人员关注以下信息：

1.被审计单位的业务活动概况；

2.被审计单位的内部控制、风险管理体系的设计及运行情况；

3.被审计单位的财务、会计资料；

4.被审计单位的重要的合同、协议及会议记录；

5.上次内部审计的结论、建议及后续审计情况；

6. 上次外部审计的审计意见；

7. 与该审计项目相关的国家法律法规或行业监管政策的变化情况；

8. 其他与项目审计方案有关的重要情况。

审计人员按照审计方案实施合规审计，最后输出合规管理审计报告。合规管理审计报告格式与传统审计报告格式相同，这里不赘述。

第**11**章 合规培训与合规文化

国务院国资委在《中央企业合规管理指引（试行）》中做出以下规定。

第二十六条　重视合规培训，结合法治宣传教育，建立制度化、常态化培训机制，确保员工理解、遵循企业合规目标和要求。

第二十七条　积极培育合规文化，通过制定发放合规手册、签订合规承诺书等方式，强化全员安全、质量、诚信和廉洁等意识，树立依法合规、守法诚信的价值观，筑牢合规经营的思想基础。

国务院国资委在《关于进一步深化法治央企建设的意见》中强调：中央企业要厚植法治文化，深入学习宣传习近平法治思想，将培育法治文化作为法治建设的基础工程，使依法合规、守法诚信成为全体员工的自觉行为和基本准则；要认真落实"八五"普法要求，进一步推进法治宣传教育制度化、常态化、多样化，将法治学习作为干部职工入职学习、职业培训、继续教育的必修课，广泛宣传与企业经营管理和职工切身利益密切相关的法律法规；要积极总结法治建设典型做法、成功经验和进展成果，通过开展选树典型、评比表彰、集中宣传等形式，营造学习先进、争当先进、赶超先进的良好氛围。

11.1　合规宣传与培训

合规宣传与培训是企业建设合规文化的经济、有效的方式之一。企业完成合规管理体系建设后，要积极开展合规宣传工作，并就企业合规管理制度、合规管理操作指南、员工诚信合规守则等内容及时对相关人员进行合规培训。事前狠抓重要岗位关键人员教育管理、强化重要岗位关键人员约束，对企业合规经营和员工合规履职有事半功倍的效果。

11.1.1　合规宣传工作计划

诚信合规是企业持续发展的基石，也是企业适应当前国内外合规经营新趋势的必然要求。为完善企业合规管理、防范企业合规风险，推动合规管理制度的贯彻执行，提升全体员工的合规意识，企业应结合实际情况，选择特定阶段最迫切需要履行的合规义务，有计划、有针对性地加大合规宣传力度。表 11-1 是年度合规宣传工作计划示例，供读者朋友参考。

表 11-1　年度合规宣传工作计划示例

SP 公司 2022 年合规宣传工作计划

为落实国务院国资委"合规管理强化年"的要求，推动 SP 公司合规管理制度的贯彻执行，增强全体员工的合规意识，特制订本年度合规宣传工作计划。

一、合规宣传目标

合规宣传的根本目标是进一步增强公司全体员工的合规意识，与合作伙伴共同强化诚信合规的价值观，树立诚信至上的道德标准，在经营管理活动的各个环节践行诚信合规、维护公平竞争、防止腐败贿赂、禁止内幕交易、回避利益冲突、保守商业秘密等方面的合规要求，严禁任何腐败、欺诈、串通、胁迫或妨碍等不合规行为，从而提升全公司的合规管理水平，有效防范各种经营合规风险。

二、合规宣传对象

SP 公司全体员工及合作伙伴。

三、合规宣传方式

1. 公司内网"法律合规"专栏宣传、大屏幕宣传、宣传画墙报宣传。

2. 举办合规专题培训班。

3. 开展合规知识竞赛。

4. 微信公众号（risk-doctor）发布合规时讯及合规视频等。

四、合规宣传组织

1. 日常合规宣传。

（1）组织合规官、合规专员（合规专职和兼职人员）参加合规专业技能培训，一年两次。

（2）在公司内网"法律合规"专栏发布国内外合规信息（如合规标准、合规事件等）。

（3）在公司大屏幕播放合规小常识、合规法律法规、合规制度等。

（4）在公司微信公众号（risk-doctor）发布合规时讯或合规视频等。

（续表）

（5）组织公司内部合规工作交流会、内部合规工作会议，讨论并解决合规工作中发现的问题，强化关键（或高风险）岗位员工的合规意识。

（6）与外部同行开展合规工作交流会，取长补短。

（7）其他合规宣传方式。

2.专项宣传活动。

（1）在2月底召开2022年年度法律工作会议，对合规工作进行部署与培训。

（2）在6月底举办2022年公司合规管理制度发布会。

（3）在第三季度举办2022年合规知识竞赛。

五、合规宣传要求

合规宣传是公司合规工作的重要环节，也是公司整体合规文化建设的重要组成部分。公司各部门、所属各单位要充分认识到诚信合规对进一步提升公司依法经营、合规管理水平及提高公司竞争力的积极作用，认真贯彻落实合规宣传计划。各单位合规委员会负责本单位合规管理制度的宣传工作。各单位合规办公室和有关业务部门在合规委员会的领导下具体组织执行合规宣传任务。

注重合规宣传效果。通过合规宣传，使诚信合规理念深入员工内心，指导员工行为合规，并促使合作伙伴在往来活动中践行诚信合规，创造诚信合规的市场经营环境。

11.1.2　合规培训工作方案

从前面的介绍来看，企业合规包括很多内容，比如，禁止侵害和欺诈，反腐败、反贿赂，公平竞争、反垄断，尊重知识产权，避免利益冲突，保守企业秘密，遵守企业财务管理制度，遵守产品质量、健康、安全与环境保护等要求，以及在与合作伙伴的往来活动中信守商业道德等。如果不对员工进行有效的合规培训，那么很难保证员工知悉企业的各项合规管理制度和专项合规管理规定。

对大中型企业而言，培训是一项成熟的工作。只要人力资源部门、合规管理牵头部门、业务部门各司其职，即可有效开展合规培训。需要注意的是，由于合规要求涉及企业的方方面面，因此企业应当建立分层级、分业务、分重点的合规培训体系。为提高合规培训的针对性和有效性，建议企业以合规管理人员、法务人员、业务关键岗位和骨干人员为培训重点，不断创新培训方式方法，不断完善培训内容，不断丰富合规培训师资队伍，进而建立起一套完整的合规培训体系。

企业除了开展合规专项培训外，还可以把合规内容整合到业务培训之中，做到业务、法务、财务、税务一体化合规。合规培训的内容很多，企业需要制订年度培训计划。如果不制订合适的年度培训计划，那么将使合规培训变得无序、混乱，不仅效率低下，而且会影响培训的效果。表11-2是合规培训工作方案示例，供读者朋友参考。

表 11-2 合规培训工作方案示例

SP 公司 2022 年合规培训工作方案

诚信合规是公司持续发展的基石，也是适应当前国内外合规管理新趋势的必然要求，为增强全体员工的合规意识，防范合规风险，推动合规管理制度的贯彻执行，特制定本年度合规培训工作方案。

一、合规培训目标

合规培训的根本目标是进一步增强公司全体员工的合规意识，与合作伙伴共同强化诚信合规的价值观，树立诚信至上的道德标准，在经营管理活动的各个环节践行诚信合规、维护公平竞争、防止腐败贿赂、禁止内幕交易、回避利益冲突、保守商业秘密等方面的合规要求，抵制任何腐败、欺诈、串通、胁迫或妨碍等不合规行为，从而提升全公司的合规管理水平，有效防范各种经营合规风险。

二、合规培训对象

SP 公司全体员工及合作伙伴，特别是采购、合同和财务等高风险岗位人员。

三、合规培训方式

现场培训、视频培训、线上培训（直播或网络课程）。

四、培训内容与课时

1. 通用合规培训课程。

公司合规管理制度，包括合规手册、员工守则、合规承诺等。

年度培训时长：约 6 个小时。

2. 专项合规培训课程。

（1）针对合规职能专职和兼职人员，培训"合规管理体系建设与运行""尽职调查""合规审查""合规检查""合规评价"等方面的专业知识。

（2）针对销售、采购、财务等关键岗位人员，培训投标、采购、合同、现金支付、捐赠、赞助和业务招待等方面的合规制度；并就典型合规风险及相关事项，开展现场案例研讨。

年度培训时长：不少于 10 个小时。

五、合规培训要求

合规培训是公司合规工作的重要环节，也是公司整体合规文化建设的重要组成部分。公司各部门、所属各单位要充分认识诚信合规对提升公司依法经营、合规管理水平及提高公司竞争力的积极作用，认真贯彻落实各项合规培训，保证培训质量，保证学习时长，并做好培训工作的效果评估及跟踪记录（如签到表、照片、报到及参训人数统计等信息）。

因特殊情况未按时完成合规培训的员工要及时补课，确保通用合规培训覆盖全员，专项合规培训覆盖每位关键或高风险岗位人员。

11.1.3 合规培训课程体系

企业开展合规培训需要考虑培训计划、培训对象、培训目标、培训内容、培训讲师、培训效果和培训改善等内容，需要建立一套完备的合规培训体系。合规培训体系一般涵盖合规主题分类、合规对象层级划分、合规师资管理，以及合规培训课程体系、合规培训考评体系等内容。受篇幅限制，这里仅展示合规培训课程体系示例（见表 11-3）。其他内容，读者朋友可通过微信公众号 risk-doctor 联系作者获取。

表 11-3　合规培训课程体系示例

一级分类	二级分类	三级分类（示例）
理论课程	国际公约解读	联合国《全球契约》 OECD《国际商务交易活动反对行贿外国公职人员公约》 APEC《北京反腐败宣言》 ……
	国内法律法规解读	《中华人民共和国民法典》 《中华人民共和国劳动法》 《中华人民共和国数据安全法》 《中华人民共和国反不正当竞争法》 ……
	国外法律法规解读	美国《海外反腐败法》（FCPA） 英国《2010 年反贿赂法》 ……
	党的法规	中共中央政治局《关于改进工作作风、密切联系群众的八项规定》 中共中央政治局《中共中央政治局贯彻落实中央八项规定的实施细则》 ……
	国内监管政策解读	国务院办公厅《关于建立国有企业违规经营投资责任追究制度的意见》 国务院国资委《中央企业合规管理指引（试行）》 国家发改委《企业境外经营合规管理指引》 ……
	国外监管政策解读	美国司法部《企业合规机制评估指南》 ……
	国际标准规范解读	ISO 37301 合规管理标准解读 ISO 37001：2021 反贿赂管理标准解读 ISO 14001：2015 环境管理标准 世界银行集团《世界银行集团诚信合规指南》 ……
	国家标准规范解读	GB/T 35770 合规管理标准 GB/T 24353 风险管理标准 ……
	合规管理探讨	合规管理模式探讨 合规管理趋势探讨 ……

（续表）

一级分类	二级分类	三级分类（示例）
方法课程	合规管理通用方法	问卷调查法 风险矩阵法 合规尽职调查方法 合规风险评估方法 ……
	合规管理通用工具	合规风险评估（BORAP）工具 ……
实操课程	合规管理表单模板	合规检查计划（模板） 年度合规管理报告（模板） ……
	专项合规管理操作讲解	招标合规管理操作实务 市场宣传合规管理操作实务 商务礼品合规管理操作实务 ……

注：BORAP 工具是安达风控研究中心开发的合规风险评估工具。该工具基于"业务—义务—风险—评估—展示"逻辑，为企业开展合规风险评估提供全流程支撑服务。

11.1.4　合规培训与宣传管理办法

一、合规培训与宣传管理办法的基本格式

为履行合规义务，企业需要进行合规宣传和合规培训。为做好合规宣传和合规培训，企业需要制定配套的合规培训与宣传管理办法。大中型企业可以在集团层面制定和发布合规培训与宣传管理办法，其下属企业可以在此基础上进行细化和个性化。合规培训与宣传管理办法可繁可简，但企业必须有。合规培训与宣传管理办法一般包括表 11-4 所示的内容。

表 11-4　合规培训与宣传管理办法的基本格式

制度名称	SP 公司合规培训与宣传管理办法		
发布单位	SP 公司		
制度编号	SPR-2022-0207		
发文单位	集团综合部		
发布日期	2022 年 3 月 1 日	生效日期	2022 年 4 月 1 日

（续表）

制度内容： 1. 制定本制度的目的 2. 制定本制度的依据 3. 合规培训与宣传的计划管理 4. 合规培训与宣传的实施管理 5. 合规培训与宣传的评价管理 6. 合规培训与宣传的持续改进 7. 合规培训考核评价结果的应用 8. 附则说明			
起草单位	集团法律合规部	**签发人**	李 × ×

二、合规培训与宣传管理办法示例

为了增加读者朋友对合规培训与宣传管理办法的认识，下面提供近些年热门的境外业务的合规培训与宣传管理办法示例（见表 11-5）。虽然表 11-5 是针对境外业务的，但企业可以参考该办法制定自己的全业务合规培训与宣传管理办法。

表 11-5　合规培训与宣传管理办法示例

SP 公司境外业务合规培训与宣传管理办法
第一条　为规范 SP 公司及所属各单位的境外经营及管理行为，防范业务合规风险，提高内部控制水平，特制定本办法。 第二条　本办法适用于集团公司及所属各单位的境外业务。 第三条　本办法通过合规培训与宣贯等合规管理措施，保障境外业务及人员的行为合规。 第四条　集团公司及所属各单位在开展境外业务时，应遵循我国、联合国、多边开发银行和业务所在国（地区）的合规要求，并密切关注重点国家（地区）的单边合规要求和业务密切联系国（地区）的合规要求，动态开展国际合规管理培训和宣贯工作。 第五条　集团公司法律合规部是境外合规管理的综合管理部门，在集团公司境外业务分管领导和总法律顾问的领导下，负责境外合规宏观性、战略性和体系性工作，负责推动建立境外法律与合规管理制度和机制，推动涉外法律合规队伍建设，指导和检查所属单位境外业务法律合规培训与宣贯工作。 第六条　集团公司国际事业部是境外业务合规工作的专项管理部门，负责境外合规管理的专业性、业务性和管理性工作，负责组织开展国际业务合规培训和评价。 第七条　为保证所有涉及境外业务的人员能够更好地遵守境外业务合规管理规定，理解所需遵循的合规要求，集团公司及所属单位应定期组织员工进行合规培训与宣贯。 第八条　集团公司国际事业部应于每年 12 月向集团所属公司征集下一年度境外业务合规培训需求和建议。集团所属公司要结合自身业务中的境外业务合规风险及员工的合规意识和管理水平进行认真分析、评价，拟定并提交境外业务合规培训需求和建议。 第九条　集团公司国际事业部汇总需求、建议后，拟订次年境外业务合规培训计划报集团公司培训主管部门，并按照计划组织实施。

（续表）

第十条　集团所属公司负责组织各自国别范围内的合规培训计划与实施。按照年度培训计划提前制定培训方案，对培训的目的及要求、培训对象及人数、培训内容及方法、培训时间及地点、培训师资及课件（教材）、培训经费等进行具体策划。

第十一条　合规培训分为现场培训和线上培训。集团所属公司每年应至少举办一次现场培训，并根据业务需要或监管要求不定期在境外举办现场培训。如遇特殊情况，可通过线上培训实施。

第十二条　涉外业务员工每年至少应参与一次现场培训或线上培训。

第十三条　集团所属公司合规管理部门应监督、记录员工参加合规培训的过程；并对参训人员进行考试，考试不合格者不得作为各级境外业务的负责人和合规专员，也不得从事涉及境外业务的工作。

第十四条　员工参加合规培训后，应该对境外业务合规培训进行评价，由培训组织者向学员发放培训效果评估表，学员可根据评估表的内容，对课程内容、讲师授课质量等进行打分，并提出改进意见和建议。

第十五条　各单位应建立合规培训档案，档案内容主要包括年度境外业务合规培训计划、年度境外业务合规培训总结、境外业务合规培训记录、考核评价结果等。

第十六条　集团公司及所属各单位应利用普法、评奖、征文等各种形式，利用官网、内网、公众号、内刊等渠道向员工和第三方宣贯合规理念。

第十七条　本办法由集团公司法律合规部商国际事业部和人力资源部负责解释。

第十八条　本办法自发布之日起施行。

11.2 合规文化建设

企业合规文化包含企业的合规价值观、合规道德观及合规信仰。合规文化需要通过合规宣传、合规培训及合规实践来培育，企业一旦形成合规文化，就可以保障和促进企业及其员工的行为合规。合规文化是合规管理体系的重要组成部分。

11.2.1 管理层对合规文化的牵引作用

一、企业应该追求什么样的合规文化

合规是企业依法治企、合规经营的客观要求，也是企业防范运营风险和操作风险的客观需要。良好的合规文化有以下表现：

1. 合规要求已被嵌入企业各项业务和管理流程，并得到持续有效的贯彻执行；

2. 已树立牢固的合规优先的经营理念；

3. 已从"被动合规"转向"主动合规"，从"不敢违规、不能违规"走向"不想违规"。这样的合规文化就是值得企业追求的合规文化！

二、管理层的表率作用

企业应将合规文化作为企业文化建设的重要内容。企业决策层和高级管理层应确立企业合规理念，注重身体力行。为了实现持续的合规经营，企业应在内部各个层级建立、维护并推广合规文化。对于整个企业所要求的共同行为准则，治理层和管理层应做出积极的、明示的、一致的、持续的承诺，并以身作则，尤其是最高管理者。

实践证明，企业合规文化建设取决于治理层和管理层，最高管理者的表率作用是企业合规文化的旗帜。企业最高管理者应明确地鼓励、倡导和支持合规的行为，阻止且不容忍损害合规的行为。

三、为合规管理职能的专业性和权威性提供保障

最高管理者及各级管理人员在合规方面除了要以身作则外，还应为合规管理职能的专业性和权威性提供必要的保障，比如：

1. 通过各种方式以清晰并令人信服的声明向所有员工及利益相关方广泛传达关于合规的承诺，并有措施作为支持；

2. 通过对所有员工和利益相关方开展合规意识提升活动和培训，传达合规理念和合规价值观；

3. 为确立、制定、实施、评价、维护和改进合规文化提供适宜的资源；

4. 保证合规管理职能部门人员有适当的能力、权限和独立性；

5. 保证合规管理职能部门可以直接向治理层报告。

11.2.2 从哪些方面入手促进合规文化建设

一、企业合规文化的构成要素

企业合规文化包含很多内容，如企业价值观、领导的示范作用、合规宣传、合规沟通机制、合规奖惩机制等，但最核心的有以下几点，risk-doctor 把它们称为企业合规文化的要素。也就是说，把这几点做好了，企业在合规文化塑造方面就抓住重点了。

1. 企业要有明确的价值观，要把诚信合规作为企业价值观的核心内容之一，让员工从根本上认同诚信合规，并相信诚信合规的价值。

2. 制定合规准则，管理层自上而下持续地传播诚信合规的价值理念。

3. 企业管理层率先垂范，以身作则，带头遵守各项规章制度，言行一致。

4. 就合规义务和合规准则，持续培训员工和合作伙伴，并就合规问题进行企业内外部沟通，确保员工和其他利益相关方了解企业的合规底线。

5. 建立合规奖惩机制，把部门和员工个人的合规表现与绩效挂钩，激励良好的合规行为，惩处不合规的行为。

二、ISO 37301 对企业合规文化的要求

在 ISO 37301 里，合规文化既是术语，又是合规管理体系的一个要素。ISO 37301 花了不少篇幅来阐述合规文化。

合规文化虽然很抽象，但是它贯穿整个企业的价值观、道德规范、信仰和行为，并与企业的组织结构和控制系统相互作用；虽然它是虚无的，但是它就像空气一样，在我们身边，我们可以通过员工的行为来感受和审视它的存在。为保证企业能够建立良好的合规文化，ISO 37301 在 5.1.2 小节特别做出以下规定。

> ✓ 组织应在其内部各个层级建立、维护并推广合规文化。
> ✓ 对于整个组织所要求的共同行为准则，治理机构、最高管理者和其他管理者应做出积极的、明示的、一致且持续的承诺。
> ✓ 最高管理者应鼓励倡导和支持合规的行为，应阻止且不容忍损害合规的行为。

企业合规文化与企业和员工的行为密切相关，并通过员工的行为来体现，所以，企业

要建立良好的合规文化，就必须从企业和员工的具体行为入手。

某企业一位大客户销售经理对合规管理人员说："我们给帮助我们拿单子的客户（或代理商）一些钱（或返点），这怎么能算贿赂呢？这是对朋友的感谢。否则就没有人情味，不够朋友了。"这样的员工，即使在制度的管束下他不得不合规，他可能还是有抵触情绪的。作为企业负责人或者企业合规官，面对这种情况，你打算放任自由吗？当然不能这样做。这种情况的解决方案就是加强正面引导，加强合规宣传和培训，帮助员工树立合规意识，让合规理念深入人心。

三、合规文化建设的具体措施

企业应践行依法合规、诚信经营的价值观，不断增强员工的合规意识和行为自觉，营造依规办事、按章操作的文化氛围。

除了上文所说的加强正面引导和加强合规宣传和培训外，企业还可以从哪些方面入手来促进合规文化建设呢？表 11-6 列出了一些具体措施，供读者朋友参考选用。

表 11-6　合规文化建设的具体措施举例

1. 发布清晰的诚信合规手册或合规倡议书来展现企业的合规态度和合规价值观
2. 管理层积极遵守合规制度，如管理层进行合规宣誓等
3. 管理层以身作则为员工和利益相关方的合规培训授课
4. 不论职位高低，在处理不合规事件时保持一致
5. 对潜在的关键职能人员进行适当的录用前评估，包括尽职调查
6. 在入职培训或新员工培训中强调合规的重要性，对合规专项考试不合规者不予录用
7. 对所有员工和利益相关方持续进行合规培训，并保存相关培训记录
8. 建立合规咨询热线、投诉热线，并持续就合规问题与员工和利益相关方进行沟通
9. 建立合规绩效考核体系，并将合规表现与员工绩效工资、合作伙伴选用等挂钩
10. 对故意或因疏忽而违反合规义务的情况给予即时和适当的惩戒
11. 正式、公开地表扬合规的行为、部门、人员和合作伙伴
12. 正式、公开地处罚不合规的单位、人员和合作伙伴

11.3　合规承诺

11.3.1　合规承诺书

在员工接受培训后，开始业务操作前，还有一道程序要完成，那就是签订合规承诺书。这不是走形式，而是员工对合规培训效果的反馈，以及员工对企业合规价值观和合规义务的承诺。合规承诺书形式多样，内容也多种多样。有笼统的合规承诺，也有专项合规承诺，如环保责任承诺书、廉洁承诺书等。

近些年，国务院国资委和国家发改委对国有企业（尤其是中央企业）的境外经营合规方面非常重视。国务院国资委在《中央企业合规管理指引（试行）》第十五条第三款做出以下规定。

> （三）海外人员。将合规培训作为海外人员任职、上岗的必备条件，确保遵守我国和所在国法律法规等相关规定。

结合前文所讲的合规文化、合规宣传和合规培训的内容，企业可以要求海外工作人员在接受合规培训后，正式上岗前签订境外业务操作合规承诺书。表 11-7 是合规承诺书示例，供读者朋友参考。

表 11-7　合规承诺书示例

境外业务操作合规承诺书

本人王××，在 SP 公司法律合规部任合规专员。我在此承诺：我始终把 SP 公司及其直接或间接控制的关联公司（合称"公司"）的利益放在首位，认同公司的价值观及合规文化；我将认真履行自身各项工作职责和合规职责，努力维护公司的良好社会形象和声誉，不做一切可能导致公司陷入违法境地或不当的事情。

我充分知悉并将严格遵守中华人民共和国相关法律法规，以及我代表公司从事海外业务所在国（地区）的相关法律法规中有关公司合法合规经营的相关规定。

我也充分知悉并将严格遵守世界银行集团及其他多边开发银行的诚信合规政策、规则和指南。

同时，我也充分知悉并将严格遵守公司制定的所有境外业务合规管理制度的相关规定和要求。

我承诺，将在履职过程中严格遵守上述所有相关规定和要求，并对由本人任何不当行为或任何疏于监督造成的违规行为负全部责任。

我保证，如果我知悉任何同事、下属或上级存在任何违反上述公司合规制度的情况，我会立即将有关情况通过合规咨询举报电话向合规部门反映。

我保证，如果我了解到任何与公司存在业务关系的第三方单位或个人存在违反上述公司合规制度的行为，

（续表）

我会立即将有关情况通过合规咨询举报电话向合规部门报告。

我同意，如果做出了违规行为或未能遵守本合规承诺，我将接受公司的处罚与处分，情节严重的，愿意接受司法部门的处理。

合规咨询举报方式如下。

电话：010-6666××××

邮箱：cro2008@spring.com.cn

承诺人（签字）：王××

日期：202×年××月××日

11.3.2 合规宣誓

合规宣誓是另一种培育合规文化的方式。合规宣誓不仅仅是一种形式，更是一种仪式，它是企业合规文化建设的重要组成部分。

企业对员工有合规培训的义务，并应确保员工知悉企业的合规管理制度。为保证培训和宣传的效果，企业可以组织员工每年进行合规宣誓，就像每年签订合规承诺书一样。特别强调一点，参与合规宣誓的人员必须包括公司所有管理者及重点岗位人员。

关于合规宣誓的内容，可参考 SP 公司的合规宣誓誓词（见表11-8）；关于合规宣誓的形式，可以在公司层面召开合规宣誓大会，也可以在部门层面举行合规宣誓。不管采用哪种形式，合规宣誓必须是正式、严肃的。

表 11-8　合规宣誓誓词示例

SP 公司合规宣誓誓词

我宣誓，作为 SP 公司的员工，我将始终秉承诚信廉洁的优良作风，自觉遵守党规党纪和法律法规，恪尽职守，求真务实，依法合规做好每项工作，坚决抵制各种违法、违规、违纪行为，维护 SP 公司的良好形象，为建设国内建筑行业领先的一流企业不懈努力。

宣誓人：王××

宣誓日期：202×年××月××日

第 **12** 章 合规认证

12.1 合规管理体系认证

12.1.1 合规管理体系认证的基本程序

一、合规管理体系认证机构

对各种管理体系的认证需要由专门的机构来完成，普通咨询公司、会计师事务所、律师事务所是没有资格做认证工作的，详见国家认证认可监督管理委员会的相关规定。可以预见，合规管理体系的认证也将由已获得认证资格的机构来完成。有境外业务的大中型企业若想取得 ISO 37301 认证，可以选择挪威船级社（DNV）、英国标准协会（BSI）、法国船级社（BV）、中标合信（CSCA）和中国检验认证集团（CCIC）这些认证机构。

截至 2021 年年底，国内对合规管理体系的认证工作还没开始。主要原因有三个：一是我国国家标准化管理委员会尚未更新合规管理体系标准 GB/T 35770，二是认证机构需要时间来消化理解合规管理体系标准，三是认证机构急需补充合规管理领域的专业人才。

本书谈的合规管理认证的依据是 ISO 37301《合规管理体系 要求及使用指南》。我国的 GB/T 35770 正在修订中，更新后的 GB/T 35770 将等同 ISO 37301，预计 2022 年正式发布。待新版 GB/T 35770 正式发布后，合规管理体系认证工作将在我国正式拉开序幕。企业获取合规管理体系认证是大势所趋。

二、获取合规管理体系认证的基本程序

参照 ISO 9001:2015、ISO 27001:2013 等管理体系的认证流程，我们可以梳理出合规管理体系（ISO 37301）认证的基本程序：寻找认证机构→申请认证→签订认证服务合同→初审→现场审核→认证审批→获得证书，大致如图 12-1 所示。

企业获得合规管理体系认证证书后，可以向客户或潜在客户，以及社会有关方面（利益相关方）展示该证书，以提升企业诚信经营的信誉度，为企业赢得更多商业机会。

但是，企业获得合规管理体系认证证书后，并不意味着万事大吉、高枕无忧了。证书有效期一般只有三年。在这三年中，认证机构每年还要对企业进行监督审核（每年至少一次），以查看企业的合规管理体系是否持续有效。如果证实其符合规定要求，那么保持其认证资格；如果证实其不符合规定要求，那么将视其不符合的程度，由认证机构决定是暂停使用认证证书和标志，还是撤销认证资格、收回认证证书。

```
┌──────────────┐
│   体系建设    │
└──────┬───────┘
       ↓
┌──────────────┐
│体系试运行满三个月│
└──────┬───────┘
       ↓
┌──────────────┐
│  正式决定申请认证 │
└──────┬───────┘
       ↓
┌──────────────┐
│ 与认证机构签订合同 │
└──────┬───────┘
       ↓
┌──────────────┐
│   接受预审    │────────┐
└──────┬───────┘        │              ┌─────────────┐  否
       ↓                │      ┌───────→│   完成整改   │──────
┌──────────────┐        │   ┌──────┐   └──────┬──────┘
│   接受初审    │────────┼──→│ 整改 │──→       │ 是
└──────┬───────┘        │   └──────┘          ↓
       ↓                │              ┌─────────────┐
┌──────────────┐        │              │   通过审核   │
│   接受现场审核  │────────┘              └──────┬──────┘
└──────────────┘                              ↓
                                       ┌─────────────┐
                                       │   获得证书   │
                                       └─────────────┘
```

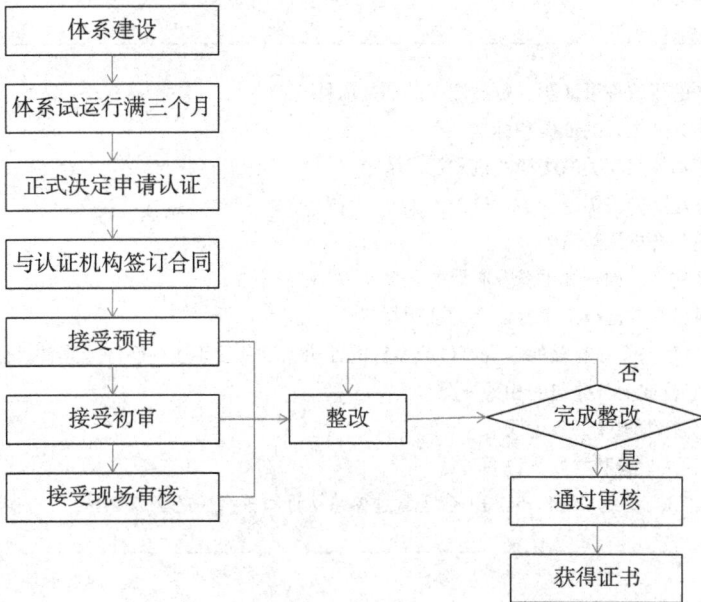

图 12-1　合规管理体系认证的基本程序

12.1.2　ISO 37301 认证的准备工作

通过前文介绍，我们了解了合规管理体系认证的基本程序。万事开头难，企业该如何启动认证工作呢？下面简单介绍实施合规管理体系认证的相关准备工作的具体内容。

实施合规管理体系认证的前提是企业已经建立了合规管理体系，并且是有依据的。该依据可能是 ISO 37301 或者 GB/T 35770。这里所说的合规管理体系认证是基于 ISO 37301 而言的。《中央企业合规管理指引（试行）》不是合规管理标准，不能用于认证，但可用于评价。

企业对自己建立并试运行的合规管理体系进行若干次内部审核（内审）并逐步改进后，如果认为所建立的合规管理体系已符合所选标准的要求，那么可申请外部认证。"符合所选标准的要求"比较难把握，一般可以根据一些具体表现来判断，比如，内部审核所发现的不符合项较少，或者没有发现比较严重的不符合项。

合规管理体系认证的准备工作较多，这里不赘述。为了让大家对相关准备工作有所了解，我们用表 12-1 所示的合规管理体系认证的准备工作清单来展示。

表 12-1　合规管理体系认证的准备工作清单

（1）认证申请书及认证服务合同 （2）企业营业执照等法律地位证明文件的复印件

（续表）

（3）企业相关业务的行政许可证明、资质证书等的复印件
（4）企业建立合规管理体系的依据和标准
（5）与企业合规管理体系相关的法律法规和标准清单
（6）合规管理体系覆盖的范围
（7）合规义务清单和合规风险清单
（8）合规管理体系文件，如合规手册及必要的程序文件
（9）合规管理体系已有效运行三个月以上的证明材料
（10）在一年内未发生与企业有关的违规事件或案件的证明，以及往年违规事件或案件已处理完结的证明
（11）企业多场所经营或业务分包的相关情况
（12）企业的商业伙伴清单及关系说明
（13）企业的利益相关方及利益冲突说明
（14）其他与 ISO 37301（或 GB/T 35770）合规管理体系认证审核有关的必要文件

表 12-1 中的（7）、（8）、（9）、（10）这四项是必需的、关键的准备工作，它们直接影响认证的成功率，企业需要提前准备好。合规管理体系认证准备工作比较复杂，在一般情况下，企业需要聘请服务机构来协助完成。

当企业准备好表 12-1 所列的内容后，可以召开合规管理体系认证立项启动会，在管理层的授权和承诺下，正式启动认证程序，选择认证机构。

12.2 合规管理专业人员认证

提到合规管理专业人员,你会想到哪些角色和职业?律师、风险管理师、公司法务人员,还是风险管理专业人员?随着合规管理理论和实践经验的不断丰富,将来会有大批的合规管理专业人员出现,比如,企业合规师、合规管理审核员、国家注册审核员、合规管理咨询师等。合规管理专业人员认证包括对这些人员的认证。以下仅重点介绍国家注册审核员和企业合规师的认证。

12.2.1 国家注册审核员的认证

一、合规审核员概述

合规审核员主要有两类,一类是内审员,另一类是外审员。内审员是企业内部从事合规管理体系运行和管理的人员,只能在自己企业内部从事内部审核工作。内审员不实行国家注册制,只要参加内审员培训且合格后就能领取内审员证书。外审员指国家注册审核员,是以认证公司的名义从事第三方审核的人员,可以直接到各企业进行审核。外审员实行国家注册制,需要先参加外审员培训,培训合格后取得外审员培训合格证,然后参加国家每个季度末的统考,考试通过了,才能申请注册实习审核员。实习审核员转正后成为正式审核员,后续可升级为高级审核员。

二、国家注册审核员的认证流程

这里说的认证流程即注册流程。如果你认为合规管理有较大发展空间,并希望自己成为这方面的专业人才,那么可以走职业化道路,成为国家注册审核员,专门从事合规管理体系审核工作,具体步骤如下。

第一步,自我评估是否满足报考国家注册审核员的条件,如学历条件和工作经验条件等。

第二步,报名参加中国认证认可协会(CCAA)认可并授权的国家注册审核员培训课程,并取得培训合格证书。

第三步,完成国家注册审核员国家统一考试的网上报名事项,并缴纳相应考试费用。

第四步,根据考试大纲开始备考,并在规定的时间内打印准考证。

第五步,携带准考证、国家注册审核员培训合格证书和个人身份证在国家统考日参加国家统考。

第六步,在国家注册审核员考试成绩公布日查询考试成绩。如果考试通过,那么进入第七步；如果考试不通过，那么回到第三步。

第七步，通过国家注册审核员国家统一考试后，可以联系认证机构挂靠成为实习审核员；然后填写相关表格并递交 CCAA 处理。

第八步，CCAA 受理备案后，个人开始累积实习审核人日（人天），此时个人的身份是实习审核员。

第九步，累积满实习审核人日后，经过验证可取得正式审核员资格。

第十步，累积一定审核工作经历并经过相应验证后成为高级审核员。

国家注册审核员的认证程序如图 12-2 所示。

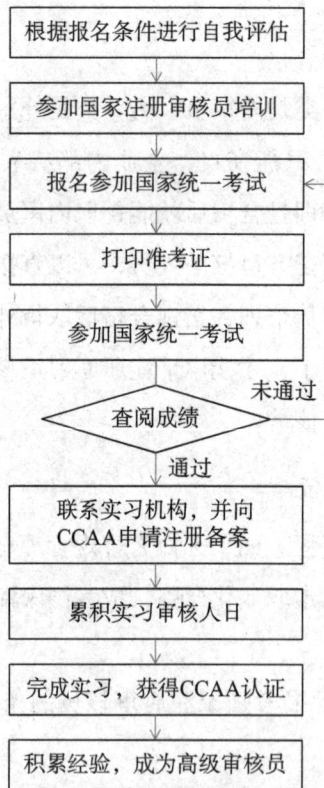

图 12-2　国家注册审核员的认证程序

除了向 CCAA 申请注册外，还可以向国际审核员注册协会（IRCA）申请注册。IRCA 是管理体系审核员注册的创始机构，也是最大的国际化管理体系审核员注册机构。一般国际性机构更倾向于选择 IRCA 认证的审核员，不过 IRCA 与 CCAA 已签订了互认协议，即两个证书在国际及国内机构是互认的且都是有效的。

CCAA 是国内负责管理体系审核员注册认定、发布相关政策的国家机构。国内认证机构通常要求审核员取得 CCAA 认证资格。

三、合规审核员的基本能力要求

不管是内审员，还是外审员，都应具备以下基本能力：

1. 能够恰当运用审核原则、程序和技术；

2. 能够对审核工作进行有效的策划和组织；

3. 能够按商定的时间表进行审核；

4. 能够优先关注重要问题；

5. 能够通过有效的面谈（包括倾听和观察）和对文件（包括记录和数据）的评审来收集信息；

6. 能够理解审核中运用抽样技术的适宜性和后果；

7. 能够验证所收集信息的真实性和准确性；

8. 能够确认审核证据的充分性和适宜性，以支持审核发现和结论。

12.2.2　企业合规师认证

一、企业合规师背景介绍

尽管企业合规师这几年十分热门，但目前还没有关于企业合规师的国家级认证。2021年3月，人力资源社会保障部面向社会发布了新职业"企业合规师"；2021年4月，ISO发布 ISO 37301《合规管理体系 要求及使用指南》。在两个利好消息的刺激下，一些律师事务所和行业协会着手进行企业合规师的资格培训和资格考试工作。截至 2022 年年初，市面上大约有 6 家机构（包括机构联合体）发布了企业合规师的证书培训信息和考试信息。作为合规从业人员，该不该考取企业合规师证书？该选哪一家的证书呢？

risk-doctor 特别提示：截至 2022 年 3 月，国家并未公布与企业合规师相关的职业准入资质标准，更没有统一的职业资格证书。现在市面上的企业合规师证书并不是职业资格证书，更不是执业资格证书；它们只是培训机构自己认可的证书，顶多算是一种培训证书。当然，参与不同机构举办的合规专业培训，对大家提升合规管理知识水平和积累经验还是大有裨益的。

二、企业合规师的主要职责

2021 年 3 月 9 日，人力资源社会保障部会同国家市场监督管理总局、国家统计局向社会正式发布了包括企业合规师在内的 18 个新职业信息。这是自《中华人民共和国职业分类大典（2015 年版）》颁布以来发布的第四批新职业。国家对新职业企业合规师的定义如下。

职业名称：企业合规师

职业编号：2-06-06-06

职业定义：从事企业合规建设、管理和监督工作，使企业及企业内部成员行为符合法律法规、监管要求、行业规定和道德规范的人员。

主要工作任务：

1. 制定企业合规管理战略规划和管理计划；

2. 识别、评估合规风险与管理企业的合规义务；

3. 制定并实施企业内部合规管理制度和流程；

4. 开展企业合规咨询、合规调查，处理合规举报；

5. 监控企业合规管理体系运行有效性，开展评价、审计、优化等工作；

6. 处理与外部监管方、合作方相关的合规事务，向服务对象提供相关政策解读服务；

7. 开展企业合规培训、合规考核、合规宣传及合规文化建设。

本书讲述的合规管理实务内容就是为了匹配国家对企业合规师的职业定义及主要工作任务的要求。随着时间的推移，企业合规师将在规范企业合规运营，如环境保护、社会责任、反不正当竞争、反贿赂、数据保护、知识产权保护等方面发挥越来越重要的作用。

三、企业合规师的认证

前文讲了，截至 2022 年 3 月，国家并未公布与企业合规师相关的职业准入资质标准，更没有统一的职业资格证书。但这不代表将来依然没有合规管理方面的职业资格证书。

这些年，国家一直都在努力优化营商环境，尽量减少非必要的市场准入门槛的限制，所以取消了一批准入型资格考试。未来，企业合规师会不会走上认证准入的道路，现在还不能下结论。

有一点是可以肯定的，国家注册审核员是需要考试认证的。由于 ISO 37301 是 A 类标准，可用于认证。企业申请 ISO 37301 认证是必然事件，与之配套的国家注册审核员及内审员也将走上企业合规管理的舞台。

我国等同采用 ISO 37301 的国家标准 GB/T 35770 正在紧张的修订中，修订后的 GB/T 35770 将大大促进国内合规管理体系审核员的职业发展。

四、企业合规师的培养路径

作为新职业，企业合规师将来可能变成一种通用的名称或职称，像工程师一样；也可能变成一种特定资格的称谓，就像注册会计师一样。但不管怎么发展，企业对合规管理人才的需求是刚性的。

合规领域有很多专项合规，如反贿赂、反不正当竞争、知识产权保护、环境保护、数据保护、隐私保护等。企业合规师这个新职业很可能会根据不同的合规领域而衍生出细分的职业，如数据保护合规师、环境保护合规师等，就像工程师细分出软件工程师、水暖工程师、电力工程师一样。

企业合规师的培养，可以是外部培养（外培），也可以是内部培养（内培）。在企业合规师职业发展的初期，对大中型企业（尤其是中央企业）而言，risk-doctor 建议以内培为主。企业通过引入不同领域的外部专家和专业人员，来打造和丰富自己的合规管理团队，从而建立起一支适合企业需要的合规管理专业人才队伍。这支队伍除了承担企业合规管理咨询服务的职责外，还可承担企业合规管理（体系）内部审核的职责。

企业获取 ISO 37301 认证是大势所趋。企业合规管理审核员、企业合规师将是企业不可或缺的专业人才。

第 **13** 章 合规管理信息化

13.1 合规管理信息系统的相关功能

中纪委、国务院国资委、国家发改委等机构对合规管理信息化工作高度重视。我们也在《合规管理体系标准解读及建设指南》《企业风控体系建设全流程操作指南》两本书中对风控信息化、合规信息化做了说明和介绍。为了帮助大家更好地了解合规管理信息系统，本章将对合规管理信息系统的功能做进一步说明。

13.1.1 合规管理信息系统概述

随着信息化、数字化、智能化技术的快速发展和成熟，企业合规管理也需要信息化、数字化、智能化。实现合规管理信息化，可以大大提高企业合规管理的效率和效能，比如，能及时监测和评估合规风险，能及时接收和响应合规投诉与举报，能在线跟踪合规整改进度及效果等。

一、国务院国资委对合规信息化的要求

（一）国务院国资委在《中央企业合规管理指引（试行）》中对合规信息化的要求

国务院国资委在《中央企业合规管理指引（试行）》第二十四条明确指出：中央企业要加强合规管理信息化建设。

> 第二十四条 强化合规管理信息化建设，通过信息化手段优化管理流程，记录和保存相关信息。运用大数据等工具，加强对经营管理行为依法合规情况的实时在线监控和风险分析，实现信息集成与共享。

（二）国务院国资委在《关于进一步深化法治央企建设的意见》中对合规信息化的要求

国务院国资委在《关于进一步深化法治央企建设的意见》中明确指出：中央企业要着力提升数字化管理能力。

> （十三）着力提升数字化管理能力。运用区块链、大数据、云计算、人工智能等新一代信息技术，推动法务管理从信息化向数字化升级，探索智能化应用场景，有效提高管理效能。深化合同管理、案件管理、合规管理等重点领域信息化、数字化建设，将法律审核嵌入重大决策、重要业务管理流程，通过大数据等手段，实现法律合规风险在线识别、分析、评估、防控。推动法务管理系统向各级子企业和重要

项目延伸，2025 年实现上下贯通、全面覆盖。推动法务管理系统与财务、产权、投资等系统的互联互通，做好与国资国企在线监管系统的对接，促进业务数据相互融合、风险防范共同响应。

透过这些监管要求，我们可以看出信息化、数字化、智能化已深入中央企业的方方面面，离开信息化，合规管理将寸步难行。

二、合规管理信息系统的基本功能

合规管理信息系统是企业信息化建设的一部分，它应该很好地融入企业信息化和数字化建设之中，而不应是一个独立封闭的系统。从本书前面章节的介绍来看，合规管理信息系统至少应该实现以下功能：

1. 可以对适用于企业的法律法规等进行收集、储存、分类和传递；

2. 可以将企业合规管理制度与流程、业务活动有机融合，对企业合规风险点进行识别、定位、分类、监测及储存；

3. 可以支持企业在线进行合规审查、合规检查、合规审核、合规评审及合规绩效评价；

4. 可以对企业合规管理的报告机制提供在线支持；

5. 可以支持企业开展在线合规培训、在线合规考试；

6. 可以收集、储存和管理企业员工的合规档案信息；

7. 能够在安全的前提下与内外部相关信息系统实现互通等。

三、好的需求和好的技术创造好的产品

在软件开发领域有句经典的话——好的信息系统需要好的需求。合规管理对软件开发人员来说可能是个新事物，需要企业合规职能人员和业务人员积极参与，集思广益，提出比较明确的，既实用又有先进性的合规管理需求。这样才能引导软件开发人员实现相关功能，开发出一个理想的、实用的合规管理信息系统产品。

risk-doctor 把合规管理信息系统的功能分成四大类，分别是合规管理基本职能、合规管理资料库、专项合规管理及合规管理信息系统的基础管理。下面分别予以介绍。

13.1.2　合规管理基本职能

这部分功能主要是为了满足第二道防线（合规管理职能条线）的日常合规管理工作需求，大致包含九个部分，企业可以根据自己的实际需要进行增减。

一、合规宣传

1. 宣传计划的制订与修改。

2. 宣传项目立项。

3. 宣传项目跟踪。

4. 宣传项目统计及查询。

二、合规培训与考试

1. 合规培训知识库。

2. 合规培训计划。

3. 培训文件上传。

4. 培训通知下发。

5. 合规培训总结。

6. 合规考试题库。

7. 合规考核人员管理。

8. 合规考核记录管理。

9. 合规考试统计分析。

10. 与合规检查关联验证。

三、合规咨询

1. 合规风险提示。

2. 问题库查询（Q&A）。

3. 问答机器人自动检索及解答。

4. 合规管理牵头部门合规咨询服务的全流程管理。

四、合规投诉及举报

1. 投诉及举报受理。

2. 对投诉及举报信息的评估。

3. 立项处理投诉及举报。

4. 结案处理。

5. 相关信息存档。

6. 投诉及举报信息统计（可以按内部人员、客户、合作伙伴等进行分类统计）。

7. 投诉及举报信息查询（可以按内部人员、客户、合作伙伴等进行分类查询）。

五、合规风险评估

1.合规风险识别与报告。

2.合规风险后果和发生可能性分析。

3.合规风险值计算。

4.合规风险排序。

5.合规风险库查询（可以按业务、按部门、按岗位查询）。

6.合规风险分布图展示（可以按业务、按部门、按岗位展示）。

六、案件防控管理

案件防控管理包括案件排查、排查问题整改、案件费用管理、案件问责、灰名单管理、案防考核与评估和案防报告等子模块。企业利用这些子模块，可以实现以下管理功能。

1.发生案件时的信息报送至案件处置的全流程管理。

2.案件排查、排查问题整改、案件问责的全流程管理。

3.大额交易资金的对账、跟踪和排查。

4.重大合同的签署和跟踪等。

七、违规积分管理

违规积分管理包括积分标准管理、违规积分登记、违规积分减免、违规积分应用、违规积分查询、积分异议审查和积分异议复审等子模块。企业利用这些子模块，可以实现以下管理功能。

1.对违规积分实行全流程闭环管理，并且与违规事件进行关联管理。企业可以通过用户权限设置、登记、查询和统计等功能，为各部门、各分支机构设置针对本条线、本单位的涉及员工违规积分管理的相关权限。

2.能够提供违规积分标准的设计和更新、积分录入、积分处理、结果维护及生成报表等功能。

3.违规积分标准可与业务类别、流程、风险、制度、部门、岗位及人员等进行映射和关联等。

八、合规职能人员考核

通过对合规职能人员的考评，可以从一个侧面了解企业的合规管理情况。

在进行合规职能人员考核时，可以从多个维度设计不同的考核指标，根据每个考核项内容的重要程度，设置不同的权重。合规职能人员考核的内容包括：

1. 合规条线人员的培训参与情况；

2. 合规考试的分数；

3. 合规风险报告情况；

4. 法律审查结果情况；

5. 合规检查问题情况；

6. 合规会议参加情况等。

同时，还可以把上述每个考核单项设计成独立的管理模块，以实现对各单项的精细化管理，如合规培训、合规考试、合规检查等子模块。

九、合规报告

合规报告是企业合规管理中的一个重要抓手，除了要制定合适的报告制度外，还应考虑合规报告的可操作性、便利性、有用性。这三个特性缺少其中之一都将影响合规报告的可持续性。利用信息系统来实现在线报告，将大大增强这三个特性。

合规报告可以包含以下功能：

1. 报送路径管理；

2. 合规风险报告及风险信息录入；

3. 风险报告和风险信息的反馈和处理；

4. 合规报表功能；

5. 报告的分类管理；

6. 查阅管理；

7. 归档管理等。

13.1.3 合规管理资料库

一、外规管理

外规主要包括法律法规、监管规定、行业要求、行业标准和规范等。简言之，外规管理就是对外规的增、删、改、查的管理。外规管理主要包括以下功能。

1. 外规分类管理。

2. 外规录入、搜索（含全文搜索）、浏览、下载和编辑（可标记出关键条款等）。

3. 可实现全网自动采集，通过大数据采集技术，定时定点进行全网公开采集。采集内容不限于法律法规，还可以利用技术接口，采集法律裁判文书、公开的案件、主流媒体的新闻消息等，形成外规库、裁判文书库、合规案例库等。

4.外规的有效性管理（外规有效期的起止时间）。

5.可定期自动更新。

6.能够对附件、外规解读、风险提示等文件进行上传、编辑、查询。

7.外规浏览下载数量、人员等信息的统计。

二、内规管理

内规主要是指企业的各项规章制度。内规管理就是对企业各项规章制度的增、删、改、查的管理。内规管理主要包括以下功能。

1.内外规关联。

2.能够对附件、外规解读、风险提示等文件进行上传、编辑、查询。

3.外规浏览下载数量、人员等信息的统计。

4.能够把内规与业务类别、业务流程相关联。

三、合规义务库

合规义务库主要包括以下功能。

1.可按业务类别、部门、岗位增、删、改、查。

2.可与内规和违规关联。

3.可与合规风险关联。

4.可按关键人姓名关联。

四、合规风险库

合规义务库和合规风险库是企业开展合规管理、履行合规义务的基础。企业应建立初始合规风险库，并根据后续监测和检查出的合规问题信息对风险数据进行更新。合规风险库中的信息包括合规风险评估的相关信息，如合规风险大小、等级等信息。企业建立并维护一个全视角下的合规风险库，有利于企业随时查看自己的合规风险分布情况，并且可以为后续的风险应对提供决策依据。

五、合规问题管理

合规问题管理可以满足合规管理持续改进的需求。它可以对应内部控制的缺陷管理。合规问题管理主要包括以下功能。

1.问题提出管理。

2.问题分发管理。可自动根据问题的内容将问题分发到相关责任部门。

3.问题答复与反馈。

4. 能够对外部监管检查、内部合规检查、合规审核、内控评价（含各单位的内控及合规自评），以及风险监测发现的各种问题进行统一管理，包括对各类问题的录入、修改、删除、分类统计。

5. 能够对问题进行认定、原因分析、风险点定位等。

6. 问题整改、督办。

7. 能够对问题的整改、整改跟踪、问责、违规积分等进行关联操作。

8. 能够实现问题清单的多维度查询。

9. 可根据整改通知书的整改期限来查询问题。

10. 能够实现内部控制缺陷、违规事件、操作风险损失事件的关联管理和统一管理。

六、合规事件管理

合规事件管理包括对成功防范的潜在事件的管理及对违规事件的管理。

合规事件管理通过对合规和违规事件的录入、删除、修改，对已经违规的事件进行原因分析、风险点定位、整改跟踪等，对违规事件管理中的大量数据进行抓取、分析、统计，然后抽取关键指标，促进事件的整改和跟踪，为内部控制缺陷库、操作风险损失事件库的建立提供支撑。合规事件管理主要包括以下功能。

1. 成功防范事件登记。

2. 成功防范事件查询。

3. 成功防范事件统计。

4. 违规事件登记。

5. 违规事件跟踪。

6. 违规事件查询。

7. 违规事件统计等。

13.1.4 专项合规管理

一、专项合规的类别

现阶段，企业合规的动力主要来自外部的要求，尤其是法律法规的要求和相关监管要求。比如，国家出台了《中华人民共和国反不正当竞争法》，企业就要根据该法的要求在内部制定相应的规章制度来规避不正当竞争的行为；国家出台了《中华人民共和国数据安全法》，企业就要根据该法的要求制定内部的数据安全和数据保护制度。这些合规要求可以简单地按不同的法律法规来分类，具体可参照表 13-1。

表 13-1　专项合规的分类

专项合规类别	分类依据
反贿赂	我国的《关于禁止商业贿赂行为的暂行规定》 美国的《反海外腐败法》等
反腐败	我国的《中华人民共和国监察法》 美国的《反海外腐败法》等
反不正当竞争	《中华人民共和国反不正当竞争法》等
反垄断	《中华人民共和国反垄断法》等
知识产权保护	《中华人民共和国著作权法》 《中华人民共和国商标法》 《中华人民共和国专利法》等
数据保护	我国的《中华人民共和国数据安全法》 欧盟的《通用数据保护条例》等
环境保护	《中华人民共和国环境保护法》等
安全生产	《中华人民共和国安全生产法》等
劳动用工	《中华人民共和国劳动法》 《中华人民共和国劳动合同法》等
业务外包	《关于境内企业承接服务外包业务信息保护的若干规定》 《中华人民共和国民法典》 《中华人民共和国建筑法》等
……	……

二、专项合规管理示例

一个比较完整的合规管理信息系统应该能整合各种基本的专项合规管理功能，比如：

1. 反洗钱；

2. 反贿赂；

3. 反不正当竞争；

4. 知识产权保护；

5. 数据保护；

6. 劳动用工等。

限于篇幅，下面仅以反贿赂为例简单介绍专项合规管理的基本功能。

第一，能对与反贿赂相关的手册、制度、程序进行编写、更新、维护、查询，如反贿赂管理手册、反贿赂风险管理程序、商业伙伴管理程序等。

第二，能把反贿赂的相关流程信息化。比如，从受理举报信息、启动调查、在线收集数据，到数据分析、形成处理建议等，都能在线进行。

第三，能与各种举报渠道对接，获取有关贿赂的举报信息。

第四，能与财务支付系统对接，调查可疑资金的真实用途和去处。

第五，能与内部审计系统对接，与审计部门共享有关商业贿赂的信息和数据。

第六，能与合规培训模块对接，实现对反贿赂培训的集中管理。

第七，其他与反贿赂相关的功能，如按权限查阅反贿赂工作底稿等。

企业应根据其规模、范围、性质和复杂性程度选择适用的不同类型的合规管理工具。

1. 利益冲突合规管理工具。

根据企业合规管理规范，针对采购业务领域，梳理和分析可能出现的员工利益冲突情况并进行归类，编制员工利益冲突问卷，设计员工利益冲突申报流程，提供员工主动申报、定期推送申报通知和不定期推送申报通知三种方式，实现员工利益冲突的动态获取。如存在利益冲突，冲突内容将根据预设规则自动流转到相关负责人审核，最后由人力资源负责人处理，从而达到应用数字化工具实现利益冲突的合规管控。

2. 知识产权管理工具。

通过数字化手段能有效解决知识产权行业从创造、管理、运营到风险全流程的落地难问题，尤其是企业面临的知识产权运营难题。以商标授权为例，通过知识产权管理工具可以矢量化授权协议的关键数据，从而有效管理商标的授权，定期收集商标使用证据，当授权期满或者被授权方出现产品质量或者负面舆情等问题时，可以依据相关条款及时终止授权，从而精准管理企业的无形资产，助力企业知识产权实现更大商业价值。

13.1.5　合规管理信息系统的基础管理

一、基于业务流程的合规管理

企业从业务流程入手开展合规管理，首先要搞清楚各业务类别的具体业务（产品或服务）的流程信息，如各流程的阶段、环节、步骤和操作规范等信息。这就要求配套的合规管理信息系统至少要具有以下功能。

1. 能够采取统一模板在线梳理业务和管理流程，明确流程环节、风险点，能够分析风险发生的概率与影响程度，并对相关的内控措施（合规管理措施）进行评价。

2. 能够采取统一模块汇总流程清单，将流程按业务条线、流程层级等进行分类管理，为流程体系的规范化管理提供基础。具体可以包括流程编号、流程梳理、流程清单、流程查询和流程文件示例库等子模块。

3. 梳理出来的流程作为基础数据可以与该流程相关的内部制度、外规法规、岗位、风险信息、风险提示、问题管理、控制措施、积分管理和其他 IT 系统等进行关联。

4. 可以把流程信息作为其他功能模块的基础数据，为管理人员和业务操作人员提供风险地图（合规风险分布图）、各流程所涉及的制度汇总、制度发生变更时对相关流程影响的范围等信息。

二、基于组织结构及岗位的合规管理

基于组织结构及岗位的合规管理的功能如下。

1. 能够实现对部门、部门职责、岗位、岗位职责的配置及查询等。

2. 能够将权限和职责一致的岗位划分成岗位组，并且可以通过配置岗位组职责、权限，来降低重复配置的工作量。

3. 能够通过数据抽取，将与岗位相关的合规要求（包括操作要求、风险控制、内部制度和外部法规），以及违规积分等进行多维度关联，形成以岗位为基础的岗责合规管理体系，从而有针对性地指导各岗位的合规工作。

4. 通过调用人力资源管理系统中岗位职责的有关数据，实现单位、部门、岗位和职责等信息的检索。

5. 能够针对具体岗位提供合规指导，同时为岗位的合规培训提供解决方案。

三、管理驾驶舱

管理驾驶舱是合规管理信息系统的主要展示界面之一，主要为各级决策者服务。驾驶舱一般包括以下功能。

1. 能够以驾驶舱的形式，通过各种常见的图表（如柱形图、饼图、折线图、雷达图和预警监控图等）实时显示各项合规关键指标的状态和预警情况，为管理者和核心业务操作人员提供合规管理、操作风险管理和内部控制等方面的一站式决策支持。

2. 相关展示图表具有直观性、可配置性、方便性、全面性和多维性。

3. 可提供墙面显示、仪表盘管理、决策模拟和驾驶舱网络等功能。

四、合规管理系统与其他系统对接

合规管理信息系统应该与企业已有的 OA 平台、业务系统等实现互联互通，即合规管理系统可以访问其他已有系统，从其他已有系统（尤其是 OA 平台）也可以跳转到合规管理系统的功能界面。这样既能满足各系统统一登录的要求，又能保证合规管理系统的独立性。

互通不仅仅停留在手工操作层面，还要求系统具备自动更新能力，从而实现数据在不同信息系统之间的自动更新。比如，部门、岗位、人员等数据可以与 OA 平台通过操作型数据仓储（ODS）实现自动同步更新，更新频率可以设置为每天更新。

在数据处理方面，可以采用联机事务处理（OLTP）、联机分析处理（OLAP）、数据库（DB）、数据仓库（DW），或者 ODS 等技术。

一个信息系统，如果没有或缺乏数据来源，抑或是数据获取不及时，那么它将很难发挥作用。这里以合规风险库为例做补充说明。与合规风险相关的数据可能来自很多地方，比如：

1. 来自各分公司、子公司上报的合规风险报告；

2. 来自法律合规部例行检查获得的数据；

3. 来自审计、内控、纪检监察等部门监督、检查获得的数据；

4. 来自监管机构，特别是行业监管机关公布的合规风险数据；

5. 来自行业协会公布的合规风险数据；

6. 来自同行企业产生或公布的合规风险数据；

7. 来自投诉和举报的信息等。

企业在获取上述数据完善自己的合规风险库时，如果仅凭手工录入，将是很辛苦也很低效的。合规管理信息系统的开发人员需要在设计功能时充分考虑这些应用场景，实现上述数据的自动采集、自动清洗、自动分类。这样不仅可以大大提高风险识别的效率，还将大大提高合规风险应对的决策效率。

五、其他功能

合规管理系统中各种操作的通知、提醒功能，可采用流行的技术进行扩展，例如，利用短信、微信、邮件、APP 等来推送提醒信息。

13.2　合规管理信息系统的功能视图

13.2.1　合规管理信息系统的结构图

基于上一节对合规管理信息系统功能的描述，我们可以用图 13-1 来展示合规管理信息系统的结构。

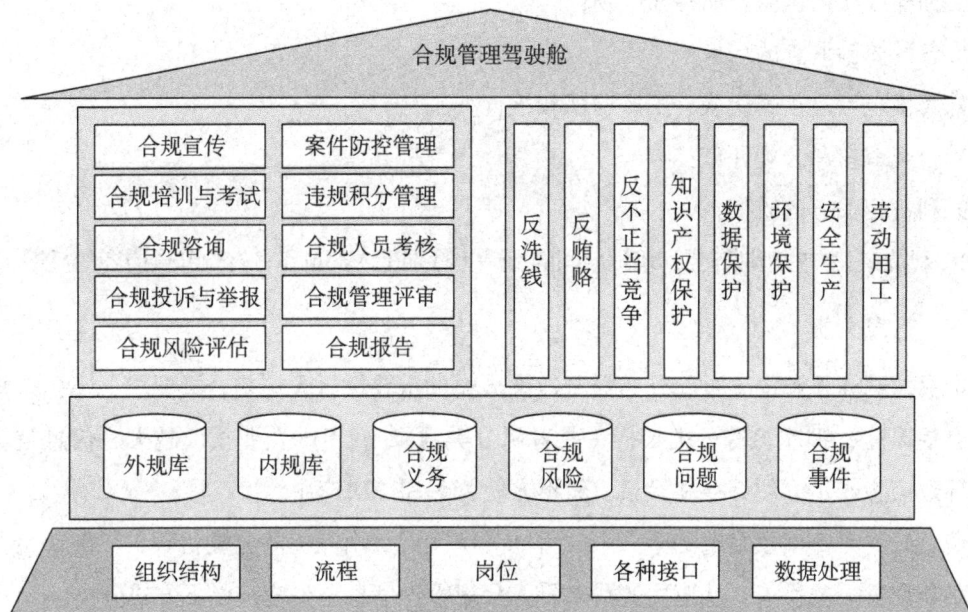

图 13-1　合规管理信息系统的结构

13.2.2　合规管理信息系统的数据保障

一、数据是信息系统的原材料

企业花钱、花时间、投入人力资源，设计和建立的合规管理信息系统，不管它看起来多完美，功能多强大，如果没有合适的、有效的数据，那么它将无法发挥应有的作用。就好像花钱修了一条双向 8 车道的高速公路，结果没有车在路上跑一样。

信息系统是用来处理数据的，没有数据，系统就只能空转。要想让信息系统发挥应有的作用，就必须保障数据的及时性、有效性、真实性和完整性。为此，企业要为合规管理信息系统建立信息收集渠道，并保证这些渠道的畅通。

二、信息和数据的收集

要保证合规管理信息系统有丰富的数据来源，就要为它提供丰富的数据接口，或者为系统配置各种采集器、编辑器。这样，信息和数据就能被采集、被加工了，系统就会有输出了。

基于实践，信息和数据至少可以通过以下方式获得：

1. 通过热线、投诉和其他反馈渠道（包括举报渠道）获得的信息；

2. 非正式讨论、研讨会和分组座谈会；

3. 合规风险识别报告；

4. 临时出现的不合规的特别报告；

5. 抽样或诚信试验，如神秘购物；

6. 各种体验调查的结果；

7. 直接观察、正式访谈、工厂巡视和检查；

8. 合规审核和合规评审；

9. 利益相关方的质询；

10. 利益相关方的培训需要和培训期间的反馈（特别是内部员工、客户和供应商的反馈）等。

三、信息分类

本书从第 4 章和第 5 章就开始强调信息分类的重要性。无论是合规要求，还是合规义务、合规风险，都应该有分类架构（或者叫分类目录），否则企业规模越大，信息就会越乱，导致信息既不方便储存和检索，又不方便管理和二次应用。

信息分类是一件很复杂的事，不大可能一次就设计出完美的分类目录，一般都是在应用中不断完善分类目录。从应用实践来看，合规管理信息至少应按以下方式分类。

1. 按信息来源分类。

2. 按部门分类。

3. 按业务分类。

4. 按合规义务分类。

5. 按不合规的专项分类。

6. 按合规指标分类。

7. 按合规风险的严重性分类。

8. 按实际影响和潜在影响分类等。

修了路，有了车，路的价值就能体现出来；同样，建了系统，有了数据，合规管理信息系统就能发挥其作用，就能帮助企业提高合规风险管理的效率，就能及时、连续、持续地帮助企业实现诚信合规经营。

附　录

本部分将以 SP 公司为例来展示本书中提及的也是企业合规管理实际工作中常见的一些手册、制度、计划和报告等，供大家在工作中借鉴参考。

特别说明：这些示例仅供参考，不作为企业编制相关手册、制度、报告的依据。

附录 1　SP 公司《合规管理手册》^①

第一章　基本规定

第一条　为推动 SP 公司（以下简称"股份公司"）全面加强合规管理，提升依法合规经营管理水平，保障股份公司依法、诚信合规经营，根据国务院国资委发布的《中央企业合规管理指引（试行）》、国家发改委等七部委发布的《企业境外经营合规管理指引》、世界银行集团发布的《世界银行集团诚信合规指南》等法律法规、国际合规规则的要求，结合股份公司及所属各级单位（包括各级法人单位、区域指挥部、分公司等，以下统称为"各单位"）实际情况，制定本手册。

第二条　本手册旨在通过完善合规管理组织架构，明确合规管理责任，健全合规管理机制，识别、防范、监控、应对经营管理过程中可能存在的合规风险，监督、预防、遏制并严格禁止不合规行为，确保各单位经营管理行为依法合规。

第三条　本手册为股份公司合规管理的总纲性文件，适用于各单位及其员工在境内外开展的一切经营活动。股份公司对重点领域、关键环节的具体规定见《合规行为准则》《投标合规管理实施细则》《第三方尽职调查实施细则》《采购合规管理实施细则》《合同合规管理实施细则》《现金支付合规管理实施细则》《业务招待合规管理实施细则》《捐赠赞助合规管理实施细则》《合规官管理实施细则》等制度。

第四条　本手册相关定义如下。

（一）合规系指各单位及其员工的经营管理行为符合有关法律法规、国际条约、监管规定、行业准则、商业惯例、道德规范、各单位章程及规章制度等要求。

（二）合规风险系指各单位或其员工因不合规行为遭受法律制裁、监管处罚、重大财产损失、声誉损失及其他负面影响的可能性。

（三）合规主管部门系指各单位合规办公室（不设合规办公室的由合规官承担相应职责）。

（四）第三方系指各单位拟合作的代理、顾问、咨询师、代表、经销商、承包商、分包商、供应商、合资公司等，无论其为自然人、法人，还是非法人组织。

（五）公务人员包括但不限于其他单位的下列人员：

1. 政府的官员、雇员、代表及代表政府或者经公共权力授权行事的人士；

2. 国际组织的官员、雇员和代表；

---

① 有的企业会制定总册和分册，中小企业通常用企业合规管理办法来表述。

3.行使公共权力的政治组织的官员、雇员、代表，或王室成员；

4.政府直接或间接控制或施加决定性影响力的公共企业的官员。

第五条　合规管理的基本原则如下。

（一）独立性原则。各单位合规管理应从制度设计、机构设置、岗位安排及汇报路径等方面保证独立性。合规办公室及人员承担的其他职责不应与合规职责产生利益冲突。

（二）系统性原则。各单位合规主管部门不仅应协调各部门落实本级合规工作，还要对下级单位进行有效的领导、协调、监督。

（三）及时性原则。各单位合规主管部门应及时识别、评估及处理合规风险事件，及时按照规定汇报，高效完成本单位合规管理工作。

（四）适用性原则。各单位合规管理应从经营范围、组织架构和业务规模等实际出发，兼顾成本与效率，强化合规管理制度的可操作性，提高合规管理的有效性。同时，各单位应根据内外部环境的变化持续调整和改进合规管理体系。

（五）全面性原则。各单位合规管理应覆盖所有境内外业务领域、部门和员工，贯穿决策、执行、监督、反馈等各个环节，体现于决策机制、内部控制、业务流程等各个方面。

第二章　合规管理机构与职责

第一节　合规委员会

第六条　股份公司设立合规委员会，负责股份公司的合规管理体系建设及实施。合规委员会设主任一名，副主任四名，成员由各业务部门负责人组成。

第七条　各二级单位及综合性、规模大的三级单位（由其主管单位确定并报股份公司合规办公室备案）应比照股份公司设置合规委员会。

第八条　各级合规委员会主要职责如下：

（一）持续推进本单位合规管理体系建设，对合规管理的总体目标、基本政策进行审议；

（二）承担合规管理的组织领导和统筹协调工作；

（三）审议合规制度并监督落实；

（四）召开会议研究决定合规管理重大事项；

（五）定期听取本单位首席合规官的合规管理工作报告；

（六）监督本单位合规风险防范，提出完善本单位合规风险管理的有关意见；

（七）审议决策本单位合规管理的其他事宜。

第二节　首席合规官

第九条　各单位应设置首席合规官，首席合规官应为公司章程规定的高级管理人员，非法人单位应由同等职级的人员担任，负责领导本单位合规管理工作。

第十条　首席合规官不得由分管或负责市场开发、经营、招投标、采购等可能与其合规职责发生利益冲突的人员担任。

第十一条　首席合规官主要职责如下：

（一）组织制定并落实本单位合规管理战略规划；

（二）参与本单位重大决策并提出合规意见；

（三）领导本单位合规办公室开展合规工作；

（四）组织起草本单位合规管理定期报告；

（五）及时向合规委员会或上级首席合规官报告重大合规风险事项；

（六）定期向合规委员会或上级首席合规官汇报合规管理工作；

（七）负责本单位合规官的考核与评价；

（八）相关制度文件规定的其他合规管理职责。

第三节　合规办公室

第十二条　股份公司合规委员会下设合规办公室，合规办公室设在法律合规部，负责日常合规管理工作。各二级单位及综合性、规模大的三级单位（由其主管单位确定并报股份公司合规办公室备案）应比照股份公司设置合规办公室。

第十三条　各级合规办公室统筹、规划、安排和协调合规管理工作，主要职责如下：

（一）组织起草、修订本单位合规管理计划、制度并监督实施；

（二）组织评估、处置合规风险；

（三）组织开展合规审查、考核、评价工作；

（四）指导下属单位合规管理工作；

（五）负责合规咨询工作；

（六）组织应对外部合规质询、检查、调查，督促指导整改工作；

（七）受理并牵头调查合规举报与投诉，提出整改及处理意见；

（八）监督员工合规行为管理；

（九）组织或协助开展合规培训和宣贯；

（十）相关制度文件规定的其他合规管理职责。

第四节 合规官

第十四条 各单位应设置足够数量的合规官，以保证有效完成合规管理工作。

第十五条 合规官任免、任职条件、工作职责等详见《合规官管理实施细则》。

第五节 业务部门

第十六条 业务部门在合规主管部门的指导和监督下，负责本领域的日常合规工作，其主要职责如下：

（一）按照合规要求完善业务管理制度和流程；

（二）贯彻落实相关法律法规及其他要求；

（三）执行合规制度；

（四）主动开展合规风险识别；

（五）负责对第三方的尽职调查；

（六）组织本领域合规培训；

（七）及时向合规主管部门报告风险事项；

（八）编制、落实合规风险应急预案；

（九）配合开展合规调查和审查工作；

（十）组织合规调查或审查结果的整改工作；

（十一）收集、整理、归档合规管理方面的文件、制度和记录等资料；

（十二）其他合规管理职责。

第三章 合规管理工作机制

第一节 合规工作传达与汇报

第十七条 各单位应按照下管一级、逐级报告相结合的原则建立垂直独立的合规工作传达和汇报路径。

第十八条 股份公司下属单位合规主管部门应于每季度末向上一级合规主管部门报送合规工作季报，季报内容包括：

（一）本季度合规风险评估及处理情况（包括发生类别、涉及业务及金额等整体情况）；

（二）合规记录中存在的合规风险及处理情况；

（三）重大或复杂的合规问题（如涉及欺诈、腐败、胁迫、串通和妨碍等行为）及正式调查报告涉及此类问题的情况；

（四）合规宣传和培训情况；

（五）其他需要报告的合规事项。

股份公司下属单位合规主管部门应于每年年底向上一级合规主管部门报送合规工作年报（附件1）。

第十九条　各单位应至少每半年召开一次由首席合规官、合规官和相关部门负责人参加的合规工作例会，总结合规工作进展情况，对重点合规工作进行讨论部署。

第二十条　合规工作会议应形成真实、完整的会议纪要，并由参会各方签字确认。

第二节　合规风险管理

第二十一条　各单位合规主管部门对本单位的合规风险进行评估。三级以上单位合规主管部门应按照逐级评估的原则对下级单位的合规风险进行评估。

第二十二条　合规风险评估分为定期合规风险评估和专项合规风险评估。定期合规风险评估应至少每两年开展一次。合规主管部门或有关业务部门应在下列情况下进行专项合规风险评估。

（一）发生下列情形且可能影响到该单位合规风险评估结果的：

1.发生重大并购；

2.参与重大对外承包业务；

3.进入新行业或新市场；

4.业务所在地区发生重大的政治变革；

5.其他可能影响到该单位合规风险评估结果的业务变化。

（二）员工或其他知情者曾报告某单位或所在地区的合规风险，但未得到妥善处理。

（三）业务相关的合规要求及国际、行业标准发生重大变化。

（四）首席合规官要求及其他可能影响合规风险评估结果的情形。

第二十三条　评估单位合规主管部门牵头合规风险评估工作，相关部门应积极配合。评估单位合规主管部门应制订合规风险评估计划，通知相关部门和被评估单位。

第二十四条　合规风险评估开始后，被评估单位应向评估单位提交管理人员名单等相关资料。评估单位可根据情况选取若干人员进行访谈。访谈人员应为负责某一国家、地区业务的负责人或大型项目负责人。应尽量从不同国家、地区的业务人员中挑选访谈人员。评估单位应全面、如实、详细记录访谈内容，访谈人员应如实回答并签字确认记录内容。

第二十五条　如果无法访谈，评估单位可将合规风险评估问卷（附件2）发送给访谈人员并由其完成填写。评估单位可根据合规风险评估问卷填写情况决定是否需要补充访谈。

第二十六条 评估单位应在合规风险评估开始后 90 天内完成合规风险评估表（附件 3），并定期向本级首席合规官汇报工作进度，按照本章第一节的规定上报上一级合规主管部门。

第二十七条 评估单位应在完成合规风险评估表后 60 天内出具合规风险评估报告。报告中应披露发现的合规风险，并提出应对建议。

第二十八条 评估单位合规主管部门应当将合规风险评估报告提交本单位首席合规官审核或审批，并由首席合规官决定是否提交合规委员会（如有）审批。

第二十九条 评估单位应及时向被评估单位反馈合规风险评估结果。被评估单位应根据评估单位提出的合规风险应对建议，制定切实有效的应对方案，并确保方案的有效实施。

第三十条 出现以下重大合规风险事件的，各单位合规主管部门应在 24 小时内向本级首席合规官、合规委员会（如有）报告，并由首席合规官、合规委员会（如有）决定是否向上一级报告：

（一）任何对单位声誉产生重大影响的不合规行为的舆情；

（二）监管机构、国际组织的质疑、调查或制裁；

（三）对各单位经济利益造成重大影响的事件；

（四）其他需要报告的重大合规风险。

必要时，可直接向上一级合规主管部门或首席合规官报告。

第三十一条 重大合规风险报告应采用正式书面形式。

紧急事项可采用口头、电话、传真、电子邮件等形式报告，并在 24 小时内上报正式书面报告。书面报告的内容应包括：

（一）合规风险事件的基本情况；

（二）可能或已经造成的不良影响或损失；

（三）已经采取的措施；

（四）有关意见或建议；

（五）报告单位或个人、相关负责人及联系方式；

（六）其他需要报告的事项。

第三十二条 对重大合规风险事项，不得隐瞒或迟报，一经发现，将追究相关人员的责任。

第三十三条 合规风险的上报，必须坚持独立、保密、及时、垂直的原则。

第三十四条　各单位可成立包括合规官及相关部门人员在内的危机应对小组对已发生的重大合规风险事件进行处理。

第三节　咨询与举报

第三十五条　任何员工面临下列情形时，应及时主动地向合规主管部门咨询或举报：

（一）对某种行为的合规性存在疑问；

（二）特定情形下难以判断如何遵守合规要求；

（三）业务合作伙伴、同事的行为违反合规要求；

（四）各单位或个人受到外部的合规调查、质询或举报；

（五）其他任何与合规相关的问题或情况。

第三十六条　股份公司设置合规咨询、举报电话及邮箱，并以适当方式公布。员工或业务合作伙伴可实名或匿名咨询、举报。举报人身份、个人信息及举报内容应严格保密。

第三十七条　接收咨询、举报的部门或人员应填写合规咨询登记表（附件4）或合规举报登记表（附件5）。

对不属于合规主管部门受理范围的咨询、举报，应及时告知咨询人或举报人。重大或复杂的合规问题（如涉及欺诈、腐败、胁迫、串通和妨碍等行为）应向上一级合规主管部门报告并按照第十八条的规定逐级上报至股份公司合规办公室。

第三十八条　接收举报的部门或人员应对举报内容进行核实。对于存在合规制度缺陷的，应及时上报至二级单位合规主管部门。必要时，股份公司将组织对合规制度进行修订。

对于存在不合规行为的，应通知相关方立即停止不合规行为，并按照本章第四节的规定进行合规调查。

第四节　调查与处理

第三十九条　股份公司合规主管部门发现不合规行为线索的，根据具体情况自行或责令相关单位收集信息，进行初步调查，按照初步调查报告模板（附件6）出具初步调查报告。股份公司下属单位合规主管部门发现不合规行为线索的，应收集信息，进行初步调查，形成初步调查报告，并逐级上报至二级单位合规主管部门。初步调查报告应对不合规行为线索的处理提出明确的建议。

第四十条　合规主管部门根据初步调查报告，做出如下决定：

（一）证据不足、举报不实、情节显著轻微的，应终止调查，出具终止调查的书面说明；

（二）除上项列举的情形外，由合规主管部门组织正式调查。

第四十一条　如需进行正式调查，各单位应成立包括合规官在内的合规调查小组。必要时，调查小组还应包括审计、财务等部门的员工。

第四十二条　正式调查可采取访谈、书面审阅等方式进行，并覆盖调查报告注意事项（附件7）中列明的关键步骤、关键环节。

第四十三条　开展正式调查和编制调查报告的过程应包括对不合规行为线索的相关文件和证人的核查。

第四十四条　正式调查应在60天内结束，并按照正式调查报告模板（附件8）出具正式调查报告。如确有需要，经调查单位的首席合规官批准，调查期限可适当延长。

第四十五条　正式调查报告应由本级首席合规官审核或审批，并由首席合规官决定是否上报合规委员会批准。调查报告涉及重大或复杂合规问题时，应向本级合规委员会报告，并按照第十八条的规定逐级上报至股份公司合规办公室。

第四十六条　各单位合规主管部门应及时结合合规调查中收集的反馈意见和建议，如实完成合规调查发现问题改进记录表（附件9）。

第四十七条　调查结果涉及股份公司《职工违纪违规处分规定（试行）》中提及的违纪违规行为的，应提交有关部门视情况给予警告直至解除劳动合同的处分。

第五节　合规审查

第四十八条　各单位合规主管部门应对本单位，股份公司合规主管部门应对二级单位，二级单位合规主管部门应对其下属单位合规管理的执行情况、适当性和有效性进行合规审查。

第四十九条　合规审查分为定期审查和特定审查。定期审查由各单位合规主管部门按照合规审查计划，每两年完成一次。特定审查由各单位合规主管部门在出现重大合规风险事件时进行。

第五十条　各单位应组成合规审查小组进行合规审查。合规审查小组由合规官和相关业务部门人员组成。

第五十一条　各单位合规主管部门应负责组织并开展合规审查，被审查单位或部门的合规官需积极配合。合规审查应独立、客观、公正、有效，可采用现场审查、非现场审查。

第五十二条　完成合规审查工作后，审查发起单位合规主管部门应向首席合规官提交合规审查报告，报告应包括审查整体情况、发现的问题与不足、处理意见和整改措施等内容，并附以下资料：

（一）合规审查处理意见表（附件 10）；

（二）合规访谈内容记录表（附件 11）；

（三）合规审查评价表（附件 12）。

经首席合规官批准后，向被审查单位或部门下发合规审查处理意见与合规审查整改通知书，被审查单位或部门应及时整改，并于收到通知之日起 90 天内将整改情况上报审查发起单位合规主管部门。

第五十三条　审查发起单位合规主管部门应持续跟踪、监督被审查单位或部门的合规整改情况，确保整改措施被贯彻落实。

第五十四条　被审查单位或部门若对合规审查处理意见及《合规审查整改通知书》内容有异议，可在 7 天内提出书面复查申请。审查发起单位合规主管部门应及时予以书面答复。必要时，审查发起单位合规主管部门可对有异议部分重新审查。复查期间，原合规审查处理意见及合规审查整改通知书的内容仍然有效。

第五十五条　合规审查中发现不合规行为的，应按照本章第四节的规定展开合规调查。

第四章　合规工作保障措施

第一节　合规制度实施

第五十六条　股份公司合规主管部门对合规制度的推行进行统筹规划，制定实施方案，确保各项工作阶段化、具体化和责任化。

第五十七条　各单位合规主管部门应及时收集、汇总实施过程中的反馈意见和建议，并逐级上报至股份公司合规办公室。必要时，股份公司将对合规制度进行修订或补充，不断改进、完善合规管理制度。

第二节　合规培训与宣传

第五十八条　各单位合规主管部门、相关业务部门应于每年年初制订合规培训计划，并纳入本单位员工培训计划，与人力资源部门按照年度合规培训计划表（附件 13）共同组织实施。合规培训可根据周期分为定期培训和不定期培训。

第五十九条　根据培训对象的不同，合规培训对象分为合规官、高风险岗位人员和其他员工。

第六十条 培训方式包括线上培训和现场培训等。培训内容分为基础课程合规培训、高级课程合规培训。高级课程合规培训的内容应包括关键领域的合规制度。各单位也可根据需要组织其他专项课程的合规培训。

第六十一条 全体员工应完成基础课程合规培训。各单位在新员工入职时，应向每位新员工发放《合规行为准则》，并在新员工入职后 30 天内，组织其完成基础课程合规培训。

第六十二条 合规官、高风险岗位人员在完成基础课程合规培训后，还应完成高级课程合规培训。新入职或调入的高风险岗位员工必须在其入职或调入后的 30 天内完成高级课程合规培训。

第六十三条 本总则所称高风险岗位人员包括：

（一）各单位高级管理人员；

（二）境外机构的管理人员；

（三）项目（或合同）执行负责人；

（四）财务关键岗位人员；

（五）市场开发关键岗位人员；

（六）投标关键岗位人员；

（七）投资关键岗位人员；

（八）物资、设备采购关键岗位人员；

（九）工程、劳务分包关键岗位人员；

（十）人力资源关键岗位人员等。

各单位相关业务部门应确定本部门高风险岗位人员，并对其进行背景调查，以确定其是否存在违反本总则及相关实施细则、准则的行为。

第六十四条 基础课程合规培训由各单位合规主管部门组织完成。股份公司合规主管部门负责组织开展各单位合规官的高级课程合规培训；股份公司相关业务部门应根据主管业务领域合规风险状况和管理要求，组织开展高风险岗位人员的高级课程合规培训。

第六十五条 各单位合规官和高风险岗位员工必须定期进行合规培训。

第六十六条 合规官在履职之前必须接受专业培训，以全面准确理解其合规职能和职责，熟知相关法律和其他要求，熟悉行业最佳合规管理实践和经验，具备胜任合规风险管理岗位需要的专业知识和技能。

第六十七条 上级单位合规官可对下级单位合规官进行培训，首席合规官可对本单位合规官进行培训，也可聘请外部专业人士对合规官进行培训，丰富其合规风险管理知识和提升其履职能力。本单位其他员工可由合规官或外聘专业人士进行培训。合规官在对员工培训前，应先接受培训。

第六十八条　培训后应按照合规培训记录表（附件 14）形成书面记录，记载培训内容、时间和人员，参加现场培训人员应当签字确认。合规官和高风险岗位人员的培训应当安排适当形式的考试或考核。

第六十九条　各单位合规主管部门负责监督员工参加线上和现场合规培训。对于未能及时完成合规培训任务的员工，各单位应对其进行有针对性的合规补习培训。

第七十条　各单位合规主管部门应于每年年初组织制订合规工作宣传计划，并及时、有效地向员工和业务伙伴进行传达。

第七十一条　合规工作宣传计划应包括：

（一）宣传对象；

（二）宣传内容，一般包括高层对合规工作的态度及重视程度，年度合规工作计划（要点），合规制度及其流程，应遵守的法律法规和其他要求，合规咨询、举报的热线电话、电子邮箱等；

（三）宣传方式；

（四）经费预算等。

第七十二条　合规工作宣传计划应结合合规工作中发现的问题，充分体现各单位合规制度、国际条约、适用的法律法规和其他合规要求的变动情况等。

第七十三条　各单位合规工作宣传计划制订完成后报首席合规官审阅批准后组织实施。股份公司下属单位合规工作宣传计划应报上一级合规主管部门备案。

第三节　考核与奖惩

第七十四条　各单位应将合规工作纳入绩效考核体系，完善激励考核机制，引导全员主动合规。

第七十五条　对举报不合规行为或积极提出合规建议，为本单位避免重大损失的员工，应给予奖励。

第七十六条　对执行合规管理制度不力，落实合规工作要求不严的单位和部门，视情况轻重给予责令整改、通报批评、剥夺评优评先资格、降低绩效等处罚。

第四节　合规记录与文档管理

第七十七条　各单位应对合规文件进行妥善保存及归档，防范合规风险。

第七十八条　各单位合规主管部门及相关业务部门按照"谁形成、谁归档"的原则，指定专人负责收集、整理、归档合规文件，应至少每两年完成一轮对已归档的合规文件的审查，并对合规文件的准确性、可靠性、完整性、系统性、可用性负责。

第七十九条　合规文件保管期限分为永久、定期两种，定期主要分为 3 年和 5 年，具体参考合规文件归档范围和保管期限表（附件 15）。各单位档案机构负责组织协调本单位的合规文件归档及保管工作。

第五节　保密与保护

第八十条　各单位应加强对涉密合规文件，以及涉密信息系统、涉密存管计算机和涉密载体等其他涉密信息的安全保密管理，严防将涉密信息传输至非涉密网络，避免涉密信息在传输过程中泄密，并根据相关法律的规定严格限制或禁止涉密信息出境。

第八十一条　有关人员应对举报人身份、举报内容、调查人、证人、调查情况严格保密。任何单位和个人不得以任何借口和手段阻止、压制举报人进行举报，也不得打击报复举报人、调查人、证人及其亲属。

第八十二条　任何单位和个人不得因有关人员的以下行为而降低其考核结果、限制其接受任务、剥夺其提拔机会或给予其他不公平待遇：

（一）咨询、举报；

（二）对合规咨询、举报中涉及的不合规行为进行处理；

（三）协助或参与合规调查等。

第五章　附则

第八十三条　本总则及其实施细则未做规定的，执行现行规章制度；本总则及其实施细则与现行规章制度要求不一致的，应按照从新从严相结合的原则执行。

本总则自印发之日起施行，由股份公司合规办公室负责解释。

附件：

1. 合规工作年报

2. 合规风险评估问卷

3. 合规风险评估表

4. 合规咨询登记表

5. 合规举报登记表

6. 初步调查报告模板

7. 调查报告注意事项

8. 正式调查报告模板

9. 合规调查发现问题改进记录表

10. 合规审查处理意见表

11. 合规访谈内容记录表

12. 合规审查评价表

13. 年度合规培训计划表

14. 合规培训记录表

15. 合规文件归档范围和保管期限表

附录 2　SP 公司《诚信合规手册》

目录

一、使用说明

《诚信合规手册》（以下简称《手册》）适用于公司各层级单位，每位员工都应认真学习《手册》，全面了解合规义务，并在工作中予以遵守和履行。公司各级领导干部应积极营造人人、事事、时时合规的氛围，率先垂范，带动全员依法合规从业。

本《手册》由公司法律合规部负责解释。

二、合规理念

决策先问法，违法违规不决策。

合规从高层做起。

人人、事事、时时合规，合规创造价值。

三、合规誓词

我宣誓：我是一名 SP 公司员工，将树立牢固的合规意识，自觉遵纪守法，认真依规履职，践行合规文化，时时严守合规底线，坚决抵制违规行为，为建设法治 SP、合规 SP 努力奋斗。

四、合规管理架构

作为国有企业，公司党委在公司合规管理中发挥领导作用，统筹把握合规管理工作的方向和原则，履行党风廉政建设主体责任，按照党章、党内法规、"三重一大"决策制度履行合规管理职责。公司纪委在公司合规管理工作中发挥监督作用，履行党风廉政建设监督责任，调查和处理违规行为，维护党内法规和公司规章制度的权威。

董事会负责合规基本管理制度的审议和批准，监控合规管理体系的运行，决定合规管理机构设置及其职责，引领公司合规文化。

监事会负责监督董事和高级管理人员履行合规管理职责，监督董事会的决策及决策流程的合规性。

经理层负责组织拟定公司合规管理基本制度和合规手册、合规管理机构设置方案，制定合规管理具体制度，审核公司年度合规管理报告，组织执行合规管理制度，完善合规管理体系。公司总法律顾问负责领导开展公司合规管理工作，听取合规管理部门工作报告，负责重大事项合规审核，组织拟定合规管理制度、合规手册、合规管理报告，组织合规风险评估和防范工作，组织或者协调合规培训、检查、评价等工作。

五、合规管理内容

（一）"三位一体"合规部门管理模式

公司建立由合规综合、专项、参与管理部门组成的"三位一体"的合规管理模式。合规综合、专项、参与管理部门统称为合规管理部门。合规综合管理部门负责以规章制度综合管理为抓手，建立并持续完善合规管理体系；合规专项管理部门负责合规审核、合规检查、违规查处、合规评价和合规考核等专项管理工作；合规参与管理部门负责各自业务相关的合规管理工作。

（二）"三防一查"合规风险管理机制

公司建立"三防一查"合规管理机制。合规参与管理部门是合规管理的第一道防线，合规综合、专项管理部门是合规管理的第二道防线，公司党委、董事会、监事会、总裁办公会、职代会是合规管理的第三道防线；纪委、审计部门是合规管理的保障，通过查处违规行为保障合规管理体系的有效运行。

（三）合规联席会议机制和合规联络员会议制度

合规联席会议由全部或者部分合规管理部门负责人参加，其主要职责为听取合规管理部门在合规检查、审核、审计、督导和调查过程中发现的重大合规风险事项，以及审计部门在合规评价中发现的规章制度缺陷等情况。

合规联络员会议由法律合规部根据工作需要不定期组织召开，由全体或者部分联络员参加，其主要职责为商议、沟通、协调，信息共享等非决策性事项。

（四）合规管理流程

合规咨询主要适用于一般性合规事项的问询，可以采取电话、邮件、即时通信等方式进行。

合规审核是合规管理部门依据规则，对公司的决策会议议案、规章制度、合同、投资业务及其他审批、核准、审核、备案等事项进行合规性审核，评估合规风险并出具书面审核意见。

合规检查是对公司经营及员工的履职行为是否符合规则要求所进行的检查活动，合规检查坚持"标准统一、人员互助、信息共享"的原则。

合规管理报告分为公司年度合规管理报告和重大违规事件报告。法律合规部组织合规管理部门编制公司年度合规管理报告；重大违规事件报告由相关责任部门向公司分管领导报告，同时抄报法律合规部。

公司的合规评价与内控评价同步进行，审计部全面负责内控合规评价，公司各部门负责本部门内控合规发现问题的整改工作。

合规考核纳入公司绩效考核体系，考核结果与评优评先、领导干部职务任免、职称职务晋升及薪酬待遇等挂钩。

合规培训是公司员工培训计划的重要组成部分。公司各级领导干部应带头接受合规培训；对高风险领域、关键岗位员工有针对性地进行专题合规培训；对新入职员工必须进行合规培训，培训考核不合格不得上岗。

公司纪检部门为公司违规举报的受理部门。合规管理部门和全体员工发现违规线索均有义务进行举报，公司保护举报人的正当权益。对违规违纪的员工，公司根据相关规定给予处分，直至解除劳动合同；若涉嫌犯罪，依法移送有关司法机关处理。

六、合规管理的重点领域

（一）公司治理

规范、有效的公司治理是公司稳定、健康发展的基础。公司积极构建现代公司治理体系，推进落实公司重大事项党委决策前置要求，形成各司其职、各负其责、协调运转、有效制衡的公司治理结构，充分发挥党组织的领导作用、股东（大）会与董事会的独立决策作用、董事会专门委员会的参谋决策作用、监事会的充分监督作用、经理层的经营管理作用。

公司应严格按照公司法、公司章程的规定，依法合规行使股东会、党委、董事会、经理层的权限，做到尽责不越位、用权不失控、管理不越权。严格按照议事规则、"三重一大"决策制度等公司治理制度规范会议召集、召开、表决程序，落实议案专题审议、法律合规审核等前置要求，确保公司各项决策依法合规。

公司应严格执行《中华人民共和国证券法》等证券监管法律法规，加强内幕信息及内部知情人管理，严格落实上海证券交易所、深圳证券交易所、香港证券交易所关联交易、信息披露、定期报告等制度，避免大股东资金占用、同业竞争等问题。合理界定并划分母、子公司管理边界，充分保障法人独立性，依法维护大小股东权益，确保公司符合资本市场监管要求。

（二）招标、投标与采购

公司招标、投标应遵守《中华人民共和国民法典》《中华人民共和国招标投标法》《中华人民共和国招投标法实施条例》《必须招标的工程项目规定》《必须招标的基础设施和公用事业项目范围规定》等法律法规、司法解释、行业规范，按照招标、投标规章制度规定的范围和程序开展工作。不得挪用投标保证金；不得以不合理条件限制、排除潜在投标人；不得串标、围标或者以其他方式骗取中标；不得出借、出租有关资格、资质证书、许可证等供他人投标；不得在招标、投标过程中实施行贿、受贿等行为。

采购应当遵守公平竞争、诚实守信等原则。可以采用战略采购、框架协议采购、招标采购、竞争性谈判采购等方式。采购部门或人员不得与供应商恶意串通，损害公司利益；不得擅自提高或降低采购标准；不得随意改变中标、成交结果。

（三）质量、安全与环境保护

公司坚持"百年大计、质量第一"的质量方针，以奉献精品、改善民生为公司使命，弘扬工匠精神，恪守质量承诺，依靠科学管理体系和先进技术方法，实现全过程质量控制，落实质量终身责任制。员工应严格遵守规章制度，切实履行质量职责，坚决执行质量标准，严把质量检验关，不出次品、不留隐患，确保公司产品优质。

公司建立健全覆盖所有员工和岗位、全部生产经营和管理过程的安全责任制，强化风险源头防控和过程控制，落实风险防控和隐患排查治理机制，确保生产经营安全可控。员工应树立牢固的安全意识，接受安全生产教育和培训。禁止违章指挥、违章作业、违反劳动纪律等行为。发现事故隐患或者其他不安全因素，应当立即向现场安全生产管理人员或者本单位负责人报告。

公司严格遵守环境保护法律法规，提升环保合规管理能力，持续推动公司绿色低碳发展。公司在建设新项目时要按规定进行环境影响评价，做到防治污染设施与主体工程同时设计、同时施工、同时投产使用，严格管理和运营设施。在进行生产作业的同时，努力做好水土保持和植被恢复，以更严格的标准控制和减少废水、废气、废物的排放以及噪声、扬尘等污染，减少温室气体排放。

（四）财务与税收

公司严格按照国家财政金融政策、法律法规和会计准则，持续改进完善财务管理制度，维护企业财务政策稳定，妥善保管各类财务档案资料；深入研究行业领域发展趋势，加强全面预算管理，优化财务资源配置，强化预算编制、执行、分析、考核全流程管控；持续完善资金集中管控模式，落实大额资金管控要求，保证货币资金安全，防止发生资金坐支、挪用、侵占、盗窃、欺诈等违法违规行为；高度重视产权管理各项业务，加强产业基金管控，提高企业资产管理能力水平，促进国有资产保值增值。公司遵循金融业务围绕主业发展的价值导向，依法合规开展套期保值、信托、基金等金融业务；稳步推进公司担保预算管理，控制对外担保规模，严格执行担保审批程序，杜绝提供具有担保性质的类担保函，确保公司担保依法合规、风险可控。着力防范化解企业债务风险，完成资产负债管控目标，开展投资压力测试，合理确定投资规模上限，严禁违规垫资。

公司密切关注国家财税政策变化，建立健全税务管理体系，规范税务管理行为，确保公司及员工依法合规纳税，有效防范和管控税务风险；及时开展财税政策研究，完善税务管理制度，优化管理流程，有效发挥行业地域优势，依法运用税收优惠政策，积极开展税务筹划，依法履行纳税义务，合法合规降低企业税负，实现企业价值最大化。

（五）劳动用工

公司严格遵守所在国（地区）劳动用工相关法律法规，建立和完善劳动用工制度，依法用工。公司尊重并维护员工的合法权益，营造良好的工作氛围，致力于促进员工全面发展，实现员工个人价值与企业价值共同提升。

公司在招聘录用、薪酬福利、职业发展、奖励惩处等方面为每位员工提供平等机会，不因性别等原因对员工歧视或差别对待；公司严格按照规定支付员工薪酬，依法保障员工参加社会保险和享有休息休假权利；公司关注员工安全和健康，严格遵守女职工和特殊职业的保护规定，依法为员工提供劳动安全卫生条件和劳动防护用品，避免职业健康危害；公司不断完善职业培训制度，有计划地对员工进行职业培训，提升员工职业技能；公司不断完善民主管理、民主监督机制，充分听取员工意见和建议；涉及员工切身利益的规章制度的制定或重大事项的处理，严格履行民主程序；员工应认真学习并遵守公司各项规章制度。

（六）知识产权

公司坚持创新发展，鼓励创新创造，注重发挥专利、商标、版权等知识产权的引领和示范作用，强化知识产权的创造、保护和运用，将知识产权管理与科技研发、资产运作结合起来，持续提升企业核心竞争力。

公司注重专有技术开发、转化和保护，鼓励申请专利；围绕高铁建造、高端制造、铁路电气化、桥梁、隧道及城市轨道交通等重点领域，大力推进科技创新，保持行业领先优势。

公司注重品牌建设，建立和完善商标管理体系，主动监测国内商标注册信息，及时关注同行业商标使用情况，推进全球商标布局规划，增强企业的美誉度和市场竞争力。

公司鼓励创作，建立和完善著作权管理体系，积极实施文字、摄影、建筑、模型、设计图纸及计算机软件等作品的版权登记，不断优化权利归属，尊重和保护知识创造。

（七）商业合作伙伴

诚信合规是公司选择商业合作伙伴的必要条件。公司对不同的供应商、服务商、承包商、客户和合作伙伴应一视同仁，不滥用优势地位。公司及员工应积极向商业合作伙伴宣传公司合规文化，告知公司合规要求，商业合作伙伴应遵守本《手册》中涉及商业合作伙伴的相关内容。

在商业合作伙伴的选择阶段，要开展尽职调查和合规风险识别与评估，选择具备良好声誉、诚信经营的商业合作伙伴，并准确把握合作中的合规风险点，以便后期重点关注，降低合规风险。在与商业合作伙伴的合作阶段，要加强诚信合规的监督审查，建立合理有效的管控机制。通过履约把控、后评估、合规承诺、负面清单管理等方式，在后续合规管理上持续监督和关注，对发现的诚信合规问题及时做出评估和处理。

（八）反腐败与反商业贿赂

应遵守各国、各地区有关反腐败、反商业贿赂的法律法规、多边国际金融机构有关反腐败、反商业贿赂的规定与指引，以及公司有关反腐败、反商业贿赂的规章制度。坚持以诚信合规经营为本，坚决抵制腐败及行贿、受贿等违法违规行为。

禁止违反规定给予对方单位及其人员现金或物品；禁止提供违反公平竞争原则的商业赞助或者旅游及其他活动；禁止提供各种会员卡、消费卡、购物卡和其他有价证券；禁止假借培训费、顾问费、咨询费、服务费、科研费、研发费等名义给予、收受财物或者谋取其他利益；禁止违反世界银行等多边国际金融机构有关反腐败与反商业贿赂规定的行为。

（九）业务招待和礼品赠送

业务招待与礼品赠送是指对公司因生产经营合理需要，招待客户、合资合作方及其他外部关系人员发生的活动，主要包括餐饮、接待、交通、住宿和赠送礼节性纪念品等。业务招待及礼品赠送应秉持"必要、合理、节俭、从紧"的原则，原则上不得突破预算和定额，且必须先审批、后招待，严格按照批复的招待标准和规格实施。严禁超标准、超范围宴请或赠送礼品，严禁开支应由个人负担的宴请及娱乐、健身、旅游、购物等费用，严禁赠送现金和购物卡、消费卡、商业预付卡等各种代金卡券、支付凭证及贵重物品等，严禁安排接待对象到高档娱乐、休闲、健身、保健等经营场所活动，严禁各单位内部相互吃请，赠送礼品、礼金等贵重物品或到高档娱乐经营场所活动，严禁向所属单位转嫁招待费用。

（十）社会捐赠与赞助

公司应积极参加社会公益活动，履行企业社会责任，全面、有效地提升和宣传公司品牌和形象。对外捐赠与赞助应遵守法律法规，不得违背社会公德，不得损害社会公共利益和其他公民的合法权益。对外捐赠与赞助应列入公司预算，实行统一管理，履行内部决策程序，坚持量力而行原则，合理确定对外捐赠支出规模和标准，通过依法成立的公益性社会团体、公益性非营利的事业单位或县级以上人民政府及其组成部门对外捐赠。对外捐赠与赞助的财产应当权属清晰、权责明确，包括现金和实物资产。对外捐赠应当诚实守信，严禁各类虚假宣传或许诺行为，不得附带不合法、不合规的条件，如要求受赠方在融资、市场准入、行政许可、占有其他资源等方面创造便利条件，也不得以捐赠为名从事营利活动。

（十一）国际经营

公司及员工应重点掌握并持续关注我国及业务所在国（地区）相关的法律法规、监管要求和国际规则及其最新发展，严格遵守我国、联合国、国际金融机构和业务所在国（地区）有关市场准入、贸易管制、国家安全审查、行业监管、外汇管理、财务管理、劳动用工、环境保护、知识产权保护、反垄断、反洗钱等方面的合规要求；做好项目所在国（地区）政治文化环境、法律法规和政策、市场及诚信法律环境、项目合同条件等方面的尽职调查；加强合同审核和项目履约管理，重点针对第三方合作、物资采购、劳动用工、工程分包、环境保护等方面定期开展合规风险排查，重点管控反腐败、反贿赂、反不正当竞争、贸易管制等合规风险。通过加强合规培训与宣贯，优化合规检查与考核等措施，保障公司国际经营的全流程、全方位合规。

（十二）党的工作

公司各级党组织和全体党员必须严格遵守《中国共产党章程》和党内法规。公司各级党组织和党员在境外开展党建和党风廉政建设应遵守所在国（地区）的法律法规。公司"三重一大"决策应符合党的路线方针政策、国家法律法规和公司的工作规定，遵循依法决策、科学决策、民主决策的原则，贯彻落实新发展理念和高质量发展要求，坚持务实高效，完善决策机制，健全议事规则，充分发扬民主，深入开展调研，广泛听取意见，集体研究决策。提高科学决策水平，防范决策风险，运用法治思维和法治方式推进依法决策，实现决策程序于法、于规有据，决策行为依法合规实施，保证重大决策、重要人事任免、重大项目安排和大额资金使用合法合规。

七、合规承诺书

我已收到并阅读了《诚信合规手册》的全部内容，自愿做出以下承诺。

始终坚持维护 SP 公司的合法权益，认同公司的合规文化，认真履行岗位职责，努力维护公司的良好社会形象和声誉。

遵守党规党纪、法律法规、公司规章制度，以及有关国际条约、规则，遵循行业规范和标准，恪守职业道德。尊重商业合作伙伴，依法合规经营，诚信务实履约，营造廉洁合规氛围。认真履行岗位职责，全面识别和评估违规风险，有效落实合规制度，守好合规管理的第一道防线。积极参加合规培训，提升合规管理能力，自觉抵制违法、违规、违纪行为，发现问题，主动纠正并及时向合规管理部门反映。

以上承诺，如有违反，我愿意承担一切违规后果。

承诺人：×××

202×年××月××日

附录3 SP公司年度合规工作计划

2022年是"合规管理强化年",也是SP公司建立健全合规管理体系和加快提升企业合规管理能力的关键一年,公司合规工作总体指导思想为:按照国务院国资委加强中央企业合规管理的文件精神,夯实合规管理体系,严格执行合规管理制度,为打造"诚信SP"、实现"品质SP"战略提供有力保障。

2022年要重点做好以下工作。

一、认真做好合规工作季报、年报工作

（一）合规工作季报

各单位应对合规工作及时进行梳理、总结,形成合规工作季报并报至上级合规主管部门。报告日期如下:

事项	一季度	二季度	三季度
报告日期	2022年4月10日前	2022年7月10日前	2022年10月10日前

（二）合规工作年报

各单位应于2022年11月30日前梳理完年度合规工作开展情况,总结合规工作中发现的问题及合规风险,并依此明确下一年合规工作重点,制订合规工作计划,形成合规工作年报并报至上级合规主管部门。报告时间在2023年1月31日之前。

二、认真组织召开合规工作会议

（一）合规工作例会

各单位应定期召开由本单位首席合规官、合规官和相关部门负责人参加的合规工作例会,总结合规工作进展情况,对下一步重点合规工作进行讨论部署。合规工作例会至少每半年召开一次。

（二）合规官述职会

2022年第四季度,公司将组织各单位合规官述职会,全面了解掌握各单位合规工作推进执行情况,并对后续重点工作进行部署。

（三）合规管理委员会会议

各单位每年应至少召开一次合规管理委员会会议,审议合规管理重大事项,并对后续合规管理工作做部署。

三、建立合规风险评估机制，及时完成合规风险评估

2022 年 9 月底前完成全公司合规风险评估，各单位应建立合规风险评估机制，及时识别合规风险，并分析、评价相关合规风险的大小和重要性等级，编制本单位合规风险评估报告。

各单位应结合自己的合规管理实施情况，及时评估合规管理制度的适宜性，为 2022 年第四季度开展的全公司合规审查做准备。

四、做好合规咨询与举报工作

各单位要对合规咨询及合规举报热线进行宣传，并在合规培训、宣贯等场合，鼓励员工就合规问题进行咨询，以及对潜在不合规行为进行举报。

五、做好合规培训与宣贯工作

2022 年 1 月底前，各单位应制订合规培训宣贯计划，作为今年合规培训和宣贯工作的指南。

（一）合规培训

1. 2022 年一季度，公司总部将推进建立线上合规培训系统，为全体员工提供合规培训学习条件。各单位应按培训要求，组织还未完成学习的员工按时完成基础课程合规培训。各单位合规办公室、业务部门应组织合规官和高风险岗位人员（各单位高级管理人员，境外机构的管理人员，项目执行负责人，以及财务、市场开发、投标、投资、物资采购、设备采购、工程分包、劳务分包、人力资源等关键岗位人员）完成高级课程合规培训。

2. 公司总部将在 6 月、11 月举办两期合规官高级课程合规培训。

3. 新员工入职后 30 天内，所在单位应组织其完成基础课程合规培训，并向其发放《合规行为准则》。

4. 各单位业务部门在组织业务培训时，应纳入合规培训的内容。各单位应根据合规管理的最新要求，组织相关的合规培训。

（二）合规宣贯

2022 年度，各单位可采取组织培训班、设置网站专栏、制作合规手册及宣传展板、发布合规时讯及合规视频、开展合规知识竞赛或报纸宣传及微信公众号推送等方式开展合规宣传，宣传合规知识，鼓励员工、业务合作伙伴就合规问题进行咨询或举报，培育企业合规文化。

9 月至 10 月，公司总部将举办合规知识竞赛活动，激发员工学习合规知识的热情，并进一步提升全体员工的合规知识水平。

六、其他

1. 各单位、全体员工应在工作过程中主动学习、严格执行、自觉维护公司各项合规管理制度。对执行过程中遇到的问题应及时咨询。

2. 各单位应该对各业务条线的部门和人员的制度执行情况进行管理、督促、协调，及时总结制度执行的先进做法、典型案例，适时推广。

3. 各单位合规主管部门应就制度执行情况与其他各部门进行充分沟通，及时解释、解答其他部门的咨询、问题和疑惑。

4. 各单位应积极收集整理合规信息化需求，初步探索合规信息化方案。

附录 4　SP 公司合规管理年度工作报告

2021 年，在公司党委的领导下，SP 公司以"推进合规管理、防范化解合规风险"活动为抓手，不断完善合规管理体系，持续夯实普法合规基础，认真落实合规审查、合规检查、合规调查、合规追责等各项制度，为公司合法合规经营起到保驾护航作用。

现将 2021 年工作总结及 2022 年重点工作安排汇报如下。

一、2021 年工作总结

（一）加强法规宣传，营造合规氛围

以"高举依法治国旗帜、弘扬法治精神"为主题，制作合规宣传展板，重点宣传了《法治中国建设规划（2020—2025 年）》与《中华人民共和国民法典》的相关内容。

在微信公众号设置"合规课堂"专题，紧密结合公司合规工作，重点结合"3·15"消费者权益保护日、"4·26"世界知识产权日等重要节点进行宣传，加大对合规相关知识的宣传力度，累计在公司微信公众号发布合规知识宣传文章 156 篇，营造了良好的普法、合规氛围。

重点宣传了建党 100 周年、"合规从我做起"、"合规标兵力量"等活动内容，累计在公司微信公众号完成了 89 篇相关内容的编辑和发布工作。

（二）加强日常合规管理，把合规管理制度化

完成公司《合规管理手册》的撰写及印发工作。结合 2021 年日常合同审核及合规咨询的实际情况，重点从合规风险防范、工作流程及推荐学习资料三个方面总结了生产经营过程中常见的合规问题，并进行合规分析，进一步规范了日常合规行为。

将日常法律文书审核中发现的问题形成案例，定期撰写《季度案例分享与合规建议书》，重点分析本季度易出现的合规难点和重点问题，供公司全体员工学习借鉴，以案代训、以案释法，进一步提升员工的合规意识。

及时归纳总结合规检查过程中发现的问题，及时向领导班子汇报季度合规工作开展情况。每季度向管理层提交《合规管理建议书》，内容主要包括季度合规工作情况、合规风险情况、合规意见、涉及的法律法规，以及最新颁布的法律法规、司法解释等。

（三）不断完善合规制度体系

梳理、修订、完善相关合规制度，按照公司要求，结合公司实际情况，修订完善了《法律纠纷案件管理办法》《合同管理办法》。2021 年共审核规章制度 165 项。

（四）不断优化细化合同管理

一是简化合同审批流程。根据公司工作实际情况，取消了合同会审表流程，将合同审批流程合并至提请合同签报中，简化工作流程，并对合同签报内容、加盖合同专用章、法人章或公章的要求进一步细化。

二是完善各类台账记录。在日常工作中，针对重点工作制定台账并进行细化，制定了合同审核台账、合同审查问题台账、微信公众号发布即时台账等，并在完成一项工作后，及时对台账内容进行更新与完善。

（五）不足之处及改进措施

1. 合规工作精细化程度不足。公司日常合同审核量比较大，涉及的项目公司、合同类型较多，导致在合同审核过程中较注重审查内容，而对合同审核的总结不足；另外，合同记录台账页目比较多，台账的科目比较烦琐，急需精简和优化。

2. 合规担当意识不强。团队成员日常工作中存在较为严重的保守思想，对不合规现象不敏感，不愿或不敢针对不合规行为进行投诉或举报。

二、2022 年重点工作安排

2022 年继续加强合规管理工作，落实合规审计工作，启动合规管理信息化试点工作，保障公司合法合规经营，助推公司实现高质量发展。

（一）加强培训和宣传力度，夯实合规基础

按照《中央宣传部、司法部关于开展法治宣传教育的第八个五年规划（2021—2025 年）》的相关要求，根据公司实际情况，在微信公众号平台上以月为单位推送合规知识小问答，倡导各单位、各部门举办合规知识竞赛，进一步增强员工的合规意识，营造全体员工学法、合规的良好氛围。

结合"12·4"国家宪法日，开展"宪法宣传周"集中宣传活动，营造浓厚的法治文化氛围。

（二）完善合规管理相关工作手册，建立长效机制

持续优化和完善《合规管理手册》《合同模板汇编》，积极开展合规宣誓、季度合规案例分享、合规管理辩论会等活动，把合规宣传与业务活动紧密联系起来，建立可持续的长效机制，形成具有 SP 公司特色的合规工作资料和工作方法。

（三）加强合规审查，做到应审尽审

全面贯彻执行国务院国资委要求，认真落实各项合规管理制度，严格依法依规决策，将合法合规性审查作为必经前置程序，对违规行为"一票否决"。

（四）落实合规审计工作

2022 年，各单位要完成首轮合规审计工作，并于 2022 年 11 月底向公司总部提交《××单位年度合规审计报告》。相关单位可以聘请外部机构实施合规审计。

（五）加强合规信息化建设工作

加快推进合规管理信息化、数字化建设，探索建立合规管理在线监管系统，加强对重点领域、关键节点的管理，通过大数据等手段，实现合规风险在线识别、评估和管控。

安达风控研究中心

安达风控研究中心致力于风险管理、合规管理、内部控制方面的理论研究和实践探索，并为客户提供这些方面的培训、咨询、评估、评审等服务。

一、培训方式

1. 线下企业内训（单个企业或集团）

2. 线下公开课（面向不同企业）

3. 线下训练营（面向不同企业）

二、风控合规沙龙

时间：每月一期

地点：北京、上海、广州、深圳

具体时间、地点，见当期通知。

三、风控合规咨询与评价

1. 合规管理体系建设咨询服务

2. 合规管理体系评价服务

3. 内部控制体系建设咨询服务

4. 内部控制体系评价与优化咨询服务

5. 风控合规一体化解决方案咨询服务

联系方式：

微信：RM-IC-audit

Email：cro2008@126.com

微信公众号：风控合规一体化（risk-doctor）

扫码听讲解

通过学习本书内容，想必您已经了解和掌握了不少相关知识，为了巩固您对本书内容的理解，便于今后工作中的应用，达到学以致用的目的，我们特意录制了相关视频课程，您可以扫描下面的二维码进行观看。

0. 总体介绍

1. 合规与合规义务

2. 合规风险与合规管理

3. 合规管理体系

4. 我国企业合规管理现状

5. 合规管理体系建设路径

6. 合规管理体系的运行和保障机制

7. 如何制定有效的规章制度

8. 合规管理手册

9. 合规管理三道防线

10. 梳理合规义务

11. 识别合规风险

12. 评估合规风险

13. 合规尽职调查

14. 合规审查

15. 合规咨询

下载配套工具

请访问以下网址，即刻获得本书所有图表模板：

http://box.ptpress.com.cn/y/59320

（建议在计算机上操作）